ÉLÉMENTS

DE

DROIT INTERNATIONAL PRIVÉ

OU

DU CONFLIT DES LOIS

OUVRAGES DE M. A. RIVIER

Introduction historique au Droit romain. 2ᵉ édition, 1881,
14 fr.

Traité élémentaire des Successions, à cause de mort, en
Droit romain, 1878, 10 fr.

Note sur la Littérature du Droit des gens avant la publication du *Jus belli ac pacis*, de Grotius, 1883, 2 fr. 50 c.

Paris. — Imp. E. Capiomont et V. Renault, rue des Poitevins, 6.

ÉLÉMENTS

DE

DROIT INTERNATIONAL PRIVÉ

OU

DU CONFLIT DES LOIS

DROIT CIVIL — PROCÉDURE — DROIT COMMERCIAL

PAR

T.-M.-C. ASSER

Conseil du Ministère des affaires étrangères du Royaume des Pays-Bas,
Avocat, Professeur à l'Université d'Amsterdam.

OUVRAGE TRADUIT, COMPLÉTÉ ET ANNOTÉ

PAR

Alphonse RIVIER

Professeur à l'Université de Bruxelles, Secrétaire général
de l'Institut de Droit International,
rédacteur en chef de la Revue de Droit International et de Législation comparée.

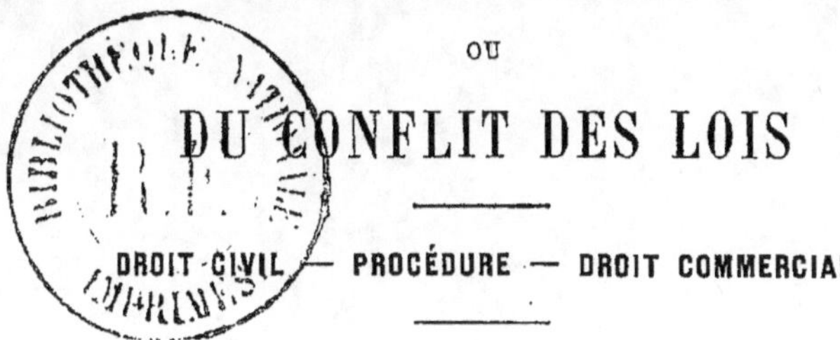

PARIS

LIBRAIRIE NOUVELLE DE DROIT ET DE JURISPRUDENCE

ARTHUR ROUSSEAU

ÉDITEUR

14, rue Soufflot et rue Toullier, 13

1884

Tous droits réservés

A MONSIEUR

É. R. N. ARNTZ,

PROFESSEUR DE DROIT CIVIL ET DE DROIT DES GENS A L'UNIVERSITÉ DE BRUXELLES,
VICE-PRÉSIDENT DE L'INSTITUT DE DROIT INTERNATIONAL.

Hommage de respectueux attachement.

ABRÉVIATIONS

La plupart des citations abrégées qui sont contenues dans ce volume, s'expliquent d'elles-mêmes. L'indication de Wæchter se rapporte aux tomes XXIV et XXV de l'*Archiv für civilistische Praxis*, celle de Savigny à l'édition originale du *System*, celle de Fiore à l'édition française due aux soins de M. Pradier-Fodéré; les noms de Bar, Brocher, Foelix, Laurent, Massé, Schæffner, Westlake, Wharton, qui reviennent à peu près dans chaque paragraphe, désignent les ouvrages de ces auteurs dont les titres complets sont donnés au § 3; il en est de même de quelques noms moins fréquemment cités, tels que ceux de Rocco, Story, Burge, Phillimore, Field, Lomonaco; les titres d'autres ouvrages enfin, dont la plupart sont plus anciens, se trouveront dans la liste des auteurs (table II).

On a désigné par A. D. I., l'*Annuaire de l'Institut de droit international;* par R. D. I., la *Revue de droit international et de législation comparée*; par J. D. P., le *Journal du droit international privé*.

AVANT-PROPOS

L'édition hollandaise du présent ouvrage a paru
à La Haye, en 1879, sous le titre d'*Esquisse du droit
international privé : Schets van het internationaal Privaat-
regt ;* une traduction allemande en a été publiée en 1880,
à Berlin, par M. Max Cohn.

On excusera, je l'espère, le projet que j'ai conçu de
rendre le livre de M. Asser accessible au public de
langue française, quand on aura jeté un coup d'œil
sur la table des matières ; on verra, en effet, que, par
l'ordonnance et par le contenu, ce livre diffère sensi-
blement des traités justement appréciés qui sont
classiques en France, et que, sans leur faire tort en
aucune façon, il peut prétendre à une petite place, à
côté d'eux, dans les bibliothèques des gens de loi. On
verra aussi qu'il répond au programme d'études
adopté en France pour l'obtention du diplôme de
licencié en droit.

Le livre de M. Asser est le fruit de la double
expérience des affaires et de l'enseignement. L'auteur,
à la fois professeur et avocat, remplit depuis plusieurs
années les fonctions de conseil au Ministère des
affaires étrangères du royaume des Pays-Bas ; il a
représenté son gouvernement dans diverses confé-

rences internationales. Ce qui m'a paru surtout carac-
tériser son *Esquisse*, c'est qu'il y remonte aux principes
mêmes du droit, sans perdre de vue les nécessités de
la pratique, qui lui sont familières. Il se garde généralement de confondre la *lex lata* avec la *lex ferenda*, et
je ne pense pas que l'on retire de la lecture de ce livre
cette impression pénible de vague et de doute que
laissent trop souvent les expositions des auteurs qui
ont écrit sur le conflit des lois, et même des meilleurs.

Peut-être jugera-t-on que M. Asser fait une part un
peu trop large, soit à certaines doctrines nouvelles
à propos desquelles j'ai laissé entrevoir ou fait
quelques réserves, soit à l'expression de ses propres *desiderata*. Il ne faut pas oublier, quant à ce dernier point, que le droit international privé, ainsi
que l'a dit Savigny, est encore dans l'état de formation, que le fondement solide des lois et des
traités lui fait trop souvent défaut, et qu'il importe de
préparer les voies à l'action indispensable des négo-
ciateurs et des législateurs. C'est là, je pense, une
tâche à laquelle les hommes de science ne sauraient
se soustraire, et il me sera permis de rappeler, à ce
sujet, les résolutions votées à Genève, il y a dix ans,
par l'Institut de droit international, sous la présidence
du jurisconsulte éminent qui dirige actuellement la
politique extérieure du royaume d'Italie; j'en extrais
les passages suivants:

« L'Institut reconnaît l'évidente utilité, et même,
pour certaines matières, la nécessité de *traités*, par
lesquels les États civilisés adoptent d'un commun

accord des règles obligatoires et uniformes de droit
international privé, d'après lesquelles les autorités
publiques, et spécialement les Tribunaux des États
contractants, devraient décider les questions concernant les *personnes*, les *biens*, les *actes*, les *successions*,
les *procédures*, et les *jugements étrangers*.

. . . .

« Ces traités ne devraient pas imposer aux États
contractants l'uniformité complète de leurs codes et
de leurs lois; ils ne le pourraient même pas sans
mettre obstacle aux progrès de la civilisation. Mais
sans toucher à l'indépendance législative, ces traités
devraient déterminer d'avance laquelle, d'entre les
législations qui pourraient se trouver en conflit, sera
applicable aux différents rapports de droit. On sous-
trairait ainsi cette détermination aux contradictions
entre législations parfois inconciliables des divers
peuples, à l'influence dangereuse des intérêts et des
préjugés nationaux, et aux incertitudes de la jurisprudence et de la science elle-même. »

Sans doute, depuis 1874, des progrès ont été réalisés.
On souscrira toujours cependant à ces paroles de
M. Laurent (*Droit civil international*, tome II, 283) : « A
chaque pas que l'on fait sur le terrain du droit civil
international, on constate la nécessité de traités ;
tant qu'il n'y en aura point, notre science restera une
théorie, dont les juges feront ce qu'ils voudront. »

Si l'on compare le présent volume avec l'ouvrage
hollandais, on constatera de nombreuses différences

de forme et quelques différences de fond. J'ai ajouté des notes que l'on trouvera peut-être trop nombreuses, surtout dans l'introduction et dans le premier chapitre, traitant du conflit des lois civiles; il m'a paru nécessaire de tenir plus de compte que ne l'a fait M. Asser, de la jurisprudence, principalement de la jurisprudence française, et de la bibliographie française et étrangère; partout j'ai mis des renvois à un petit nombre de bons auteurs, chez lesquels le lecteur pourra trouver les développements de détail qu'un traité élémentaire ne comporte pas; j'ai indiqué, en outre, plusieurs monographies récentes, dont la valeur est d'ailleurs fort inégale; parfois aussi j'ai effleuré les domaines trop négligés de l'histoire et de l'histoire littéraire. Quelques additions ont été faites au texte même, notamment dans l'Introduction et dans la section consacrée au droit de famille, qui est traité très sommairement par M. Asser; d'autre part, j'ai transporté du texte aux notes certaines indications ou discussions qui concernent la Hollande et n'offrent aux lecteurs français qu'un intérêt secondaire.

Enfin, j'ai ajouté une table alphabétique, ainsi que des listes de conventions internationales et d'auteurs.

M. Asser ayant donné son approbation aux changements que je me suis permis d'apporter à son ouvrage, ce volume peut être considéré comme en formant une nouvelle édition, revue, remaniée et augmentée.

ALPHONSE RIVIER.

Mai 1884.

INTRODUCTION

INTRODUCTION

---

§ 1. — **Notion et objet du droit international privé.**

1. Définition et terminologie. Droit international privé.
Droit international pénal. Division.

1. — On appelle *droit international privé* l'ensemble
des principes qui déterminent quelle loi est applicable,
soit aux relations juridiques entre personnes appartenant
à des États ou territoires différents, soit aux actes faits
en pays étrangers, soit enfin, dans tous les cas où il est
question d'appliquer la loi d'un État, dans le territoire
d'un autre État.

Lorsque deux personnes, dans leur pays, font un acte
juridique concernant des choses qui sont également dans
le pays, ces personnes sont absolument soumises, quant
à cet acte, à la loi du pays. Mais si les parties contractantes n'appartiennent pas au même État, ou qu'elles
contractent dans le territoire d'un État étranger, ou que
l'acte juridique qu'elles font concerne une chose située
dans le territoire d'un État étranger, et si les législations
de ces États sont différentes, on devra se demander quelle
législation gouverne l'acte : il y aura *conflit de lois*, et

c'est sous le nom de *théorie du conflit des lois* que nombre d'auteurs désignent le *droit international privé*. Et ce que nous disons des législations d'États différents s'applique aussi aux divergences des droits locaux ou territoriaux en vigueur dans un seul et même État, étudiées de préférence, pour des motifs faciles à comprendre, par les auteurs anciens, en Italie, en France, en Allemagne, aux Pays-Bas (1).

(1) D'où le nom de *statuts*, usité jadis, et encore aujourd'hui, en cette matière, comme synonyme de *lois*.

Huber a intitulé son traité célèbre : *De conflictu legum*. Hert a pris pour titre : *De collisione legum*. Paul Voet : *De statutis eorumque concursu*. Rodenburgh : *De jure quod oritur ex statutorum conflictu*. — L'expression *droit international privé* paraît supposer l'existence d'un droit international général, qui devrait comprendre à la fois la théorie du conflit des lois et le droit des gens ou droit international public. Mais cette idée n'est pas juste; car le droit des gens, d'une part, et le droit international privé et pénal, d'autre part, forment des disciplines distinctes qu'il vaut mieux ne pas réunir. Il est moins juste encore de dire que le droit international privé est une branche du droit international public. Fœlix, M. Schæffner, beaucoup d'autres auteurs, allemands, anglais, américains, français, italiens, ont adopté cette dénomination, soit seule, soit combinée avec d'autres, surtout avec celle de *Conflit des lois*. Wæchter disait *Collision;* Story *Conflit*, et ainsi a fait l'Institut de droit international en constituant ses commissions d'étude. Savigny et après lui M. Gerber parlent des *limites quant au lieu (œrtliche Grenzen)* de l'application des lois; Schmid, des *limites quant à l'espace (ræumliche Grenzen)*. La doctrine, à peu près abandonnée aujourd'hui, de la *courtoisie internationale*, raison prétendue de l'application des lois étrangères, a fait donner à cette matière le nom de *comity*, employé encore par Sir Robert Phillimore. M. Harrison (*Fortnightly Review*, 1879) a proposé *Intermunicipal Law*. M. Holland suggère *droit privé* (et pénal) *extraterritorial*. M. Lomonaco et M. Laurent disent *droit civil international;* dénomination bonne, qui a le tort cependant de n'embrasser ni le droit commercial ni la procédure. — Bar, § 1. Holland, R. D. I., t. XII, p. 570-574, 581.

On comprend quelquefois dans le droit international privé le conflit des lois pénales. Nous pensons que c'est à tort. Les règles du droit pénal international, fondées sur des principes d'un ordre différent, doivent être exposées à part. Elles restent en dehors de notre cadre (1). Nous nous bornerons au droit privé, tant *matériel* (droit civil et droit commercial) que *formel* (procédure civile). Notre chapitre premier traitera du droit civil, le deuxième de la procédure, le troisième du droit commercial. Nous plaçons le droit commercial après la procédure, parce que la connaissance de celle-ci est utile pour l'intelligence de certaines parties du droit commercial.

(1) Parmi les nombreux ouvrages de droit pénal international, nous citerons : Fœlix, Bar, Vesque de Püttlingen, ouvrages mentionnés ci-dessous, au n° 5, où le droit pénal est traité à côté du droit privé, comme dans le livre récent de M. Bard. — Berner, *Wirkungskreis des Strafgesetzes nach Zeit, Raum und Personen.* Berlin, 1853. — Villefort, *Des crimes et délits commis à l'étranger.* Paris, 1855. — Fiore, traduit par Ch. Antoine, *Traité de droit pénal international,* 1880. — Deloume, *Principes généraux de droit international en matière criminelle,* 1882. — Rohland, *Das internationale Strafrecht.* 1re partie. Leipzig, 1877. — L'Institut de droit international a voté en 1880 une série de résolutions concernant l'extradition, matière très souvent traitée depuis quelques années, et en 1883 tout un ensemble de règles sur le conflit des lois pénales. Les rapporteurs de 1883 étaient M. de Bar et M. Brusa; rapporteurs précédents : 1878-1880, M. Ch. Brocher ; 1879-1880, M. L. Renault. A. D. I., t. V, p. 127-130. R. D. I., t. XV, p. 602-604.

§ 2. — Aperçu historique.

2. Le droit romain. Les Barbares. Le régime féodal. Personnalité et
territorialité. — 3. Les Commentateurs ou Post-Glossateurs. Les Statutaires du seizième, du dix-septième et du dix-huitième siècle. —
4. L'époque moderne.

2. — Il est évident que, dès le premier jour où des
personnes appartenant à des États ou à des territoires
différents sont entrées en relations d'affaires, on a pu
sentir, dans une mesure plus ou moins forte, le besoin de
résoudre, au moyen de règles juridiques, les conflits qui
devaient nécessairement s'élever. Cependant, le droit
international privé, envisagé comme science spéciale,
est de date assez récente.

Nous ne sommes pas informé d'une manière satisfaisante des principes selon lesquels les conflits des lois
provinciales et locales étaient résolus dans l'empire
romain. Le *Corpus juris* ne contient pas de textes que
l'on y puisse rapporter avec certitude (1).

(1) Savigny, §§ 344-357. Brinz, § 22. Bar, § 2. — Une étude approfondie sur la *Collision des droits selon les principes juridiques
romains* est due à M. Voigt, qui est, sur plusieurs points, en désaccord avec Savigny. *Das jus naturale, æquum et bonum der Rœmer*,
t. IV, appendice 16. Leipzig, 1858.

Ce qui, dans les écrits des jurisconsultes anciens et classiques,
pouvait avoir trait au droit international privé, a été rejeté par les
compilateurs. On a cru pouvoir rattacher au conflit des lois surtout
la loi 34 *De Regulis juris* 50, 17, 1. 6 *De evictionibus* 21, 2, 1. 1 pr.
De usuris 22, 1, 1. 20 *De jurisdictione* 2, 1, 1. 19, 1. 65 *De judiciis* 5,
1, 1. 35 *De heredibus instituendis* 28, 5, ainsi que trois rescrits : 1. 9
C. *De testamentis* 6, 23 (290), 1. 2 C. *Quemadmodum aperiantur* 6,
32 (256), 1. 1 C. *De emancipationibus* 8, 49 (290). Il est reconnu

Dans les premiers siècles du moyen âge, après les invasions germaniques, le principe dominant fut celui de la *personnalité* du droit. Chacun, quel que fût le lieu de sa résidence, était soumis au droit de sa nation. Ainsi, dans toutes les parties de l'empire de Clovis et de Charlemagne, les Francs Saliens et Ripuaires, les Goths, les Burgondes suivaient leurs lois nationales, tandis que les Romains ou Romans conservaient le droit romain (1). Cet état de

aujourd'hui que ces textes ne concernent le droit international privé qu'en apparence.

Le *droit civil* de Rome était, sauf les exceptions individuelles et partielles, l'apanage exclusif des citoyens.

Le *jus gentium*, admirable création des préteurs qui peut bien avoir eu un fondement conventionnel et international, était réputé commun à tous les peuples civilisés.

Le droit particulier des divers pays ou cités était appliqué aux pérégrins *certæ civitatis cives* en matière personnelle, familiale et successorale. Gaius, III, 120 : «...Nisi si de peregrino fideipromissore quæramus, et alio jure civitas ejus utatur.» Ulpien, xx, 15 : «...Quoniam nullius certæ civitatis civis est, ut secundum leges civitatis suæ testetur. »

On sait que Caracalla a donné le droit de cité, et par conséquent le *jus civile*, à tous ceux *qui in orbe romano sunt*. Auparavant déjà, la concession du droit de cité, en donnant le *jus civile*, faisait perdre le droit national. Aulu Gelle (IV, 4), parlant du droit latin en matière de fiançailles, dit : « Hoc jus sponsaliorum observatum dicit Servius ad id tempus quo civitas universo Latio lege Julia data est. »

(1) Le clergé était réputé romain. — Ce système de la personnalité du droit fut le fruit des conquêtes, car, aux yeux des anciens Germains, l'étranger comme tel était sans droit. Grimm, *Deutsche Rechtsalterthümer*, p. 396-402. — Savigny, *Histoire du droit romain au moyen âge* (édition allemande), t. I, chapitre III.— Stobbe, *Jahrbücher des gemeinen Rechts*, VI, 2. — Bar, § 3. — Savigny a montré l'erreur de Montesquieu (*Esprit des Lois*, XXVIII, 2), que l'on a reproduite récemment. — Le système de la personnalité du droit est en vigueur aujourd'hui, avec des divergences nombreuses, en divers pays : en Algérie, dans l'empire ottoman, aux Indes. M. Brocher s'occupe spécialement

choses, compliqué par les déplacements individuels et les mariages, devait amener une confusion extrême ; nous ne pensons pas qu'il ait contribué d'une manière appréciable au développement des principes du droit international privé.

La féodalité provoqua un changement radical. Dans la seconde partie du moyen âge, le criterium de l'origine s'est effacé devant le service féodal, et le principe de la *territorialité* domine. Ce qui détermine le droit, c'est désormais le fait d'appartenir à une certaine communauté ou association locale (1).

On comprend qu'un tel système ne pouvait être appliqué d'une manière générale et absolue. Il est impossible, en effet, de méconnaître qu'à raison de leur nature même, certains droits doivent suivre la personne hors du territoire. Ainsi s'est formée la doctrine que l'on a nommée la théorie des *statuts* et qu'ont enseignée, d'une manière concordante dans les traits généraux, les juristes du moyen âge (2).

(*Cours*, t. I, nᵒˢ 34-40, et J. D. P., t. VIII, p. 373 s.) des « établissements extracontinentaux » de la France : Algérie, Indes Orientales, Cochinchine, Échelles du Levant, Barbarie ; des consulats, des capitulations, des traités d'établissement et de protection, de l'organisation judiciaire et des tribunaux mixtes en Égypte. Sur les Chinois et les Indiens aux États-Unis, Wharton, §§ 7-9, 12 ; voyez aussi § 15.

(1) Sur l'opposition de la personnalité et de la territorialité : Savigny, à l'endroit cité, et au tome VIII du *Système du droit romain*, § 346. Bar, § 4, et dans l'*Encyclopédie de* M. de Holtzendorff, p. 675. On exagère quand on dit que le principe territorial « consistait dans l'application de la loi du territoire à toutes les personnes et choses qui se trouvaient dans le territoire. » Il n'en a jamais été ainsi, pas même vers la fin du moyen âge.

(2) Ce sont les auteurs qui ont développé et formé le droit en

3. — Ces docteurs, que l'on nomme généralement les Commentateurs ou Post-Glossateurs, divisent toutes les lois, tous les statuts, toutes les coutumes, toutes les sources du droit positif en vigueur dans un pays, en trois classes auxquelles on a donné les noms de *statuts personnels, réels* et *mixtes* (1).

On entend par *statuts personnels* les lois, statuts ou coutumes qui concernent en première ligne l'état et la capacité des personnes. La classe des *statuts réels* comprend ce qui a trait aux biens, et plus particulièrement aux immeubles. La troisième classe comprend les lois, statuts ou coutumes qui concernent à la fois les personnes et les biens ; ceci toutefois n'est point constant (2).

Cette division tripartite des statuts se trouve déjà chez Bartole, Balde, Albéric de Rosciate et chez d'autres Commentateurs ; développée et précisée au seizième siècle, elle a régné jusque dans le nôtre, et c'est elle encore que

cette matière, au moyen âge et plus tard. Cependant quelques dispositions, assez vagues, il est vrai, se trouvent déjà dans les *Siete Partidas*, l'œuvre si remarquable, aussi au point de vue du droit des gens, d'Alphonse le Sage ou le Savant, roi de Castille. P. I, t. I, loi 15.

(1) Quand les Commentateurs, Albéric de Rosciate par exemple, parlent des *statuts*, ils prennent ce mot dans le sens originaire et général de *lois particulières, municipales*, par opposition au droit commun. La terminologie technique de *statuts personnels, réels et mixtes* paraît dater du seizième siècle.

Savigny, § 361. Lomonaco, *Diritto civile internazionale*, p. 62, note.

(2) Cette notion des statuts *mixtes*, sur laquelle il faut voir d'Argentré, s'est développée en partie en suite des principes concernant les actes juridiques, notamment de la règle *Locus regit actum*. On mentionne aussi le *statut des formes* à côté du statut personnel et du statut réel.

sanctionnent ou supposent les principaux codes en vigueur aujourd'hui. Cependant elle prête, dans son application, à trop d'incertitudes et de divergences pour qu'il soit possible de fonder sur elle des règles précises et arrêtées, vraiment propres à résoudre les conflits (1).

Les jurisconsultes du seizième, du dix-septième et du dix-huitième siècle ont continué à travailler sur les bases que les Commentateurs avaient posées. Dès le dix-septième siècle, notamment, on se mit à appliquer la théorie des statuts aux questions spéciales, au détail du droit, et l'on en vint même parfois à tomber dans une casuistique exagérée. La multiplicité des législations en vigueur dans un seul et même pays fournissait naturellement la matière et l'occasion de recherches scientifiques spéciales. Tous les pays de l'Europe étaient alors dans cette situation, et plus que d'autres les Provinces-Unies des Pays-Bas, où l'autonomie municipale était particulièrement forte et la science juridique florissante, tandis que les rapports entre les citoyens de villes nombreuses et

---

(1) Le difficile, c'est de trouver le criterium qui décide de la réalité ou de la personnalité. « *In iis definiendis*, dit Hert, *mirum est quam sudant doctores.* » Story parle des « metaphysical niceties » dans lesquelles les docteurs se complaisaient. On a souvent cité, sans la comprendre, une distinction que recommandait, entre autres, Bartole, mais que Balde a repoussée : dans son commentaire à la loi 1, au Code, *de Summa Trinitate* (I, 1), le grand Commentateur dit que le statut concernant le privilège de primogéniture doit être considéré comme personnel si la loi dit : *Primogenitus succedat*, et comme réel si la loi dit : *Immobilia veniant ad primogenitum.* C'était un expédient d'interprétation, que des auteurs plus modernes n'ont point dédaigné.

importantes, très voisines les unes des autres, étaient extrêmement fréquents (1).

On doit surtout nommer, comme ayant exercé une influence prépondérante, Du Moulin, puis d'Argentré, au seizième siècle ; le Belge Burgundus ou Bourgoingne ; les Hollandais Rodenburgh, Paul Voet, Jean Voet, Ulric Huber (dont l'influence a été particulièrement grande en Angleterre) ; l'Allemand Hert ; enfin, au dix-huitième siècle, le président Bouhier, Froland, Boullenois (2).

4. — Ce que l'on peut appeler l'époque moderne de la science du conflit des lois date à peine d'un demi-siècle. Cette époque a été ouverte, en France et en Allemagne, par deux publications considérables, fort dissemblables d'ailleurs. Un avocat allemand, fixé à Paris, Jean-Jacques-Gaspard Fœlix, fit paraître, à partir de 1840, dans la *Revue étrangère et française de législation et d'économie politique*, qu'il avait fondée quelques années auparavant, une série d'articles fort remarqués sur le *conflit des lois des différentes nations*, qu'il a réunis en deux volumes en 1843. En 1841, un autre Allemand, Ch.-Georges Waechter, alors chancelier de l'université de Tubingue, entreprit, également dans une Revue, l'*Archiv für civilistische Praxis*, la publication de ses admirables études sur la *Collision des lois de droit privé*. La même année parut un petit livre, soigneusement fait, d'un avocat de Francfort,

____

(1) Les jurisconsultes des Pays-Bas, dit Fœlix, nous ont frayé la route.

(2) Bar, § 5. Laurent, i, 245-360. M. Laurent donne aux auteurs des trois derniers siècles le nom collectif de *Statutaires*.

M. Schæffner. L'Américain Story, l'Anglais Burge, le Napolitain Rocco avaient publié quelques années auparavant, sur le même sujet, des œuvres de grand mérite (1).

Dès lors, sous l'influence de ces ouvrages et surtout de Waechter et de Fœlix, et par suite du prodigieux développement qu'ont pris les relations internationales du commerce et de l'industrie, on a traité le droit international privé, de plus en plus, d'une manière approfondie et comme science principale, indépendante, et les travaux d'importance diverse, sur cette branche de la jurisprudence, vont sans cesse en se multipliant.

§ 3. — État actuel de la science du droit international privé.

5. Principaux ouvrages pouvant représenter l'état actuel de la science du droit international privé en divers pays. Allemagne et Autriche. Amérique du Nord. Angleterre et Écosse. Belgique. Espagne. France. Italie. Pays-Bas. Suisse. — Le *Journal du droit international privé.* La *Revue de droit international et de législation comparée.* — L'Institut de droit international et l'*Annuaire.* L'Association pour la réforme et la codification du droit des gens.

5. — Les sources du droit positif, en cette matière, étant peu nombreuses, il importe d'autant plus de connaître les principales œuvres scientifiques qui représentent l'état actuel ou à peu près actuel du droit international privé en divers pays.

(1) Il n'est pas superflu de rappeler quelques dates. La première édition de Story est de 1834. Le livre de Rocco a paru en 1837, celui de Burge en 1838, celui de Schæffner en 1841, celui de Massé en 1844, le tome VIII de Savigny en 1849. De ces divers auteurs, M. Schæffner seul est en vie aujourd'hui.

Nous nous bornons, dans ce paragraphe, à mentionner selon l'ordre alphabétique des pays quelques ouvrages où le droit international privé est traité dans son ensemble. Plusieurs monographies importantes seront citées à propos des matières qu'elles concernent, et on trouvera une liste plus détaillée à la fin de ce volume.

ALLEMAGNE ET AUTRICHE.

Nous venons de citer les études de **WAECHTER**. Elles ont paru en 1841 et 1842, dans les tomes XXIV et XXV des *Archives de la pratique du droit civil, Archiv für civilistische Praxis*, Revue fondée en 1818 et qui prospère encore aujourd'hui. Ces études ont fait sensation en Allemagne et à l'étranger. Waechter y soumet la littérature ancienne de la matière à une critique incisive et approfondie; il démontre l'insuffisance théorique de la doctrine statutaire.

Nous citerons encore **SCHÆFFNER**, *Entwickelung des internationalen Privatrechts*. Francfort, 1841. Cet ouvrage, composé suivant le système traditionnel des compendiums allemands, et dédié à William Burge, est l'œuvre d'un jeune homme de vingt-six ans; il contient une quantité de renseignements positifs d'histoire du droit et de droit comparé.

SAVIGNY, *System des heutigen rœmischen Rechts*, huit volumes, de 1840 à 1849. Le *Système* entier a été traduit en français par M. **GUENOUX**, 1851-1855. Le tome VIII, qui contient le droit international privé, a été traduit en anglais par M. **GUTHRIE**. Le grand civiliste y traite ce qu'il appelle les limites, dans l'espace et dans le temps, de la souveraineté des règles de droit sur les rapports juridiques (*die räumlichen und zeitlichen Grenzen*). Il constate dans sa préface que le droit romain ne peut servir de guide, en cette matière, que dans une mesure très restreinte, et il déclare qu'ici la doctrine est encore inachevée, en état de formation. « Les opinions des auteurs et les jugements des tribunaux, dit-il, nous offrent des dissidences nombreuses ; Allemands, Français, Anglais et Américains se combattent mutuellement. » Peut-être n'est-ce pas autant le cas aujourd'hui qu'il y a trente-cinq ans.

Le livre de Savigny reste l'un des plus remarquables et des plus considérés qui ont été écrits sur le conflit des lois ; certains auteurs d'aujourd'hui auraient bien fait de le prendre davantage pour modèle.

Bar, *Das internationale Privat-und Strafrecht.* Hanovre, 1862. Une traduction anglaise en a paru en 1883 ; elle est due à M. Gillespie. Ouvrage détaillé, approfondi, systématique, d'une richesse exceptionnelle. L'exposition de la propre doctrine de l'auteur est toujours précédée d'un aperçu historique et critique des doctrines de ceux qui l'ont précédé. Un soin particulier est voué au droit *matériel*. Mentionnons, en outre, de M. de Bar, une étude sur les principes du droit international privé, dans la *Kritische Vierteljahrsschrift* de Munich, tome XII (1863), et dans l'*Encyclopédie* de M. de Holtzendorff, troisième édition, un aperçu très condensé intitulé *Internationales Privatrecht* (1882).

Un jeune jurisconsulte autrichien, mort prématurément, M. DE DOMIN-PETRUSHEVECZ, a publié en 1861 un *Précis d'un code du Droit International*, dont on n'a pas fait grand bruit, mais qui se distingue par un esprit mûr, raisonnable, modéré et une rédaction concise, suffisamment claire. La seconde partie, intitulée *Droit International privé*, comprend le droit civil et la procédure, et le droit criminel.

L'ouvrage suivant est spécialement consacré au droit international privé en vigueur en Autriche-Hongrie :

VESQUE DE PUETTLINGEN, *Handbuch des in OEsterreich-Ungarn geltenden Internationalen Privatrechts*. 2ᵉ édition, Vienne, 1878.

AMÉRIQUE DU NORD.

STORY, *Commentaries on the conflict of Laws*. Sept éditions, de 1834 à 1872.

L'éminent auteur a pu dire, dans la préface de la première, qu'il n'existait pas encore alors de traité systématique embrassant toutes les matières générales qu'il a groupées et coordonnées.

Ces commentaires excellents mériteraient d'être placés à la tête de tous les traités généraux de droit international privé de tous pays, s'ils n'avaient pour principal fondement le *common Law* de l'Angleterre et des États-Unis, ce qui diminue quelque peu leur utilité immédiate pour les juristes du continent européen.

WILLIAM BEACH LAWRENCE, *Commentaires sur les « Éléments du Droit International » et sur « l'Histoire des progrès du droit des gens, »* de HENRY WHEATON, tome I à IV. Leipzig, Brockhaus, 1868-1880. Le tome III, publié en

1873, contient, sous le titre, *Droits de législation civile et criminelle* , les parties les plus importantes du droit international privé. L'ordonnance n'est nullement méthodique, mais l'exposition est hautement instructive ; l'auteur, à la fois jurisconsulte, diplomate et historien, combine de la manière la plus intéressante les principes et les faits positifs, et donne une quantité de renseignements détaillés et précis de législation et de jurisprudence.

WHARTON, *A Treatise on the conflict of Laws or Private international law*. Philadelphie, 1872 ; 2ᵉ édition, 1881. Sur ce très important ouvrage que je citerai constamment : R. D. I., t. XIII, p. 664-665.

M. Wharton vient de publier un autre ouvrage considérable : *Commentaries on Law, embracing chapters of the nature, the source, and the history of Law; on International Law, public and private; and on constitutional and statutary Law*. Philadelphie, 1884. Le chapitre V contient, en une quarantaine de pages, un aperçu du droit international privé, dans lequel M. Wharton comprend l'extradition.

Mentionnons encore le remarquable essai de M. D. D. FIELD, *Draft outlines of an International Code*, dont la première édition a paru à New-York en 1872, et que M. ALBÉRIC ROLIN, professeur à Gand, a traduit en français sous le titre de *Projet d'un code international, proposé aux diplomates, aux hommes d'État et aux jurisconsultes du droit international, contenant en outre l'exposé du droit international actuel sur les matières les plus importantes : extradition, naturalisation, statuts personnel et réel, droit de la guerre*, etc. (Paris et Gand, 1881).

M. Pierantoni en a fait une traduction italienne. — La deuxième division est intitulée *Droit privé international* et comprend les droits privés (condition des personnes, propriété, obligations) et l'administration de la justice. L'auteur dit dans l'avant-propos de la première édition : « Je ne présente point mon œuvre comme un code complet, ni même comme l'exposé complet des grandes lignes d'un code; elle n'en est que l'esquisse. C'est un ensemble d'idées que je me borne à suggérer, et mon projet devra subir une revision complète et minutieuse. »

ANGLETERRE (1).

Burge, *Commentaries on colonial and foreign laws, generally and in their conflict with each other and with the law of England*. Quatre volumes. Londres, 1838.

L'auteur, ainsi que beaucoup de ses compatriotes, s'applique principalement à résoudre des questions spéciales. L'ouvrage n'en est pas moins d'une importance considérable, à raison de l'exposé des diverses législations qui sont en vigueur dans le Royaume-Uni et dans ses colonies, et des savantes comparaisons qu'il établit entre ces législations et les législations étrangères. Le détail est traité de main de maître. Cependant, l'ouvrage a vieilli sur bien des points, et ne doit plus être consulté qu'avec précaution.

Sir Robert Phillimore, *Commentaries upon International Law*, 1854-1861, 2e édition, 1871-1874. Tome IV :

(1) Aperçu intéressant sur le droit international privé en Angleterre : Harrison, J. D. P., t. VIII, p. 440, 434, 533-551.

Private International Law, or Comity, 1874. 3ᵉ édition, 1880 s. C'est l'œuvre d'un jurisconsulte, aussi considéré comme théoricien que comme praticien.

WESTLAKE, *A treatise on Private International Law, or the conflict of Laws, with principal reference to its practice in the English and the cognate systems of jurisprudence*. Londres, 1858. Sous un titre à peu près identique, un ouvrage nouveau en réalité, complètement remanié, a paru en 1880 avec cette mention : *Being in lieu of a second edition of the work published in* 1858. Une traduction allemande est due à M. DE HOLTZENDORFF (Berlin, 1884). On trouve un extrait du traité dans la *Revue de droit international*, dont M. Westlake est l'un des directeurs, sous ce titre : *La doctrine anglaise en matière de droit international privé*, R. D. I., t. XIII, p. 435-446 ; t. XIV, p. 285-306. L'extrait est reproduit dans le *Journal du droit international privé*, t. VIII et IX. L'*Introduction*, historique et philosophique, traduite par M. NYS, se trouve R. D. I., t. XII, p. 23-46.

L'auteur, qui a longtemps pratiqué le barreau à Londres, place moins exclusivement que la plupart de ses compatriotes, les particularités du droit anglais en première ligne ; la direction de ses études lui a donné des vues justes et étendues sur les législations du continent.

BELGIQUE.

LAURENT, *Droit civil international*. Huit volumes. Bruxelles et Paris, 1880-1881.

On peut consulter, sur cet ouvrage, l'appréciation de

M. Brocher, dans la *Revue de droit international*, t. **XIII**, p. 531-570 : *Étude sur le traité de droit civil international, publié par M. Laurent et sur les principes fondamentaux du droit international privé.* L'histoire du droit international privé est exposée, pour la première fois, en détail, par M. Laurent. Nombre de questions sont traitées à fond, malheureusement avec de fréquentes digressions, où des considérations étrangères à la science du droit tiennent beaucoup de place.

M. Laurent a, en outre, sur la demande du ministre de la justice du royaume de Belgique, rédigé un *Avant-projet de revision du Code civil*, où il a donné au droit international privé le développement qui lui manque dans le Code Napoléon. La section II du titre préliminaire, intitulée : *De l'effet des lois quant aux personnes et quant aux biens*, comprend seize articles. L'Introduction et les développements forment un véritable traité. *Avant-projet*, t. Ier, p. 22-168. Bruxelles, 1882.

ESPAGNE (1).

L'Espagne ne possède que depuis quelques mois un traité général et original de droit international privé, qui forme d'ailleurs, dans la pensée de l'auteur, l'introduction d'un ouvrage très étendu :

MANUEL TORRES CAMPOS, *Principios de derecho internacional privado, o de derecho extraterritorial de Europa y*

____

(1) On trouve dans le *Journal du droit international privé*, t. **VI**, une notice sur le droit international privé selon la législation espagnole, de M. Salvador de Torres y Aguilar.

America en sus relaciones con el derecho civil de España.
Voyez **R. D. I.**, t. **XV**, p. 412.

FRANCE.

Fœlix, *Traité de droit international privé*, Paris, 1843.
Quatrième édition, par **Ch. Demangeat**, 1866.

Nous avons indiqué l'origine de cet ouvrage qui a exercé une grande influence, parce que c'est le premier, sur le continent européen, où le droit international privé ait été traité d'une manière véritablement *concrète*. Fœlix a voué beaucoup de soins aux détails positifs, au droit comparé et à la pratique des divers pays. Son livre donne au praticien une quantité de matériaux utiles. Mais son système est défectueux, et se ressent trop de l'ancienne doctrine des statuts; l'ouvrage a vieilli malgré les soins de M. **Demangeat**, qui l'a rectifié et amélioré sur beaucoup de points dans ses judicieuses et savantes annotations.

Le livre premier traite du statut personnel et du statut réel, sous le titre : *De l'effet que les lois personnelles et réelles exercent par rapport à l'homme et aux choses.* Le livre second, intitulé : *Des lois qui régissent les actes de l'homme*, contient tout ce qui a trait aux conventions et dispositions, aux formalités de justice, à la preuve, aux commissions rogatoires, aux mesures conservatoires ou provisoires qui peuvent être prises contre le débiteur avant le procès ou avant le jugement, aux formalités complémentaires des actes et jugements (droit de timbre et d'enregistrement, inscription et transcription de l'acte ou du jugement, etc.), à l'exécution des jugements et des actes dans les pays étrangers, aux voies ou modes d'exécution, aux actes illicites de l'homme. Sous cette dernière rubrique, Fœlix traite tout le droit pénal international, qu'il envisage ainsi comme une partie du droit privé. Enfin viennent, hors cadre, deux chapitres concernant les mariages contractés en pays étranger. Les titres concernant la procédure sont certainement les meilleurs de cet ouvrage. Les indications de droit étranger étaient, en général, exactes dans le principe, et M. Demangeat les a remises à jour. Mais plusieurs changements législatifs ont eu lieu depuis 1866.

Massé, *Le Droit commercial, dans ses rapports avec le droit des gens et le droit civil.* Six volumes. Paris, 1844 et années suivantes. 2ᵉ édition en quatre volumes, 1861-1862. 3ᵉ édition, 1874.

Un chapitre du livre II est intitulé : *Les relations internationales individuelles, ou du droit international privé.* L'auteur, après un exposé des droits et obligations des étrangers en France, suit à peu près l'ordre et les divisions de Fœlix. Mais, à la différence de celui-ci, M. Massé considère son sujet presque exclusivement au point de vue du droit français, et ne se livre que rarement à des recherches de législation comparée. Par la manière dont il pose et élucide les principes et traite le détail, il est supérieur à Fœlix. Comme ce dernier, il a voué un soin tout spécial à la procédure.

M. Barde a publié en 1880, à Bordeaux, sous le titre de : *Théorie traditionnelle des statuts, ou principes du statut réel et du statut personnel d'après le droit civil français,* un ouvrage aussi sagement pensé que bien écrit, et d'un caractère particulier, où il se tient strictement au droit en vigueur d'après l'article 3 du Code civil, c'est-à-dire à la doctrine traditionnelle, que les rédacteurs du Code ont consacrée. « Le Code, en consacrant sommairement l'ancienne doctrine, a arrêté la transformation progressive de la théorie, et enchaîné la liberté de l'interprète. » — « Nous nous sommes attaché avant tout, ainsi conclut M. Barde, à exposer la théorie des statuts telle qu'elle nous paraît avoir été conçue par le législateur français. Les opinions que nous avons formulées, ne seront pas épargnées par la critique, si elle oublie que nous les avons présentées, non comme l'expression des aspirations actuelles du droit international, mais comme l'explication rigoureuse d'une loi qui date du commencement du siècle. » Le titre même de l'ouvrage montre que M. Barde considère, comme M. Massé, son sujet essentiellement au point de vue français.

La Faculté catholique de droit de Lyon et l'Académie de législation de Toulouse viennent de couronner un ouvrage de M. L. DURAND : *Essai de droit international privé, précédé d'une étude historique sur la condition des étrangers en France, et suivi du texte de tous les traités intéressant les étrangers.* Paris, 1884. L'auteur a fait une large part à l'histoire. Il a compris dans son plan le droit pénal, et a consacré une section particulière aux *Privilèges résultant des traités diplomatiques.* L'appendice contenant les traités donne à ce livre une réelle utilité pratique.

Rocco, *Dell' uso e autorità delle leggi del Regno delle Due Sicilie, considerate nelle relazioni con le persone e col territorio degli stranieri.* Naples, 1837. 2ᵉ édition, 1842.

Cet ouvrage célèbre, que le comte Portalis a présenté à l'Académie des sciences morales et politiques, a joui d'emblée d'une grande autorité. Depuis lors, la littérature juridique italienne est devenue, en ce domaine, l'une des plus riches, grâce en grande partie à M. MANCINI, à ses écrits, son enseignement, son influence scientifique, son action pratique. Nous citerons trois ouvrages généraux de publication récente, comme étant d'une importance particulière :

FIORE, *Diritto internazionale privato, o Principii per risolvere i conflitti tra legislazioni diverse in materia di Diritto civile e commerciale.* Florence, 1869. R. D. I., t. II, p. 502 s.—2ᵉ éd. 1874.—Traduction française, mise au courant et annotée, par M. PRADIER-FODÉRÉ. Paris, 1875. Traduction espagnole par M. GARCIA MORENO, Madrid, 1878.

LOMONACO, *Trattato di diritto civile internazionale.* Naples, 1874. Ouvrage bien écrit, où la *littérature* de la matière est utilisée judicieusement et la doctrine propre de l'auteur clairement exposée.

BRUSA, troisième édition des *Lezioni di diritto internazionale* de CASANOVA, *con studî critici premessi a modo d'introduzione e note copiosissime.* Florence, 1876. Deux volumes. Dans ses notes aux leçons XXXI-XXXVI, au tome second, M. Brusa développe sa théorie propre quant aux principes fondamentaux du droit international privé (1).

PAYS-BAS.

Les Pays-Bas ne possèdent, en fait d'ouvrages d'ensemble, que l'édition hollandaise de ce traité. Mais plusieurs monographies, dues en partie à des débutants, et dont quelques-unes seront citées dans le cours de ce volume, font honneur à la culture du droit international privé dans la patrie de Rodenburgh et des Voet.

SUISSE.

M. CHARLES BROCHER a publié dans la *Revue de droit international*, années 1871 et suivantes, une série d'articles sous le titre de *Théorie du droit international privé;* en 1876, il a publié un *Nouveau traité de droit international privé, au double point de vue de la théorie et de la pratique* (Westlake, R. D. I., t. IX, p. 606-616); enfin,

----

(1) Les Italiens ont beaucoup produit depuis une vingtaine d'années, parfois avec un peu d'exubérance et sous l'influence trop visible des conditions politiques de leur pays. Plusieurs ouvrages estimables seront cités dans les pages qui suivent. — M. Esperson a publié dans le *Journal du droit international privé* (t. VI-X) une série d'études sur le droit international privé dans la législation italienne, et M. Catellani a fait paraître à Turin (1883) le tome premier d'un ouvrage intitulé : *Il Diritto internazionale privato e suoi recenti progressi.* On peut consulter, sur l'école italienne et ses tendances, une étude de M. L. Strisower, *Die italienische Schule des internationalen Privatrechts*, Vienne, 1881, R. D. I., t. XIV, p. 347; M. Brusa, en tête de Casanova, p. cccii et suivantes, R. D. I., t. XI, p. 102 et suivantes; enfin M. de Bar, *Encyclopédie* de Holtzendorff, p. 678-680.

en 1882 et 1883, il a publié deux volumes d'un *Cours de droit international privé suivant les principes consacrés par le droit positif français* (Paris et Genève). Le tome premier correspond aux livres I et II du Code civil et au titre premier du livre III. Le tome II correspond, en somme, au reste du livre III et contient, en outre, la doctrine de la lettre de change. Un troisième volume traitera de l'organisation judiciaire et de la procédure, y compris la faillite. Voici ce que dit l'auteur lui-même, dans sa préface : « Nous croyons être entré dans une voie nouvelle. Il a été question, plus haut, des changements de méthode réclamés par la prépondérance de plus en plus grande de l'action législative et diplomatique dans notre doctrine ; et, nous ne craignons pas de le dire : les auteurs qui ont écrit sous l'empire du Code civil, ne nous paraissent pas avoir suffisamment satisfait à de telles exigences. On se demande, fort souvent, en les lisant, si c'est de doctrine spéculative ou de droit positif qu'il s'agit. La première a, croyons-nous, plus d'importance que jamais, puisqu'elle doit servir de base à l'action législative et diplomatique et qu'elle est le seul moyen de produire, dans les idées, l'unité nécessaire en cette matière ; mais il n'en reste pas moins vrai que, pour interpréter l'œuvre de la loi ou de la diplomatie, les textes doivent généralement passer avant tout. Telle est la voie que nous nous sommes efforcé de suivre. »

Il faut mentionner encore deux revues, qui ont un

caractère cosmopolite, par la nationalité de leurs rédacteurs non moins que par l'esprit qui les inspire :

D'abord le *Journal du droit international privé*, qui se publie à Paris, dès 1874, sous la direction de M. Ed. Clunet et de M. Demangeat (1). Puis la *Revue de droit international et de législation comparée* (2). Dirigée actuellement par MM. Arntz, Asser, Westlake et Rivier, et par M. Nys, secrétaire de la rédaction, cette revue a été fondée en 1869, par MM. Asser, Westlake et Rolin-Jaequemyns, et dirigée essentiellement par ce dernier jusqu'en 1878.

C'est encore M. Rolin-Jaequemyns, aujourd'hui ministre de l'intérieur du royaume de Belgique, qui a provoqué, en 1873, la création de l'*Institut de droit international*, association scientifique qui a pris à tâche de donner au droit international, par l'organisation d'études collectives, un fondement sûr et fort. Le droit privé a dû, dès le principe, occuper le premier rang dans les travaux de l'Institut, lesquels tendent « à déterminer les règles générales qui pourraient être sanctionnées par les traités internationaux, en vue d'assurer la décision uniforme des conflits entre les diverses législations civiles et criminelles. » L'Institut a eu, jusqu'à présent, huit sessions, tenues à Genève en 1874, à la Haye en 1875, à Zurich en 1877, à Paris en 1878, à Bruxelles en 1879, à Oxford en 1880, à Turin en 1882 et à Munich en 1883. Les délibérations, les rapports et les résolutions sont publiés *in*

---

(1) Paris, Marchal-Billiard.
(2) Bruxelles et Leipzig, Muquardt.

extenso dans l'*Annuaire de l'Institut de droit international*, dont six volumes ont paru depuis 1877 (1).

Une autre association scientifique, d'un caractère différent, a été fondée à Bruxelles, aussi en 1873, et porte le nom d'*Association pour la réforme et la codification du droit des gens*. Elle publie chaque année, à Londres, un volume, *Report of the annual conference*.

§ 4. — Les sources du droit international privé.

6. La loi et la jurisprudence. — 7. Les traités internationaux.

6. — La plupart des codes n'ont que fort peu de dispositions concernant les matières du droit international privé. Aussi faut-il, pour résoudre les conflits des lois, recourir aujourd'hui encore, dans un grand nombre de cas, à la science et à la jurisprudence des arrêts (2), en y joignant parfois un principe directeur posé par la législation. On voit donc que, dans les États où la coutume a perdu sa force de loi par l'introduction de codes, et où, par conséquent, la jurisprudence, comme la doctrine des auteurs, ne peut avoir d'autre valeur que celle d'auxiliaire de l'interprétation et non de source positive du droit, le

(1) Bruxelles et Leipzig, Muquardt.

(2) Les deux Revues mentionnées au précédent paragraphe donnent des *Bulletins de la jurisprudence en matière de droit international*.

Ceux de la *Revue de droit international* sont dus pour la France à M. Renault, pour la Belgique à M. Du Bois et à M. Van der Rest, pour la Suisse à M. Alfred Martin, pour les Pays-Bas à M. Hingst, pour l'Italie à M. Norsa, pour l'Angleterre à M. Westlake.

droit international privé forme un singulier contraste avec les autres branches du droit que le législateur a réglementées jusque dans leur menu détail.

C'est, le plus souvent, dans les dispositions générales concernant l'application de la loi que l'on trouve indiqués certains principes selon lesquels doivent être résolus les conflits internationaux. Ainsi dans le Code civil français, l'article 3 ; dans le Code général prussien, Introduction, les §§ 14-42 ; dans la loi néerlandaise sur les règles générales de la législation (*Wet houdende algemeene Bepalingen van Wetgeving*), les art. 6-10.

Deux codes récents formulent avec soin les principes généraux du droit international privé : le Code civil italien (1865) dans ses *Dispositions générales concernant la publication, l'interprétation et l'application des lois*, art. 6-12, et le Code civil de la République Argentine, de 1869, en vigueur dès le 1er janvier 1871, aux *Titres préliminaires*, I, art. 6-14.

On reconnaît aisément, dans les articles cités du Code italien, la main de M. Mancini, qui est l'un des principaux rédacteurs de ce code ; on y retrouve les idées et les principes que l'éminent chef de l'École italienne a exposés en maintes occasions.

Quant au Code argentin, on sait que cette œuvre remarquable à plus d'un point de vue est due à un jurisconsulte de grand mérite, M. Velez Sarsfield (1).

(1) L'édition officielle, seule authentique d'après la loi de publication, contient, à chaque article, un commentaire, expliquant le texte par des citations d'auteurs et de lois étrangères. — Molina, *El derecho internacional privado y el codigo civil argentino*. Biedma, 1882.

7. — Plusieurs principes de droit international privé ont été fixés dans la forme de traités internationaux (1). On trouvera à la fin de ce volume, aux tables, l'indication des principaux traités concernant la France, la Belgique, la Suisse.

§ 5. — Raison juridique de l'application des lois étrangères.

8. Doctrine de la courtoisie internationale. Principe de Savigny. — 9. Caractère obligatoire de l'application des lois étrangères.

8. — Les anciens auteurs posent en principe que, dans les limites de son territoire, un État souverain est toujours libre de ne tenir aucun compte des lois étrangères, et que si néanmoins la législation même renvoie sur un point au droit étranger, c'est là, de la part de l'État, un

(1) A propos d'un jugement du tribunal de la Seine, du 5 février 1874, M. Demangeat a examiné (J. D. P., t. I, p. 107 s.) cette question : « Les dispositions des différents codes ne peuvent-elles être modifiées que par une loi, et non par un traité diplomatique ? »

M. Mancini dont l'œuvre réformatrice, entreprise dès 1867, n'a pas encore abouti, a présenté à l'Institut de droit international, dans la session de Genève, qu'il présidait, un rapport développé sur *l'utilité de rendre obligatoires, pour tous les États, sous la forme d'un ou de plusieurs traités internationaux, un certain nombre de règles générales du droit international privé pour assurer la décision uniforme des conflits entre les différentes législations civiles et criminelles.* J. D. P., t. I, p. 221-239, 285-304. R. D. I., t. VII, p. 329-363. A. D. I., t. VI, p. 27-28, 75. — Une initiative dans le même sens a été prise par le royaume des Pays-Bas, et un mémoire a été élaboré par M. le baron Gericke de Herwynen, alors ministre des affaires étrangères, sur les rapports de droit civil et l'exécution des jugements en matière civile.

fait de bienveillance, convenance ou courtoisie internationale (*comitas gentium*). On dit, en outre, que sauf le cas de convention internationale ou de disposition expresse de la loi territoriale, le juge n'est jamais obligé d'appliquer la loi étrangère, et que s'il l'applique, c'est encore, de sa part, un acte de courtoisie.

Certes, s'il en était réellement ainsi, le droit international privé reposerait sur un fondement peu sûr. Nul, en effet, n'est tenu de témoigner à autrui de la bienveillance ou de la courtoisie, et cette théorie aboutirait bien souvent à laisser le choix de la loi qu'il lui plairait d'appliquer à l'arbitraire du juge. Telle paraît être encore, cependant, la doctrine de Fœlix, lorsqu'il dit que « tous les effets que les lois étrangères peuvent produire dans le territoire d'une nation, dépendent absolument du consentement exprès ou tacite de cette nation. » Ceci est juste en ce sens que le législateur de chaque pays a le droit de limiter l'application des lois étrangères à certains cas déterminés (1) ; mais il faut bien reconnaître qu'il existe des *principes directeurs* obligatoires, auxquels le juge *doit* se conformer pour déterminer la règle applicable même en l'absence d'une loi *positive* l'y autorisant ou l'y obli-

(1) Il est clair qu'en théorie pure et rigoureuse, un État souverain et indépendant pourrait s'isoler absolument et interdire sur son territoire l'application de toute loi étrangère. Mais en théorie seulement, et cela même supposerait un ordre de choses qui depuis longtemps n'existe plus dans le monde civilisé. On doit dire, avec M. de Bar (*Encyclopédie*, p. 681-682), qu'aujourd'hui l'application des lois étrangères est fondée sur une véritable obligation de droit international. Il est permis, nous semble-t-il, de concevoir l'ancien devoir de *comitas* comme transformé, actuellement, en une *obligation juridique.*

geant. Fœlix dit encore : « Les législateurs, les autorités publiques, les tribunaux et les auteurs, en admettant l'application des lois étrangères, se dirigent, non pas d'après un devoir de nécessité, d'après une obligation dont l'exécution peut être exigée, mais uniquement d'après des considérations d'utilité et de convenance réciproque entre les nations, *ex comitate, ob reciprocam utilitatem.* » Prises à la lettre, ces paroles impliqueraient une complète méconnaissance du droit international privé tout entier. La tâche de cette discipline est précisément, comme le dit Savigny, de chercher, à propos de chaque fait juridique, quelle loi le régit à raison de sa nature même, et d'appliquer cette loi *sans distinguer si elle est nationale ou étrangère* (1).

(1) Savigny, §§ 348, 360. « Notre point de vue, dit Savigny, est celui d'une communauté de droit international entre les nations qui ont des relations mutuelles ; ce point de vue a été reconnu, dans la suite du temps et du progrès, d'une manière de plus en plus générale, sous l'influence soit de la commune civilisation chrétienne, soit des avantages réels qui en découlent pour toutes les parties. Nous sommes amené ainsi à juger le conflit des lois territoriales d'États indépendants essentiellement selon les principes qui régissent le conflit des droits particuliers, locaux, dans le territoire d'un même État. Pour ces deux espèces de conflit, la tâche est la même...»

Les Anglais et les Américains, qui ont rendu et rendent tant de services au droit international privé, insistent sur la consécration que le droit national lui donne, et le considèrent ainsi comme une branche du droit national. M. Westlake définit ainsi : « Private international law is that department of national law which arises from the fact that there are in the world different territorial jurisdictions possessing different laws. » R. D. I., t. XII, p. 23. M. Wharton (§ 1) donne une définition analogue et ajoute : « It is a law, and hence binding ; but it is binding, so far as concerns England and the United States, not because it has been enacted in a codex..., but because, like other parts of the common law, it is ascertained as a logical inference from the conditions of each case. »

En résumé, nous rejetons la doctrine de la courtoisie, pour les deux motifs suivants :

En premier lieu, nous ne saurions accorder au juge, dans l'application qu'il doit faire de la loi, la faculté de préférer telle loi à telle autre par courtoisie ou bienveillance. S'il n'est pas *obligé* d'appliquer la loi étrangère, il n'est pas non plus *autorisé* à l'appliquer.

En second lieu, c'est une erreur complète de croire que le juge est obligé seulement d'appliquer la loi nationale. Le procès, en général, n'est pas destiné à créer des droits nouveaux, mais à faire reconnaître les droits existants. Cette vérité serait méconnue si le juge n'était obligé d'appliquer dans tous les cas indistinctement que la loi du pays où le procès a lieu.

9. — Nous pensons donc que, même en l'absence de dispositions légales à ce sujet, le juge est obligé de rechercher selon quelle loi le procès doit être jugé, en vertu des principes généraux, et d'appliquer cette loi.

La nature de la cause et du fait juridique, la nationalité des parties ou leur domicile, le lieu du contrat, celui de l'exécution de l'obligation, toutes ces circonstances et d'autres encore lui montreront quelle est la loi applicable dans chaque cas particulier.

Sans doute, l'appréciation de ces circonstances ne pourra se faire sans provoquer des divergences considérables. A défaut de lois et de traités, l'accord est bien loin d'être établi entre les États, soit dans la jurisprudence, soit dans la doctrine. Il est d'autant plus nécessaire de trouver les principes justes, susceptibles de réaliser l'unité dans la mesure du possible et du désirable, et de préparer ainsi les voies à la rédaction des règles qui pourront un jour être consacrées législativement ou conventionnellement.

§ 6. — Comment le juge doit-il appliquer la loi étrangère?

10. Division. — 11. Le juge doit appliquer la loi étrangère d'office. — 12. Le juge doit s'enquérir de la loi étrangère. — Preuve de la loi étrangère. — 14. Y a-t-il ouverture à cassation pour la violation ou l'application erronée de la loi étrangère?

10. — L'application de la loi étrangère a-t-elle lieu de la même manière et dans les mêmes conditions que celle de la loi nationale? Question générale qui comprend plusieurs questions particulières :

Le juge doit-il appliquer la loi étrangère, alors même que les parties ne l'invoquent pas ; doit-il l'appliquer d'office?

Que fera-t-il s'il y a doute ou contradiction touchant la disposition du droit étranger?

Imposera-t-il la preuve du droit étranger à la partie qui l'invoque? Et, dans l'affirmative, cette preuve sera-t-elle administrée selon les règles de la preuve des faits?

Enfin, y aura-t-il cassation, dans les pays où le pourvoi en cassation existe, pour violation ou application erronée de la loi étrangère?

Pour répondre avec toute la précision désirable à ces diverses questions, il faudrait tenir compte de la procédure et de l'organisation judiciaire de chaque pays. Nous

nous bornerons à poser les principes généraux qui nous paraissent devoir être observés en l'absence de dispositions contraires de la loi.

11. — Le juge appliquera-t-il la loi étrangère d'office? Nous répondons oui (1).

L'office du juge est de juger chaque procès selon le droit qui le régit (ci-dessus, nº 8). Peu importe ici que le pouvoir du juge soit limité ou non aux moyens que les parties font valoir. Le juge doit fonder sa décision, dans tous les cas, sur la loi qu'il estime applicable : ainsi, le cas échéant, sur la loi étrangère, alors même que les parties ne l'invoqueraient point ; et si même il n'était autorisé à tenir compte que des moyens proposés par les parties, il devrait toujours examiner et apprécier ces moyens conformément au droit qu'il estime applicable.

12. — Que fera le juge s'il y a doute ou contradiction touchant la loi étrangère? Il a mission de faire droit. Il estime que le fait juridique qui lui est soumis doit être décidé par une loi étrangère. Il se trouve donc, vis à vis

---

(1) Ainsi Bar, § 32, Laurent, t. II, 263 s. On peut dire que c'est l'opinion régnante aujourd'hui. Toutefois M. Demangeat, sur Fœlix, a encore admis comme chose évidente que le juge n'est pas tenu d'appliquer d'office la loi étrangère.

Plusieurs auteurs envisagent le droit étranger comme un simple fait, au point de vue de la procédure, et ne permettent au juge de l'appliquer que si l'une des parties l'invoque. Tel est le point de vue du droit anglais, Westlake, § 334, R. D. I., t. XIV, p. 304; et aux États-Unis.

Une opinion intermédiaire autorise le juge à appliquer la loi étrangère, sans l'y obliger Kori, *Erœrterungen*, t. III; p. 29, cité par Bar.

de cette loi, dans la situation dans laquelle il se trouve ordinairement à l'égard du droit national. Il doit s'enquérir, en cas de doute, des dispositions de cette loi.

Qu'arrivera-t-il si les parties ne réussissent pas à prouver la loi étrangère ? On a soutenu que le juge peut alors se dispenser de l'appliquer. On cite des arrêts dans ce sens (1). Cette doctrine ne nous paraît point justifiée ; il y aura là, sans doute, une difficulté pratique à surmonter mais nous n'y saurions voir une raison de droit.

13. — Est-ce à la partie qui invoque le droit étranger à en fournir la preuve ?

Nous pensons que l'on ne saurait lui demander de le prouver comme si c'était un fait qu'elle alléguait (2). Elle

(1) Jurisprudence de la Cour supérieure de commerce allemande : Quand un rapport de droit est, par sa nature, soumis à la prédominance de la loi étrangère, le juge doit appliquer le droit étranger autant qu'il lui est connu ; il peut baser cette connaissance, soit sur sa science propre, soit sur la preuve faite par les parties, et que sa conviction estime suffisante. — S'il s'agit de principes de droit étranger qui sont inconnus au juge, il en *peut* exiger la preuve des parties qui l'invoquent, ou faire d'office les recherches nécessaires, mais il n'y est pas *obligé*. — Le juge peut, d'après des présomptions, décider que le droit étranger, à lui inconnu, est en harmonie avec le droit national. — Ces présomptions, toutefois, pouvant être combattues par la preuve contraire faite par les parties, ne lient pas le juge de telle façon qu'il soit obligé de décider d'après elles. — La maxime *Jura novit curia* ne pourrait être invoquée en matière de droit étranger. Arrêt du 14 février 1871. J. D. P., t. I, p. 80.

(2) *Contra*, Fœlix, 18 ; les Anglais et les Américains. Westlake, § 335 : « La législation étrangère, ou la différence entre elle et l'anglaise, étant un fait, il s'ensuit que c'est au jury, s'il y en a un, de juger de la preuve qu'on en fera : le juge n'a qu'à faire connaître au jury quel est le pays dont il faut appliquer la législation. » R. D. I.. t. XIV, p. 305. Wharton, 773.

s'efforcera, s'il y a lieu, d'établir la justesse de son appréciation ou interprétation, par une déduction juridique, que le juge devra compléter d'office conformément aux règles ordinaires.

On pourrait croire qu'au moins le texte de la loi étrangère est un fait à prouver dans les formes légales.

Tel n'est point le cas, cependant, pas plus pour la loi étrangère que pour la loi territoriale. Abstraction faite de la preuve légale, là où elle existe, le juge a divers moyens de se procurer la certitude qui lui est nécessaire, soit quant au texte, soit quant au sens de la loi étrangère. Dans quelques pays, le ministre de la justice délivre des déclarations auxquelles on reconnaît force authentique. Ailleurs, on fait constater par des avocats, notaires ou fonctionnaires de l'ordre judiciaire, quelle est la disposition légale concernant le point controversé (1).

On ne doit pas assimiler le droit étranger à la coutume. La coutume est un fait ou un ensemble de faits, et son existence doit être prouvée par les moyens admis pour la preuve des faits. N'est pas justifiée davantage la présomption qu'établit le droit anglais et américain et en vertu de laquelle, en l'absence de preuves, le droit étranger est présumé identique avec le droit national. Laurent, 263.

Sur la preuve des lois étrangères : Laurent, t. II, 262-272. Bar, § 32. Westlake, §§ 334-341. Wharton, 771-780.

Pierantoni, *Della prova delle leggi straniere nei giudizi civili. Considerazioni e proposte* (Extrait du *Filangieri*, 1883). — Le même, *Proposta di un Codice dei Codici (Rassegna di diritto commerciale italiano e straniero*, novembre 1883). — Sur la proposition de M. Pierantoni, laquelle coïncidait avec une proposition analogue de M. Norsa, l'Institut de droit international a décidé de mettre à l'étude la question suivante : Quels seraient les moyens à proposer aux gouvernements en vue de favoriser la connaissance des lois étrangères, et en particulier d'assurer la preuve de ces lois devant les tribunaux?

1) Les *actes de notoriété*, qui remplacèrent les anciennes *enquêtes*

Si les règles de la preuve des faits ne sont pas applicables en cette matière, on doit conclure que le juge est absolument libre dans l'appréciation du droit étranger.

14. — En ce qui concerne le pourvoi en cassation (1) : Nous pensons que dans les pays, tels que la France, la Belgique et les Pays-Bas, où la cassation est destinée à

par turbes, ne sont plus admis en France (Cassation, 24 avril 1824), ni en Belgique ; on ne délivre plus de *réversales*, mais en matière commerciale les *parères* en tiennent lieu. Laurent, 267-269.

Dispositions en divers pays, quant à la preuve : Bar, § cité, p. 105-107.

(1) Comparez Fœlix, 18 (note), Bar, p. 108. — Brocher, t. I, 51. — Laurent, t. II, 273-283. — Cassation française, 15 avril 1861, Seitz c. Friederich : La Cour de cassation, instituée pour maintenir l'unité de la loi française par l'uniformité de la jurisprudence, n'ayant pas la mission de redresser la fausse application des lois étrangères, à moins qu'elle ne devienne la source d'une contravention aux lois françaises.... (Dalloz, 61, I, p. 420). — Wyse c. Sancy, 18 juilllet 1876 (Dalloz, 76, t. I, p. 497). La fausse interprétation d'un document public étranger peut donner ouverture à cassation, quand elle conduit à la violation d'une règle française. — Administration des domaines c. Ditch, 24 juin 1878 (Dalloz, 79, t. I, p. 56).

Cassation belge, 11 mai 1855 : Attendu que les lois citées à l'appui du pourvoi sont des lois étrangères, et que la Cour ne peut casser des décisions judiciaires pour violation de lois étrangères, à moins que l'erreur sur le sens d'une loi étrangère ne fût la source et le principe d'une violation de la loi belge... Même cour, 21 janvier 1848 : Attendu que la violation des principes du droit des gens ne peut donner ouverture à cassation que pour autant qu'ils soient consacrés par un texte de loi, cité à l'appui de la requête.

M. Demangeat (*Journal du droit international privé*, t. I, p. 12-16) se prononce en faveur de l'ouverture à cassation, et cite l'arrêt de la Cour de cassation française du 23 février 1864 (Sirey, 64, I, p. 365); voir là-dessus Laurent, 277, 281.

suppléer et à compléter l'unité de la législation par l'unité de la jurisprudence, l'application erronée ou la violation du droit étranger ne saurait donner ouverture à cassation. Telle nous paraît être la conséquence naturelle de l'idée fondamentale du droit français en cette matière. La distinction qui sert de base au recours est moins celle du fait et du droit, que plutôt celle entre l'application de la loi nationale d'une part, et tout ce qui est en dehors de la loi nationale, fait ou droit, d'autre part.

§ 7. — De la condition des étrangers (1)

15. Droits civiques et droits privés ou civils. — 16. Motifs prétendus d'inégalité entre étrangers et regnicoles. Réciprocité. — 17. Dispositions du code italien.

15. — Les deux propositions suivantes nous paraissent conformes à l'esprit du droit moderne :

Les *droits civiques*, qui se résument dans le droit de

(1) Sur les pérégrins à Rome : Van Wetter, appendice au tome I du *Droit civil international* de M. Laurent.

De Royer, *De la condition civile des étrangers* (législation ancienne romaine et française). Paris, 1874. — Demangeat, *Histoire de la condition civile des étrangers en France, dans l'ancien et dans le nouveau droit*. Paris, 1844. Ouvrage de premier mérite. — Sapey, *Les étrangers en France sous l'ancien et le nouveau droit*. Paris, 1843.

Schutzenberger, *Condition civile des étrangers en France* (Strasbourg) Paris, 1852. — Gand, *Code des étrangers, souverains, souveraines, princes, princesses, légations, consulats, et simples particuliers, ou État civil et politique en France des étrangers de tout rang et de toute condition, leurs droits et leurs devoirs*. Paris, 1853.

Belgique : Haus, *Du droit privé qui régit les étrangers en Belgique*. Gand, 1874. — Lippens, *Exposé du système de la législation civile sur les droits dont les étrangers jouissent en Belgique*. 1871.

Droit allemand : Stobbe, *Handbuch des deutschen Privatrechts*,

participer au gouvernement et à la législation, ne doivent être reconnus qu'aux regnicoles (1).

Mais quant aux *droits privés* ou *civils*, aucune différence ne doit être faite entre les étrangers et les nationaux (2).

C'est une tâche primordiale de l'État de favoriser, par l'administration de la justice et du droit, le libre épanouissement des individus. Or il est évident qu'en suite de la multiplicité croissante des relations internationales, le droit privé ne pourrait en aucun pays se déployer dans toute sa plénitude, si les nationaux étaient seuls appelés à y participer. Il faut au contraire appliquer le droit selon les principes que nous essayerons d'exposer dans les pages qui suivent, d'après la nature des actes et le lieu où ils sont faits, et sans tenir compte de la nationalité

t. I, p. 255-270. — Pütter, *Das Praktische Europæische Fremdenrecht*. Leipzig, 1845. — Prusse : Stœrk, J. D. P., t. X (note de M. Beauchet).

Autriche : Vesque de Püttlingen, *Die gesetzliche Behandlung der Auslænder in Oesterreich*. Vienne, 1842. Stœrk, J. D. P., t. VII.

Russie : Fédor Witte, *Die Rechtsverhæltnisse der Auslænder in Russland*. Dorpat, 1847.

Italie : Esperson, J. D. P., t. VI.

Suède : Dareste, J. D. P., t. VII.

Pérou : Pradier-Fodéré, J. D. P., t. V et VI.

Serbie : Pawlovitsch, J. D. P., t. XI.

Bar, § 27. Laurent, t. II, 1-38, 111, 321-379. Brocher, 53-55. Heffter, § 60-62. Fiore, 7-18. Wharton, 17. (Réponse aux assertions de M. Laurent touchant les États-Unis.)

(1) Je traduis par *droits civiques* (on pourrait dire aussi *politiques*), les mots hollandais *Staatskundige Regten*, que M. Cohn a rendus en allemand par *Staatsbürgerrechte*. On peut comparer, sur une question spéciale, un article de M. d'Orelli et une note de M. Arntz, R. D. I., t. XIV, p. 473-489.

(2) La distinction des *droits privés* en *droits civils* et *naturels* doit être rejetée. Laurent, t. II, 8

des personnes, si ce n'est pour suivre la loi de leur patrie en vertu de ces mêmes principes.

16. — On a cru pouvoir justifier, par deux raisons et en se plaçant à deux points de vue différents, l'inégalité entre étrangers et regnicoles en matière de droits privés.

1° On a pensé qu'il était avantageux à l'État de faire au regnicole une situation plus favorable qu'à l'étranger. Il nous semble qu'en alléguant un motif pareil on fait preuve d'une certaine étroitesse de vues économiques et politiques, et d'une méfiance à l'égard des étrangers qui, sauf exception, n'a plus de raison d'être à notre époque.

2° On a cru voir dans l'inégalité une arme utile pour protéger les nationaux fixés à l'étranger contre les lois du pays étranger.

On n'invoque plus guère, aujourd'hui, ces arguments pour exclure les étrangers de la jouissance des droits privés (1). Mais on fait dépendre l'égalité des étrangers et des nationaux du principe de réciprocité. Ainsi le Code civil, art. 11 (2); le Code prussien, *Introduction*, §§ 41-43; le Code autrichien, § 33. Ou bien, on proclame l'égalité comme règle, mais on statue des exceptions; ainsi fait, par exemple, la loi hollandaise, *Dispositions générales*, art. 9 (3).

(1) Les articles 726 et 912 du Code Napoléon sont abrogés par la loi du 14 juillet 1819, en Belgique par celle du 27 avril 1865. Les articles correspondants du Code hollandais ont été abrogés en 1869. Asser, R. D. I, t. I, p. 629.

(2) On connaît les divergences qui partagent les auteurs et la jurisprudence sur la portée de l'article 11 du Code civil et sur la condition civile des étrangers en France. Arntz, t. I, 118-123.

(3) Asser, R. D. I, t. I, p. 113 s.

Dans les pays mêmes qui consacrent la réciprocité, il n'y a pas lieu de l'appliquer, lorsque la loi de l'État étranger est moins favorable, sur le point dont il s'agit, sans faire de distinction entre étrangers et nationaux.

Les conditions de la rétorsion sont déterminées par la législation intérieure.

17. — Le Code italien, art. 3, consacre purement et simplement le principe de l'égalité, en matière de droits privés, entre étrangers et nationaux. M. Mancini s'exprime à ce sujet dans les termes suivants, qui contiennent une mention honorable de la loi hollandaise (1) : « S'éloignant profondément du sentiment de méfiance qui inspira le Code Napoléon, le nouveau Code italien n'exige

(1) R. D. I., t. VII, p. 358. — L'Institut de droit international, dans sa session d'Oxford, a pris la résolution que voici :

« L'Institut émet le vœu que les règles suivantes soient adoptées d'une manière uniforme dans les lois civiles de toutes les nations et que leur maintien soit garanti par des traités internationaux, qui devraient contenir en même temps la clause ci-après, comme complément à l'article I :

« Les puissances contractantes s'engagent réciproquement à n'introduire à cette règle aucune exception nouvelle, sans le consentement de toutes les parties contractantes.

« Les nations chez lesquelles il existe encore des exceptions, s'engagent à mettre leur législation intérieure le plus tôt possible en harmonie avec cette règle.

« I. — L'étranger, quelle que soit sa nationalité ou sa religion, jouit des mêmes droits civils que le regnicole, sauf les exceptions formellement établies par la législation actuelle. »

Il ressort de la discussion qui a précédé cette résolution, que par *droits civils* l'Institut entend tous les droits qui ne sont pas politiques. M. Holland proposait : *droits du domaine privé*. Nous les avons appelés, dans le texte, *droits privés* ou *civils*. — A. D. I., t. V, p. 41-43, 56-57.

comme condition ni l'existence de traités diplomatiques, ni même le simple fait de la réciprocité. Il est à espérer que ce noble exemple de justice accordée même à des nations qui ne nous rendent rien, sera suivi par les législateurs de tous les peuples civilisés. Parmi eux, il n'y a que la Hollande qui, à bon droit, puisse déjà revendiquer presque entièrement les mêmes éloges. »

CONFLIT DES LOIS CIVILES

ou

DROIT CIVIL INTERNATIONAL

CHAPITRE PREMIER

———

CONFLIT DES LOIS CIVILES

ou

DROIT CIVIL INTERNATIONAL

———

Section première. — *De l'état et de la capacité* (1).

§ 8.

18. Loi personnelle. Les lois concernant l'état et la capacité suivent la personne partout. — 19. Historique de cette règle. — 20. Quelle est la loi personnelle? Nationalité et domicile.— 21. Arguments pour et contre la loi de la nationalité. — 22. Solution favorable à la loi de la nationalité, avec une restriction. — 23. Aperçu de diverses législations. — 24. Dérogations législatives au principe de la loi personnelle.— 25. Droit absolu.

18. — On reconnaît généralement, aujourd'hui, que les lois concernant l'état et la capacité suivent la personne partout (2).

(1) Savigny, § 362. Schœffner, §§ 33-53. Fœlix, § 30-33. Bar, §§ 42-56. Brocher, 52-57, 64-70. Arntz, t. I, 46, 61-65. Westlake, chap. III. Wharton, §§ 84-104. Fiore, 40-51. Story, ch. IV. — Monographies récentes : Soldan, *De l'influence de la loi d'origine et de la loi du domicile sur l'état et la capacité des personnes en droit international privé*. Lausanne, 1877. (Thèse de licence.)— Rougelot de Lioncourt, *Du conflit des lois personnelles françaises et étrangères*, Paris, 1883.

(2) Code civil, art. 3 : Les lois concernant l'état et la capacité

Il existe, en revanche, une divergence radicale sur un autre point : cette domination permanente des lois concernant l'état et la capacité appartient-elle aux lois du pays dont la personne est citoyenne, ou à celle du pays où elle est domiciliée? Nous examinerons cette question aux numéros 20-23.

On comprend dans les lois sur l'état et la capacité celles qui concernent la qualité d'enfant légitime ou illégitime, la majorité et la minorité, l'état de mariage ou de célibat, le divorce, la filiation, la puissance paternelle, l'adoption, l'émancipation, la tutelle, l'autorité maritale et les droits de la femme mariée, en un mot toutes les lois qui déterminent les rapports juridiques d'une personne avec sa famille, ainsi que celles qui déterminent si elle est capable et dans quelle mesure elle est capable de faire des actes juridiques (1).

des personnes régissent les Français, même résidant à l'étranger.

Il n'est question, dans le texte, que des personnes physiques. Doit-on appliquer aux personnes civiles une règle analogue? Lorsqu'un établissement est reconnu comme personne civile dans le pays où il a son siège, ce caractère le suit-il partout? L'affirmative est soutenue par Fœlix (31, avec une note restrictive de M. Demangeat) et par M. de Bar, § 41. Voyez aussi M. Brocher, 58-63. Avis du conseil d'État français du 12 janvier 1854 : Tout établissement d'utilité publique étranger constituant régulièrement une personne civile a qualité pour recevoir des dons et legs de biens meubles ou immeubles situés en France. — La doctrine contraire est soutenue par M. Laurent (t. IV, 130-153), et consacrée en Angleterre et aux États-Unis. Field, 545 : Les corporations et autres personnes morales n'ont point d'existence au delà de la juridiction du pouvoir par le fait duquel elles existent : elles n'ont aucune autre capacité que celle qui leur est conférée par ce pouvoir. Wharton, § 105.

(1) M. de Bar, §§ 42-56, p. 137-188, applique avec beaucoup de soin et de finesse le principe général aux divers droits et capacités.

La règle ci-dessus ne s'applique pas aux lois concernant la qualité de ressortissant, sujet ou citoyen d'un État, la nationalité. Jamais, en effet, aucun État ne considérera une personne, qui d'après sa loi est regnicole, comme étrangère, pour le motif que cette personne aurait en outre le droit de cité dans un autre État en vertu de la loi de cet État, peu importe qu'elle y soit, ou non, domiciliée (1).

Aussi le besoin d'une règle commune n'est-il nulle part plus sensible que dans la matière de l'acquisition et de la perte de la nationalité; c'est seulement au moyen d'une telle règle qu'il sera possible d'empêcher qu'une personne ait droit de cité dans deux ou plusieurs pays ou n'ait droit de cité dans aucun (2).

Il résout nombre de questions que soulève le conflit entre ce principe et ceux qui régissent le droit des choses, la forme des actes, la force des jugements étrangers, etc. Il passe en revue successivement : la liberté, l'esclavage et le servage; la mort civile; l'infamie; les incapacités dérivant de motifs confessionnels; les différences de condition, la noblesse; la minorité; la tutelle du sexe; l'interdiction du prodigue; le sénatus-consulte Velléen et l'authentique *Si qua mulier*; le sénatus-consulte Macédonien; la capacité de s'obliger par lettre de change; la restitution en entier. — Sur le sénatus-consulte Velléen en France, arrêt Bonar contre d'Hervas, Paris, mars 1831, et Cassation, 17 juillet 1833. — Wharton, §§ 106-125.

(1) M. Demangeat signale une distraction de Fœlix, lequel dit (33) : *La loi de la nation à laquelle appartient un individu, décide s'il est regnicole ou étranger.* « Comment, dit l'éminent commentateur, la loi de la nation à laquelle appartient un individu pourrait-elle décider que cet individu est étranger, c'est-à-dire qu'il n'appartient pas à la nation dont il s'agit ? La pensée de Fœlix est simplement qu'il faut consulter la loi française pour savoir si un tel est ou n'est pas Français, la loi anglaise pour savoir si un tel est ou n'est pas Anglais, etc. »

(2) La question de l'indigénat multiple, dans deux ou plusieurs

19. — La règle de la loi personnelle était loin d'être admise jadis aussi généralement qu'aujourd'hui. On fai-

États souverains et indépendants, était traitée déjà par les anciens. Cicéron dit (*Pro Balbo*, 12) : « Jam a principio Romani nominis a majoribus nostris ratio comparata est *ne quis nostrum plus quam unius civitatis civis esse possit.* » Balde et Zouch (IIe partie, section 2, § 13) sont également pour la négative. En somme, cependant, on ne voyait guère d'inconvénient jadis à reconnaître un indigénat multiple, et ce cas se présente fréquemment, encore aujourd'hui ; notamment en Suisse, où beaucoup de personnes ont droit de cité dans plusieurs cantons.

Le fait de n'avoir point de patrie est infiniment plus grave ; l'*heimathlosat* est une plaie que l'on s'efforce de faire disparaître.

Laurent, t. III, 250-251, *De ceux qui ont plusieurs patries.* 252-253, *De ceux qui n'ont pas de patrie.* — Brocher, I, 70, *Absence de patrie ou patries multiples.* — Heffter, 59, 59a, et les notes de M. Geffcken dans la dernière édition. — E. Lehr, *Du droit de se prévaloir d'une double nationalité et des limites de ce droit.* R. D. I., t. II, p. 312 s. Comparez J. D. P., t. VI, p. 526 s. — Loi fédérale du 3 juillet 1876. Suisse naturalisé à l'étranger ; affaire Gothuey, R. D. I., t. XII, p. 317 ; J. D. P., t. V, p. 60 ; affaire Steiner, R. D. I., t. XII, p. 321 ; J. D. P., t. VI, p. 95 ; affaire enfants Frei, J. D. P., t. IX, p. 235.

Pour les auteurs qui font régir l'état et la capacité par la loi du domicile, la difficulté se présente sous la forme du domicile multiple ou de l'absence de domicile. Savigny, §§ 354, 355, 359.

Sur l'acquisition et la perte de la nationalité, il faut consulter surtout l'ouvrage de M. Cogordan : *La nationalité au point de vue des rapports internationaux.* Paris, 1879. R. D. I., t. XI, p. 473. — Voir aussi : Alauzet, *De la qualité de Français et de la naturalisation,* Paris, 1856, 1863, 1867 ; Cutler, *The law of Naturalization, as emended by the Naturalization acts of* 1870, Londres, 1871 ; et surtout de Martitz, *Das Recht der Staatsangehœrigkeit im internationalen Verkehr* (Annales de Hirth, 1875). — Sur la question spéciale de la naturalisation à l'étranger d'une femme française, mariée et séparée de corps, ci-dessous, n° 47, note. — Sur l'art. 9 du Code civil : la Cour de cassation française fait dater la nationalité française de la naissance (19 juillet 1848) : la jurisprudence belge (Cour de Bruxelles, 19 février 1878) ne fait opérer la déclaration que pour l'avenir, ce qui est préférable. Et la majorité mentionnée audit article est la

sait diverses distinctions et on statuait des exceptions, qui sont, actuellement, presque universellement rejetées (1).

On est d'accord, en particulier, pour reconnaître que l'état et la capacité d'une personne ne sont pas modifiés par le seul fait que cette personne se déplace (2).

majorité de la loi belge. Du Bois, R. D. I., t. XIII, p. 53-57; t. VIII, p. 486-488, VI, p. 277, IV, p. 150, 657.—Sur la jurisprudence récente de la Cour de cassation belge concernant l'enfant né de parents inconnus et la loi que cette jurisprudence a rendue indispensable, A. D. I., t. V, p. 45; R. D. I., t. XIII, p. 57-60, 523; t. XVI, p. 138.

Résolutions de l'Institut de droit international (A. D. I., t. V, p. 57): L'enfant légitime suit la nationalité de son père. L'enfant illégitime suit la nationalité de son père lorsque la paternité est légalement constatée; sinon, il suit la nationalité de sa mère lorsque la maternité est légalement constatée. L'enfant né de parents inconnus, ou de parents dont la nationalité est inconnue, est citoyen de l'État sur le territoire duquel il est né, ou trouvé lorsque le lieu de sa naissance est inconnu. — La femme acquiert par le mariage la nationalité de son mari.

(1) Le principe de la réalité a été défendu encore par Odier, en 1827, dans sa *Dissertation sur l'application des lois étrangères qui règlent la capacité de contracter.* Odier conclut que « tout étranger, même non résidant, même en simple passage, qui viendra contracter à Genève, doit être jugé d'après les lois personnelles de Genève, à moins qu'il n'existe avec sa nation des traités exprès et réciproques, par lesquels il aurait été stipulé qu'on le jugerait d'après les lois de capacité de son pays. »

(2) Fiore, 42, et dans l'appendice, cite les opinions de plusieurs auteurs.

Pothier, Coutume d'Orléans, ch. I, art. 1, n° 13 : « Le changement de *domicile* délivre les personnes de l'empire des lois du lieu du domicile qu'elles quittent, et les assujettit à celles du lieu du nouveau domicile qu'elles acquièrent. » Hert, les deux Voet, Rodenburgh, Bourgoingne sont également pour la mutabilité par changement de domicile.

On applique le principe, non seulement à la capacité requise pour s'obliger ou pour tester, mais aussi à celle qui est requise pour tout acte concernant les choses mobilières et immobilières et les droits réels (1).

On ne distingue plus, à ce point de vue, entre l'incapacité générale et les incapacités spéciales, relatives à certains actes déterminés (2).

On rejette comme arbitraire, la distinction qu'ont faite encore des auteurs récents, entre l'état et les effets juridiques de l'état, — distinction en vertu de laquelle on appréciait d'après la loi personnelle la question de savoir si la personne agissante était majeure ou mineure, et d'après la loi du lieu où l'acte était fait, ou encore d'après la *lex fori*, la question des effets de la majorité ou de la minorité (3).

Burge, Story, Merlin, et avant eux Ulric Huber soutiennent la domination permanente de la loi du domicile d'origine. Huber, I, 3, § 12.

Il est à remarquer que la question est autre pour nous que pour ces anciens auteurs, parce que nous reconnaissons la loi de la nationalité comme formant la loi personnelle (nos 20, 21). Or, il n'est pas douteux qu'un changement de nationalité a pour effet de changer l'état et la capacité.

(1) Savigny, §§ 362, 367. Beaucoup d'auteurs anciens appliquaient, lorsqu'il s'agissait d'immeubles, la loi de la situation.

(2) Savigny, § 364. On appliquait la loi personnelle à la capacité ou incapacité générale et la loi du lieu de l'acte ou du contrat aux incapacités spéciales (cas du sénatus-consulte Velléen, du Macédonien, droit de change).

(3) Cette distinction faite, entre autres, par Hert, est reproduite par Waechter et par Mittermaier. — Savigny la déclare arbitraire et inconséquente, § 362. Il fait remarquer qu'elle est exclue, dans les pays du Code Napoléon, par les termes mêmes de l'article 3 : « *l'état et la capacité.* »

20. — La loi personnelle est-elle celle de la patrie ou nationalité, ou est-ce la loi du domicile ?

Nous examinerons cette question d'abord en théorie, puis nous exposerons les solutions que lui donnent la législation et la jurisprudence en divers pays (1).

Les auteurs sont partagés. Savigny se prononce en faveur de la loi du domicile (2), comme la plupart des

(1) Bar, § 29-31, et *Encyclopédie* de Holtzendorff, p. 686-688. Laurent, t. II, 97-110. Fœlix dit (28): « Les expressions de *lieu du domicile de l'individu* et de *territoire de sa nation* ou *patrie* peuvent être employées indifféremment. » Et en effet, il emploie constamment ces expressions comme équipollentes. M. Demangeat remarque fort justement : « Ainsi, d'après M. Fœlix, un homme ne peut avoir son domicile que dans le territoire de la nation dont il est membre. C'est là une idée qui nous paraît complètement inadmissible. » Il est vrai, toutefois, comme le remarque encore l'éminent commentateur de Fœlix, que « dans la grande majorité des cas la loi du domicile sera en même temps la loi du peuple dont l'individu est membre. » Malgré la prodigieuse multiplication des déplacements, les gens qui restent chez eux sont toujours plus nombreux que ceux qui s'expatrient, et M. Laurent dit avec raison qu' « en fait la nationalité et le domicile se confondent d'ordinaire. » Vattel confond aussi la patrie et le domicile, ainsi que le grand germaniste Eichhorn (*Einleitung in das deutsche Privatrecht*, § 34) et bien d'autres. Il n'est pas douteux, d'autre part, que la nationalité n'avait nullement, jadis, la même importance qu'à présent.

(2) Savigny, §§ 359, 362. Aux §§ 350 et suivants, Savigny analyse les notions romaines de l'*origine* et du *domicile* et expose les changements qu'ont subis ces notions dans le développement moderne. Il rapproche de la doctrine romaine de l'*origine* la notion de la *bourgeoisie* telle qu'elle est conçue et appliquée en Suisse.

A Rome, la *lex originis* formait la règle, comme droit personnel de l'individu. Il est permis de voir, dans la tendance actuelle à faire prévaloir la nationalité sur le domicile, un retour partiel et inconscient à un état de choses comparable, sur certains points, à celui qui régnait dans l'empire romain. Mais on ne saurai trop se prémunir contre les analogies trompeuses.

auteurs anciens (1). Story, les Américains, les Anglais, presque tous les Allemands soutiennent la même doctrine (2), qui est aussi celle de M. Demangeat (3).

La doctrine de la nationalité, qui est consacrée par le Code Napoléon, est proclamée surtout par l'école italienne moderne. M. de Bar paraît s'y rallier (4).

(1) Quand ils distinguent (voyez l'avant-dernière note). On peut citer Brunus, d'Argentré, Mascardus, Bourgoingne, Mevius, Boullenois, Lauterbach, Stryk, Schilter, Glück et nombre d'autres. Cette doctrine a acquis en Allemagne la force d'un véritable droit coutumier. Savigny, § 362.

(2) Story, § 40 s. — M. Wharton expose (§§ 8, 87) d'une façon convaincante les raisons qui obligent les Anglo-Américains à s'en tenir à la loi du domicile et conclut : « We must continue to take domicile and not nationality as the standard of personal law. »

Westlake, § 1. — R. D. I., t. XIII, p. 435 : « En Angleterre, toutes les fois que l'on admet le statut personnel, c'est d'après le domicile, et non d'après la nationalité politique, qu'on détermine ce statut. »

Étude approfondie sur le domicile, c'est-à-dire sur la partie du droit anglais qui concerne le domicile : Dicey, *The Law of Domicil as a branch of the Law of England*. Londres, 1879. — Voir Holland, R. D. I., t. XI, p. 466-467.

Citons, outre Savigny et Waechter, Thœl, § 78; Gerber, § 32; Keller, *Pandekten*, §§ 11-12 ; Windscheid, *Pandekten*, § 35.

(3) M. Demangeat, sur Fœlix, I, 28 : « Nous croyons que le domicile doit l'emporter sur la nationalité. » M. Barrilliet a adhéré à cette opinion, *Du Conflit de la loi française avec les lois étrangères*, 33-37. *Revue pratique du droit français*, t. I, p. 66. Voir plus loin, n° 23. Tel était aussi le sentiment de Merlin.

(4) Notamment par M. Esperson, *Il principio di nazionalita applicato alle relazione civili internazionali*. Pavie, 1868. — Fiore, *Delle aggregazioni legittime secondo il diritto internazionale. Esame critico del prinzipio di nazionalita*. Turin, 1879. — Brusa, R. D. I., t. XI, p. 100. — Rocco était pour le domicile.

Les principes de l'école italienne sont défendus avec une grande énergie par M. Laurent, t. I, 97-110, que M. Wharton appelle « the sturdiest of all recent advocates of the exclusive authority of the

21. — Voici les arguments principaux que l'on peut invoquer en faveur de la nationalité :

a. La notion du domicile manque de précision. Il est

law of nationality. » M. Wharton (§ 7) croit pouvoir rattacher ce fait à la « nationalité belge, » et à la séparation de la Belgique du royaume des Pays-Bas. C'est une erreur ; il n'y a pas d'analogie entre la Belgique et l'Italie, et il n'existe pas d'*école belge*, ni en droit international privé ni en droit des gens.

Bar, *Encyclopédie* de Holtzendorff, p. 686-687. — M. F. Mommsen, *Archiv für Civ. Praxis*, LXI, p. 152 s., demande que le futur code de l'Empire allemand consacre le principe de la nationalité et non celui du domicile. C'est ce qu'a fait déjà la loi sur les lettres de change, ci-dessous, nº 23. Heffter (§ 38) paraît aussi plutôt favorable à la nationalité.

L'Institut de droit international, dans sa session d'Oxford (1880), a pris la résolution suivante :

« L'état et la capacité d'une personne sont régis par les lois de l'État auquel elle appartient par sa nationalité.

« Lorsqu'une personne n'a pas de nationalité connue, son état et sa capacité sont régis par les lois de son domicile.

« Dans le cas où différentes lois civiles coexistent dans un même État, les questions relatives à l'état et à la capacité de l'étranger seront décidées selon le droit intérieur de l'État auquel il appartient. »

La rédaction du dernier alinéa n'a peut-être pas toute la netteté désirable. Dans le projet, rédigé par MM. Arntz et Westlake, cet alinéa n'existait pas, et le premier alinéa était conçu en ces termes : « L'état et la capacité d'une personne sont régis par les lois de l'État auquel elle appartient par sa nationalité, *ou bien par les lois du lieu de son domicile d'origine lorsque différentes législations civiles existent dans le même État.* » M. Arntz a posé ainsi le cas dont il s'agit : La loi écossaise diffère de la loi anglaise ; d'après quelle loi appréciera-t-on en France la capacité d'une personne d'origine écossaise domiciliée à Londres ? L'Institut a décidé que la décision doit être laissée au droit intérieur. A. D. I., t. V, p. 45-52, 56, 57.

Dès 1874, M. Mancini avait proposé à l'Institut, siégeant à Genève, la résolution suivante : « L'état et la capacité de la personne, les rapports de famille, et les droits et les obligations qui en découlent, doivent être jugés en appliquant les lois de sa patrie,

souvent difficile de déterminer où est le domicile d'une personne, c'est-à-dire sa résidence principale, le centre de ses affaires ; on se demande si une même personne ne peut pas avoir deux ou plusieurs domiciles.

A quoi l'on peut répondre que la notion de la nationalité n'est guère plus précise ; que la divergence des législations en cette matière donne lieu à des conflits parfois insolubles ; qu'enfin — nous l'avons déjà constaté — une seule et même personne peut avoir plusieurs patries ou n'en avoir point.

b. En fait, la règle habituelle et générale est que toute personne est citoyenne du pays où elle est née. La plupart des lois concernant l'état et la capacité sont en rapport intime avec le climat, le sol, les particularités du pays et de la race. Il est désirable, en conséquence, que les personnes nées dans le pays soient soumises à ces lois d'une manière permanente.

c'est-à-dire de la nation dont elle fait partie. Ils sont régis subsidiairement par les lois du domicile, lorsque différentes législations civiles coexistent dans un même État, ou s'il s'agit de personnes sans aucune nationalité ou qui ont double nationalité. » R. D. I., t. VII, p. 363.

M. Teichmann dit fort sagement : « Il est d'usage actuellement d'invoquer le principe de la nationalité aussi dans le droit civil... Nous laissons de côté la question de savoir combien de temps ce principe se maintiendra... » — Il est à remarquer que la résolution transcrite ci-dessus n'a été prise par l'Institut de droit international qu'à une faible majorité ; qu'aucun membre américain n'a pris part à la session d'Oxford ; que M. Westlake, le seul membre anglais qui se soit rallié, *de lege ferenda*, au principe de la nationalité, a reconnu, dans un mémoire présenté à l'Association britannique pour l'avancement des sciences sociales (octobre 1882), que l'admission de ce principe en Angleterre n'est pas possible encore.

A quoi les partisans du domicile répondent que toutes les lois concernant l'état personnel n'ont pas ce même caractère ; que, d'ailleurs, on change de nationalité, entre autres par naturalisation à l'étranger, et qu'ainsi, même en admettant le principe de la nationalité, une personne devra bien souvent se soumettre à d'autres lois qu'à celle du pays où elle a vu le jour.

22. — Entre les deux principes et entre les deux argumentations, le choix n'est pas facile. Il nous semble, toutefois, que les objections produites contre l'application de la loi de la nationalité n'ont pas autant de poids, tout au moins dans l'état de choses qui règne sur le continent européen, que celles qu'on oppose à la loi du domicile. Nous nous prononçons donc en faveur de la nationalité.

Mais ceci n'est point absolu :

Il se peut que dans un cas de conflit entre deux législations divergentes, le principe de la nationalité ne donne pas de solution. Ainsi, lorsque la personne dont il s'agit, a deux nationalités, ou lorsqu'elle n'en a point. Alors on appliquera la loi du domicile. Il en sera de même s'il s'agit de citoyens d'un pays où plusieurs législations provinciales ou locales sont en vigueur (1).

La solution la plus désirable, c'est sans doute que l'on

_____

(1) États-Unis de l'Amérique du Nord, Grande-Bretagne, États allemands. En Suisse, où règne d'ancienne date le principe de la nationalité (commune d'origine, bourgeoisie), la matière de la capacité a été réglée d'une manière uniforme par la loi fédérale de 1881 sur la capacité civile. — La constitution de 1874 (art. 46) tend à faire prédominer à l'intérieur, le principe du domicile. Résolution de l'Institut de droit international, ci-dessus, p. 53.

arrive à une entente internationale sur la question de la loi personnelle, soit dans le sens de la nationalité, ou dans le sens du domicile, — et aussi, avant tout, que l'on fixe d'une manière uniforme les notions mêmes du domicile et de la nationalité (1).

23. — Les législations ne sont pas moins divisées que les auteurs (2).

Le principe de la nationalité est consacré par le Code Napoléon (art. 3) (3). Il constitue, par conséquent, le statut personnel des citoyens des divers pays où ce Code est en vigueur ; il est consacré encore par le Code italien (*Dispositions générales*, art. 6), par la loi hollandaise (*Dispositions générales*, art. 6) (4) ; et aussi par le Code

______

(1) M. Soldan (*De l'utilité de conventions internationales en matière de droit international privé, Revue générale du droit*. Paris, 1881) demande qu'un accord international se fasse sur l'acquisition et la perte de la nationalité et du domicile ; il préconise avec raison la conclusion de conventions internationales pour consacrer le système du domicile, ou celui de la nationalité, ou encore un système intermédiaire, tel que celui de la loi suisse sur la capacité civile, art. 10.

L'Institut de droit international a demandé dès longtemps un accord sur cette matière comme sur d'autres.

(2) Fœlix, 32. Asser, R. D. I., t. VII, p. 399-402.

(3) M. Demangeat a soutenu l'opinion contraire, ainsi que M. Barrilliet ; *supra* n° 20. *Contra*, notamment, M. Brocher, I, 43.

Dans l'ancien droit français, le principe du domicile était consacré généralement ; cependant le parlement de Normandie avait fait, en 1666, un règlement sur la majorité, portant que « toute personne née en Normandie est censée majeure à vingt ans accomplis. » Laurent, I, 98.

(4) M. Asser a relevé, R. D. I., t. I, p. 113-118, une erreur de Fœlix concernant la loi des Pays-Bas, qui est d'ancienne date très libérale envers les étrangers. L'art. 6 a la même portée que l'art. 3 du Code Napoléon, et l'art. 9, loin de soumettre aux lois néerlandaises les

civil saxon, avec ce tempérament que la capacité de l'étranger est appréciée selon la loi saxonne, lorsqu'il a contracté en Saxe (1).

Le principe du domicile règne en Grande-Bretagne et dans l'Amérique du Nord (2), en Prusse (3), en Autriche ; le Code autrichien, cependant, ne déclare la loi du domicile applicable qu'à l'étranger, tandis que l'Autrichien est régi partout par la loi autrichienne (4).

La loi générale allemande sur les lettres de change, § 84, déclare que la capacité de s'engager par lettre de change est appréciée selon la loi de la nationalité ; de même, les lois suisse et scandinave (5).

étrangers qui habitent la Hollande, consacre au contraire leur statut personnel. C'est dans ce sens que s'est prononcée la jurisprudence (sauf un seul jugement, Amsterdam, 1843), ainsi que la majorité des auteurs.

Fœlix s'est trompé également en ce qui concerne la Russie. Asser, R. D. I., t. VII, p. 401 s.

(1) Code saxon, §§ 7 et 8. Bar, § 45, note 8.

(2) Ci-dessus, n° 20.

(3) Code général prussien, Introduction, §§ 23-27. Savigny, § 363.

(4) §§ 4 et 34. Il y a controverse touchant ces articles. L'opinion de M. Unger est conforme à notre texte : on a voulu établir une différence de principe entre la situation de l'étranger en Autriche et celle de l'Autrichien à l'étranger. Vesque de Püttlingen estime que l'étranger aussi doit être régi par sa loi nationale et non par celle de son domicile. Stœrk, J. D. P., t. VII, p. 334-335.

(5) Loi danoise, § 84. Code fédéral (suisse) des obligations, article 822 : La capacité de s'obliger par lettre de change est déterminée, pour les étrangers, par la loi du pays auquel ils appartiennent... Quant à la capacité des Suisses, elle est réglée par le présent Code ; peu importe qu'ils résident dans le pays ou à l'étranger. On peut consulter, pour le droit allemand : Stobbe, *Handbuch des deutschen Privatrechts*, t. I, p. 180-190 ; Roth, *System des deutschen Privatrechts*, t. I, p. 283-287.

Le Code argentin consacre le principe du domicile (1).

24. — Plusieurs législations, soit dans l'intérêt de la validité des conventions, soit afin de protéger les regnicoles contre les étrangers, statuent des exceptions à la règle énoncée au n° 18.

Elles donnent la préférence, dans certains cas, à la loi la plus favorable à la validité de l'acte. Ainsi le Code général prussien, le Code autrichien, la loi allemande sur les lettres de change, le Code suisse des obligations (2). Savigny ne désapprouve pas cette dérogation au principe de la loi personnelle (3).

Tel n'est point notre sentiment. La capacité doit être gouvernée par un seul et même droit, d'une manière constante, indépendante du lieu où l'on contracte.

On dit que la dérogation protège les intérêts du regni-

(1) *Titulos preliminares*, art. 6 et 7. Le principe est discuté et défendu dans le commentaire officiel.

(2) Code prussien, *Introduction*, § 35 : Un étranger qui contracte dans ces États sur des objets qui s'y trouvent, doit être jugé, relativement à sa capacité de contracter, suivant les lois qui favorisent le plus la validité de la convention.

Code autrichien, § 35 : Un engagement pris dans cet État par un étranger et en vertu duquel il confère des droits à des tiers sans les obliger réciproquement envers lui, sera jugé, soit d'après le présent Code, soit d'après la loi à laquelle l'étranger est soumis en sa qualité de sujet, suivant que l'une ou l'autre législation favorise le plus la validité de cet engagement.

Loi allemande sur les lettres de change, § 84. Code suisse, 822 : Toutefois l'étranger qui, d'après le droit suisse, serait capable de s'obliger par lettre de change, s'oblige valablement de cette façon en Suisse, encore qu'il en soit incapable d'après le droit de son pays. Fœlix, I, 32.

(3) Savigny, § 363.

cole qui contracte avec l'étranger, mais on oublie que c'est au détriment de l'étranger, dont le droit est méconnu. Nous pensons qu'un futur règlement international, fondé sur l'égalité des regnicoles et des étrangers, devra supprimer les dispositions exceptionnelles dont il s'agit.

25. — Certaines règles concernant l'état et la capacité ont un caractère impératif ou prohibitif, de telle sorte que tout droit étranger divergent doit être exclu, pour des motifs de morale publique et d'intérêt social (1).

SECTION II. — *De la forme des actes* (2).

§ 9.

26. *Locus regit actum.* — Différentes espèces de formes. La règle s'applique aux formes extrinsèques. — 28. Exception prétendue : acte fait à l'étranger dans l'intention d'éluder la loi nationale concernant la forme. — 29. Des actes concernant des immeubles sis en un autre pays. — 30. La règle est-elle facultative ou impérative? — 31. Aperçu de diverses législations.

26. — On dit généralement, et depuis longtemps, que

(1) Adjonction de M. Cohn (*aus Gründen der Sittlichkeit und des œffentlichen Wohls*).

Institut de droit international, rapport de MM. Mancini et Asser : « Les lois personnelles de l'étranger ne peuvent obtenir reconnaissance et effet dans le territoire soumis à d'autres souverainetés, si elles sont en opposition avec le droit public et avec l'ordre public de ce même territoire. »

Résolutions d'Oxford, VIII : « En aucun cas les lois d'un État ne pourront obtenir reconnaissance et effet dans le territoire d'un autre État, si elles y sont en opposition avec le droit public ou avec l'ordre public. » A. D. I., t. V, p. 57.

Savigny, §§ 349, 365. Bar, § 33. Laurent, t. II, 185-208. — Que l'on songe à la mort civile, à l'esclavage, à la polygamie ; aux incapacités qui peuvent frapper, en certains pays, les Juifs, les hérétiques.

(2) Fœlix, 73-85. Savigny, § 381-382. Schæffner, § 73-85. Bar,

la forme des actes est régie par la loi du lieu où ils sont faits : *Locus regit actum.*

Mais on est loin d'être d'accord sur la raison et la portée de cet adage.

Quant à la raison, nous pensons que c'est une raison d'utilité et même de nécessité. Il est souvent impossible d'observer, en faisant un acte, des formes autres que celles que prescrit la loi du pays ; on ne saurait, par exemple, faire un acte notarié dans un pays où le notariat n'existe pas. En outre, nombre d'actes se font, et surtout se faisaient jadis, sous l'intervention du juge ou en utilisant les formes de la procédure (juridiction volontaire); il ne pouvait être question, dans ces cas, d'appliquer d'au-

§§ 34-39. Laurent, t. II, 233-261. Brocher, 49. Fiore, 314-322. Westlake, §§ 197-199. Wharton, 676-703.

Monographies de Hartogh (la Haye, 1838), Zachariæ (*Thémis* 1829), Heink 1842 ; en dernier lieu, Duguit, *Des conflits de législations relatifs à la forme des actes civils*, Paris 1882, et G. di Stefano Napolitani, *La Massima L. r. A.*, Palerme 1883. — E. Picard, *De la valeur et de l'effet des actes passés en pays étrangers d'après la législation belge. Section I : De la forme des actes faits en pays étrangers*. J. D. P., t. VIII.

(1) On a voulu à tort faire remonter la règle au droit romain : L. 34 *De R. J.*, 50, 17; L. 6 *De evictionibus* 21, 2 ; L. 1 pr. *De usuris* 22, 1 ; L. 9 C. *De testamentis* 6, 23. — Ce principe se trouve consacré pour les conventions, et moins généralement pour les testaments, chez les Post-Glossateurs et Commentateurs.

Selon M. Duguit, l'honneur de la création du principe revient surtout à Bartole ; Dumoulin l'a fait prévaloir en France, et la teneur même de l'adage *Locus regit actum* se trouverait, pour la première fois en France, dans l'arrêt du Parlement de Paris du 15 janvier 1721 (affaire du testament de M. de Pommereu). — Gail et Mynsinger, illustres praticiens de la chambre impériale, attestent que cette grande cour s'est prononcée constamment dans ce sens. De même la Rote romaine.

tres lois que celles du lieu, car les formes de procédure et de juridiction volontaire sont réglées par le droit du pays où le juge exerce ses fonctions. Le principe, dont l'observation était ainsi obligatoire dans les actes faits en justice, a été étendu aux autres actes, faits sans le concours du juge, et enfin appliqué d'une manière générale. Le besoin d'une règle a dû se faire sentir surtout lorsque les parties n'étaient pas de même nationalité, et que leurs lois prescrivaient des formalités différentes.

27. — La plupart des anciens auteurs distinguent plusieurs classes ou espèces de formes ou formalités.

On distingue en particulier les *habilitantes*, les *intrinsèques*, les *extrinsèques* et les formalités *d'exécution* (1). — On appelle *habilitantes* celles « qui rendent capables de faire certains actes les personnes qui en sont incapables par état ; » ainsi l'autorisation maritale, celle du conseil de famille, de justice : ce ne sont évidemment pas des formalités proprement dites. — Les formalités *intrinsèques*, que l'on appelle aussi *viscérales*, ne le sont pas davantage : ce sont celles qui constituent la substance même de l'acte, telles que le consentement des parties contractantes. — Les formalités *d'exécution* n'ont pas trait à la validité de l'acte, mais sont requises pour qu'il puisse être exécuté ; telle est, par exemple, l'apposition de la formule exécutoire ; ces formalités ne concernent que la procédure. — La troisième classe seule, celle des

(1) Ainsi, Merlin, *Répertoire*, au mot *Loi*, § VI. Une division analogue, plus complexe, des solennités et formalités des actes est donnée par Boullenois, II, 2, observation 23. T. I, p. 446-587. Laurent, t. II, 250.

formes *extrinsèques*, contient les formes proprement dites
de l'acte même, celles qu'il faut observer en faisant l'acte,
soit comme manifestation de la volonté réelle et sérieuse
des parties, soit afin de mettre celles-ci à même d'en fournir la preuve : en d'autres termes, les formes de solennité
et les formes probantes.

C'est aux formes extrinsèques que s'applique la règle
Locus regit actum. Il y a presque unanimité sur ce point (1).
Mais il existe des divergences de détail : certains auteurs,
considérant l'origine historique de la règle, la restreignent
aux actes authentiques (2) ; d'autres ne soumettent à la
loi du lieu que les formes probantes (3), et non les formes
de solennité. La plupart rejettent ces restrictions, et à
juste titre.

28. — A en croire plusieurs auteurs, l'adage *Locus regit
actum* ne pourrait être invoqué « lorsque l'acte a été fait
à l'étranger, dans l'intention d'éluder la loi nationale concernant la forme de l'acte. » — « Car, dit-on, la fraude
fait exception à toutes les règles » (4).

Mais y a-t-il bien fraude en pareil cas ? N'est-on pas
libre de choisir, pour faire un acte, le pays dont les lois
paraissent les plus favorables ? Sans doute, le législateur

(1) Controverses anciennes. Testament : doutes ou dissentiments
d'Albéric, de Cujas, de Burgundus, de Mühlenbruch. Dissentiment
général d'Eichhorn. Dissentiment de Hauss. Fœlix, 75.

(2) Ainsi M. Thœl. Il est clair que cette restriction peut être
commandée par une disposition spéciale de la loi. Arntz, t. I, 76.
Demolombe, t. I, 106.

(3) Ainsi, Gand.

(4) Ainsi Paul Voet, Mevius et beaucoup d'auteurs anciens et
modernes, y compris Fœlix, 82. Savigny et Waechter ont combattu
cette prétendue exception. — Bar, § 35, p. 123.

peut interdire aux citoyens certains actes ; il édictera alors des dispositions particulières en vue du cas où ces actes seraient faits à l'étranger (1). Si des dispositions de cette nature concernent l'état et la capacité, le juge du pays où l'acte se fait en devra tenir compte conformément à ce que nous avons dit au § 8 ; mais si elles ont trait à d'autres matières, elles ne sont pas obligatoires pour lui, et il appliquera simplement la règle *Locus regit actum*, sans qu'il y ait lieu de statuer, comme on le fait, une exception nouvelle (2).

29. — Une autre controverse a trait aux actes faits en un pays concernant des immeubles sis en un autre pays.

On verra plus loin que les immeubles sont généralement régis par la loi de leur situation. Notre règle y est-elle néanmoins applicable (3) ?

Il faut, en général, répondre affirmativement. On devra, sans doute, observer les formes spéciales, prescrites par la loi de la situation, pour la transmission de la propriété et la création de droits réels. Mais cela n'empêche nulle-

____

(1) Comme a fait le Code néerlandais, *infra*, n° 31.

(2) *Contra*, Laurent, t. II, 239 : « Les formes ne sont pas chose arbitraire : le législateur les prescrit par des considérations d'intérêt général, à raison de l'état intellectuel et moral du pays. Dans l'esprit de la loi, les Belges qui se trouvent en Belgique devraient suivre les lois belges. » Conclusion : l'acte que des Belges ont été faire à l'étranger pour se soustraire aux exigences de la loi belge, sera fait en fraude de la loi et nul. M. Demangeat, sur Fœlix, estime que le juge doit apprécier suivant les circonstances si la conséquence de la fraude doit être la nullité de l'acte ou une peine d'une autre nature.

(3) Fœlix, 84. — Coccéji (*De statutis*, 9, ch. 2, n° 1) estime que non, et le droit prussien l'a suivi.

ment que la convention même ne tombe sous la règle *Locus regit actum.* Ceci, bien entendu, à défaut de dispositions contraires de la loi. Le Code prussien, par exemple, rejette la distinction que nous venons de faire entre la convention et la transmission de la propriété, et dispose d'une manière générale que la loi de la situation régit toute convention ayant pour objet la propriété, la possession ou l'usufruit de choses immobilières (1).

30. — La règle *Locus regit actum* est-elle impérative ou facultative? En d'autres termes, l'acte fait en pays étranger n'est-il valable que s'il est fait dans la forme prescrite par la loi de ce pays, ou bien la personne agissante qui se trouve en pays étranger est-elle libre de suivre, si elle le préfère, sa propre loi (2)?

On répond généralement que la règle est facultative (3). On allègue qu'elle a été introduite pour l'avan-

____

(1) Code prussien, I, 5, § 115 : Dans tous les cas où le contrat a pour objet la propriété, la possession ou l'usufruit de biens immeubles, on observera, quant à la forme, les lois du lieu de la situation de l'objet.

(2) Laurent, t. II, 245-249. Fœlix, 83.

(3) Tel est le sentiment de la plupart des auteurs anciens, Paul Voet, J. Voet, Rodenburgh, Hert, Coccéji, Boullenois; de Fœlix, Waechter, Savigny, Zachariæ, Massé, 571-574, de Bar, Brocher. — M. de Bar insiste avec raison sur le fait que la règle *Locus regit actum* constitue une dérogation aux principes généraux du droit.

En ce qui concerne les actes authentiques, la question ne doit pas se poser: l'obligation est d'évidence.

Pour les actes privés, le caractère obligatoire de la règle, déjà soutenu par Paul de Castro, par Dumoulin, par Mevius, l'est encore par Merlin (article *Preuve*, on invoque aussi Merlin en sens contraire), par M. Laurent, lequel admet cependant l'exception en faveur de la forme prescrite par la loi nationale (247), « lorsqu'un

tage des parties, afin de leur faciliter la passation d'actes
en pays étranger, et que les faveurs ne s'imposent pas (1).

Cette doctrine peut être admise dans l'état actuel du
droit international privé, où l'application de la loi étrangère forme encore l'exception.

Mais si l'on envisage la théorie du conflit des lois d'un

écrit sous seing privé est dressé par une seule personne ou par plusieurs ayant la même nationalité. » Analogie de l'art. 999 du Code
Napoléon. — Hert, IV, 10 : « Si actus a solo agente dependat et hic sit
exterus; vel si actus inter duos celebratur... et uterque paciscens
sit exterus et unius civitatis civis. »

Une discussion instructive sur ces questions a eu lieu dans le
sein de la commission coordinatrice du Code civil italien. Après
le rejet d'un amendement qui tendait à donner d'une manière
générale aux parties la faculté de suivre les formes prescrites par
leur loi nationale, la commission a adopté la faculté de déroger au
principe *Locus regit actum* en faveur de la loi nationale dans les
termes restrictifs suivants : « Salva ai disponenti o contraenti la
facoltà di osservare anche all'estero le forme stabilite dalla propria
legge nazionale, *purchè tutte le parti vi siono soggette.* » — Procès-
verbaux des séances de la commission coordinatrice du Code civil
italien (séance du 29 mai 1865). Lomonaco, p. 192-194.

Domin-Petrushevecz a proposé le même principe à l'art. CXCI :
(après avoir posé à l'art. CLXXXVIII la règle *Locus regit actum*) :
« L'acte passé à l'étranger suivant les formes prescrites dans la
patrie de celui qui l'a passé (ou des plusieurs qui l'ont passé s'ils
sont compatriotes) est aussi formellement valable. »

Quand deux personnes ont fait une convention à l'étranger dans
la forme prescrite par leur loi nationale, cette convention sera
généralement reconnue comme valable, en ce qui concerne la
forme, dans leur pays. Le sera-t-elle dans le pays où la convention
a été faite? La négative a été proclamée par la Cour de cassation
française, arrêt du 9 mars 1853. Demangeat, sur Fœlix, 83.

(1) Modestin, L. 25 *De legibus*, I, 3 : Nulla juris ratio aut æqui-
tatis benignitas patitur, ut quæ salubriter pro utilitate hominum
introducuntur, ea nos duriore interpretatione contra ipsorum com-
modum producamus ad severitatem. — Théodose et Valentinien,
L. 6 C. *De legibus*, I, 14.

point de vue plus général, on ne voit guère de motif de déclarer la règle facultative. Quelles que soient les considérations qui l'ont fait adopter, nous pensons qu'une fois adoptée, elle doit être obligatoire. Nous la croyons destinée à augmenter la certitude des faits juridiques. Or, cette certitude doit exister *a priori*, et être indépendante de tous déplacements subséquents. L'acte fait dans un pays par un citoyen d'un autre pays peut être soumis au juge d'un troisième pays ; existera-t-il toujours pour ce juge un motif de déroger à la règle en faveur de la personne qui a fait l'acte ? Et si, au lieu d'un acte unilatéral, ou d'un acte bilatéral fait entre compatriotes, on suppose une convention entre citoyens de deux pays différents ? Il faut, pour être conséquent, accorder aussi dans ce cas la faculté de suivre le droit national. De laquelle des parties contractantes ? Faudra-t-il, si la convention est synallagmatique, mesurer à des lois différentes les obligations de chacune des parties, qui sont à la fois débitrices et créancières (1) ?

La question ne se présentera qu'en cas de différend entre les parties sur la validité extrinsèque de l'acte. Rien n'empêche, d'ailleurs, qu'en cas de différend sur l'acte même, les parties n'en approuvent la forme quoiqu'elle ne réponde pas à la règle *Locus regit actum* ; à moins, ce qui va sans dire, qu'il n'y ait violation de l'ordre public ou d'une loi que le juge est tenu d'appliquer d'office. Cette

---

(1) M. Field propose, art. 614 (édition française, p. 469) : Les formes requises pour conclure un contrat sont toutes celles et exclusivement celles que prescrit la loi du lieu où le contrat est formé.

observation n'est point superflue ; divers auteurs, en effet, se servent d'expressions qui semblent supposer un accord permanent des parties.

Il est clair que le juge du différend se guidera en première ligne d'après les dispositions des lois de son propre pays concernant les actes faits à l'étranger.

31. — La règle *Locus regit actum* est unanimement reconnue dans les pays du Code Napoléon. Un article du livre préliminaire la proclamait en ces termes : « La forme des actes est réglée par les lois du pays dans lequel ils sont faits ou passés. » L'article n'a pas été inséré, mais le principe même n'a nullement été rejeté ; on en trouve des applications aux articles 47, 170, 999, 1317 (1).

Le Code général prussien déclare expressément que la forme d'un contrat sera jugée d'après les lois du lieu où il a été passé (**I**, 5, § 111) ; il prévoit ensuite la conclusion du contrat entre absents : la forme sera jugée d'après la loi du lieu d'où l'acte est daté ; si deux ou plusieurs lieux sont nommés, dont les lois sont différentes, ou s'il n'y a pas d'acte, mais simple échange de lettres, on s'en tient à la loi suivant laquelle l'acte produit un effet, §§ 112-114. — Nous avons mentionné, au n° 29, la disposition du § 115.

La loi allemande sur les lettres de change contient, au

(1) Arntz, t. I, 74-76. Laurent, t. II, 237, 250-255. Brocher, 49. Pourquoi l'article n'a-t-il pas été inséré ? Il est probable, dit M. Brocher, qu'on reconnut au dernier moment le bien fondé des observations faites précédemment par le tribunat, objectant que cet article appartenait à la doctrine plus qu'à la loi, qu'il était vague et conçu en termes bien généraux.

§ 85, al. 3, comme le Code suisse des obligations à l'art. 823, et la loi scandinave, une application de la doctrine du caractère facultatif. Nous en parlerons au § 28.

La règle est appliquée par la loi allemande du 6 février 1875, § 41 : sur le territoire de l'empire allemand, aucun mariage ne peut être conclu valablement que devant l'officier de l'état civil.

L'art. 18 du titre préliminaire du Code civil du Chili (du 1ᵉʳ janvier 1857) contient une exception très radicale. Dans tous les cas où les lois du Chili requièrent la forme authentique pour un acte fait en ce pays, cet acte doit être, n'importe où, fait également dans la forme authentique. Ainsi l'art. 1801 dudit Code exige un acte authentique pour la vente, dans le Chili, d'immeubles, de servitudes, de rentes foncières et de droits successoraux ; ces actes, faits n'importe où par n'importe qui, n'auront d'effet au Chili que s'ils sont faits dans la forme authentique.

La loi néerlandaise, *Dispositions générales*, art. 10, reconnaît la règle *Locus regit actum*. Mais il y a des exceptions importantes ; telles sont celles des art. 138 et 139 du Code civil des Pays-Bas concernant les mariages contractés à l'étranger par des Néerlandais, et de l'art. 992, concernant les testaments faits par les Néerlandais à l'étranger (1).

---

(1) En présence de ces exceptions, une question s'impose : lorsque, dans un cas prévu par les articles cités, l'acte a été fait conformément à la loi du lieu, sera-t-il *toujours* nul? Le juge du pays où l'acte a été fait, et le juge d'un pays tiers doivent-ils tenir compte de ces exceptions?

Nous pensons qu'il faut distinguer les *formalités* qui concernent

Section III. — *Des obligations.*

§ 10. — **Observation préliminaire.**

32. Renvoi et division.

32. — Les questions de capacité et de forme ont été traitées aux deux paragraphes qui précèdent.

Il nous reste à rechercher quelle loi régit l'obligation

ou influencent l'état et la capacité des personnes, de celles qui n'ont pas ce caractère.

Les exceptions concernant les *formalités* de la première espèce sont seules absolues et générales. Ainsi la question de savoir si un Hollandais est marié ou non devra être décidée, partout, conformément à l'art. 138 du Code civil hollandais.

Par contre, la question de savoir si le testament fait à l'étranger par un Hollandais est valable au point de vue de la forme, devra être décidée par le juge hollandais conformément à l'art. 992, mais partout ailleurs conformément à la règle *Locus regit actum.* C'est aussi dans ce dernier sens que s'est prononcée la Cour d'Orléans par un arrêt du 4 août 1859, contrairement aux conclusions du ministère public, à l'occasion d'un testament olographe fait en France par une Néerlandaise ; arrêt motivé entre autres, sur ce que « si le statut personnel suit l'individu là où il se trouve, c'est uniquement pour son état, sa qualité de majeur ou de mineur, en un mot pour l'étendue de sa capacité. » La Cour de Liège s'est prononcée dans un sens opposé, dans un arrêt du 18 juin 1874, et a déclaré le testament olographe nul. R. D. I., t. VIII, p. 435 s.

Le Code de commerce hollandais contient à l'art. 310 une disposition qui tantôt est l'application de la règle, tantôt y déroge. D'après cet article, lorsqu'un navire dont le propriétaire est domicilié aux Pays-Bas, est livré, à l'étranger, à un étranger, la tradition doit s'opérer selon les lois et usages du lieu. En rapprochant cette disposition de la règle de l'art. 309, al. 2, du même Code, on arrive à conclure que la tradition faite, dans les mêmes conditions, à une personne domiciliée aux Pays-Bas, doit s'opérer conformément à la loi hollandaise, c'est-à-dire qu'il faut transcription sur les registres

envisagée en elle-même, quant à sa substance, à sa validité intrinsèque, à ses effets.

Nous examinerons d'abord les obligations conventionnelles, puis celles qui naissent en vertu de la loi, d'actes licites ou illicites.

§ 11. — Des obligations conventionnelles (1).

33. Principe fondamental : il faut suivre l'intention des parties. Doctrines diverses : loi du lieu du contrat, loi du lieu de l'exécution, loi du domicile du débiteur. La loi du lieu du contrat, déterminante pour tout ce qui se rattache au *vinculum juris*, et la loi du lieu de l'exécution pour ce qui concerne l'exécution. — 34. Dérogations à cette règle. — 35. Convention conclue par l'intermédiaire de représentants et par correspondance. — 36. Prise en considération de la *lex fori*. — 37. *Effets* et *suites* des conventions. — 38. Des défenses et exceptions, en particulier de la prescription libératoire. — 39. Aperçu de diverses législations.

33. — Quelle loi doit, en cas de conflit, déterminer la valeur intrinsèque du contrat, son intention, la manière

publics hollandais. On peut voir là une dérogation à la règle *Locus regit actum*, et cette dérogation résulte du principe que nous avons exposé au sujet des immeubles (29). Il est vrai que les navires sont meubles, mais la transmission de la propriété des navires est réglée d'une manière analogue à la transmission des choses immobiles : on exige la transcription, parce qu'on veut que cette propriété soit publique. Or la publicité ne serait pas complète, si la tradition pouvait s'opérer valablement à l'étranger sans transcription. — Si l'acquéreur est un étranger, les dispositions du Code de commerce néerlandais cessent d'être applicables, et la transmission n'a pas besoin d'être constatée dans les registres publics.

(1) Savigny, §§ 369-374. Fœlix, 86-114, 119-122. Bar, §§ 66-88. Brocher, 153-182, 269-276. Bard, 193-211. Fiore, 236-313, 334-342. Laurent, t. VII, 427-483 ; VIII, 1-223. Arntz, t. I, 68-69. Westlake, §§ 200-227. Wharton, 393-546.

Nous ne parlerons que des obligations conventionnelles en

dont il doit être exécuté, les droits et les obligations des parties, l'extinction de l'obligation ?

Il importe avant tout de considérer que les obligations conventionnelles sont fondées sur le consentement des parties contractantes (1).

Il en résulte que, sauf prescriptions impératives ou prohibitives de la loi, c'est de la volonté des contractants, concordante et librement manifestée, que dépend la substance de l'obligation. La loi n'a d'autre force, à cet égard, que celle qu'ils ont entendu lui reconnaître en gardant le silence sur un ou plusieurs points et en s'appropriant tacitement, sur ces points, les dispositions légales.

Rien de plus simple quand un regnicole contracte avec un autre regnicole dans le territoire.

Mais si le contrat se fait à l'étranger, ou si les contractants appartiennent à deux pays différents, quelle est cette loi qu'ils s'approprient et introduisent ainsi dans leur contrat ?

Est-ce la loi du pays où le contrat est fait ? Est-ce celle du pays où il doit être exécuté ? Est-ce la loi personnelle

général. — M. de Bar applique les principes généraux à divers contrats (§§ 81, 82) ; de même M. Brocher, conformément au plan qu'il a adopté et selon l'ordre du Code civil (188-238), et M. Laurent, t. VIII.

En fait de monographies consacrées à certaines conventions, nous en mentionnerons une, de date récente : Gentile, *Della donazione per diritto privato internazionale*, Palerme 1881. R. D. I., t. XV, p. 98.

(1) Interprétation des conventions : Boullenois, t. II, observ. 46, règle 10. — Savigny, § 374. — Bar, § 81, et dans l'*Encyclopédie* de Holtzendorff, p. 697. Fiore, 271-277. Westlake, § 200. Wharton, 398, 418, 431-439.

commune des contractants ? Et s'ils n'appartiennent pas au même État, est-ce la loi du débiteur ou celle du créancier ?

Nous le répétons : la réponse dépendra de l'intention des contractants.

Libres de s'arranger comme bon leur semblait, ils ont omis de se prononcer sur un point, laissant à la loi le soin de le régler. Il faut rechercher quelle loi ils doivent avoir eue en vue lorsqu'ils ont fait le contrat. Mais ici les opinions sont fort partagées.

La plupart des jurisconsultes se prononcent pour la loi du lieu où le contrat est fait et passé ; toutes les fois donc qu'une intention contraire n'est pas manifeste, l'obligation serait régie par la loi du lieu du contrat (1).

Beaucoup d'auteurs, tout en admettant ce principe,

(1) Fœlix, 96, cite un grand nombre d'auteurs, entre autres Bartole, Hert, Kent, Story. — Laurent, t. VII, 435 s. — On dit parfois que la loi du lieu du contrat est universellement admise en Angleterre et aux États-Unis. Voici cependant ce qu'affirme M. Westlake, R. D. I., t. XIV, p. 292 : « La jurisprudence anglaise ne se prononce d'une façon absolue, ni pour la *lex loci contractus celebrati*, ni pour la *lex loci solutionis*. Elle s'attache à reconnaître quel pays, tout mûrement pesé, doit être tenu pour le vrai siège de l'affaire dont il s'agit. » *Private International Law*, §§ 200 et suivants. La doctrine de Savigny, énoncée plus loin, n'a pas été sans influence sur les auteurs anglo-américains. Cette influence est manifeste chez M. Wharton, dont le chapitre relatif aux obligations est particulièrement intéressant et instructif.

On a invoqué en faveur de la loi du lieu du contrat quelques textes du Digeste qui n'ont pas la portée qu'on leur a voulu donner. L. 19 § 2 *De judiciis* 5, 1. L. 3 *De rebus auctoritate* 42, 5. L. 21 *De O. et A.* 44, 7.

Cour de cassation française, 23 février 1864 (Sirey, 64, I, 385); 10 juin 1857 (Sirey, 59, 753). Bard, 207.

statuent une exception lorsque l'obligation doit être exécutée dans un autre lieu, soit que ce lieu soit fixé par les
parties au moment où elles contractent, soit qu'il résulte
d'une disposition de la loi : l'obligation est régie, dans
l'un et l'autre cas, par la loi du lieu de l'exécution (1).

Savigny pose en règle générale que l'obligation est
régie par la loi du lieu de l'exécution (2).

M. de Bar fait prédominer la loi du domicile du débiteur. Si l'obligation est bilatérale, il exige que le créancier soit lié aussi en vertu de sa propre loi (3).

Nous pensons qu'il faut distinguer entre les éléments
qui se rattachent au lien de droit, *vinculum juris*, à la
validité intrinsèque, à la matière, à l'étendue de l'obligation, d'une part, et tout ce qui concerne son exécution,
d'autre part (4). La loi du lieu du contrat est détermi-

(1) Auteurs cités par Fœlix, 98 ; entre autres, Huber, Hert, Boullenois, Story, Burge. Bruxelles, 24 février 1849 (*Belgique judiciaire*
t. VII, p. 759).

(2) Savigny, § 370. — Le lieu de l'exécution, dit Savigny, est
toujours déterminé par la volonté des parties. Cette volonté est
expresse ou tacite ; elle détermine en même temps le *for* particulier
de l'obligation, lequel est donc toujours basé sur la soumission
volontaire des parties.

Bœhlau, *Mecklenburgisches Landrecht*, cité par Windscheid, *Pandekten*, § 34 (4e édition). — L. 21, au Digeste, *De O. et A.*, 44, 7 :
Contraxisse unus quisque in eo loco intelligitur, in quo ut solveret
se obligavit.

(3) Bar, § 66, p. 234 ; *Encyclopédie* de Holtzendorff, p. 694. —
Thœl, *Einleitung*, § 85. — Tel était déjà le sentiment de Du Moulin,
sur la l. 1 au Code *de Summa Trinitate*, et au Commentaire sur la
coutume de Paris, § 76, gl. i, nº 36. Cette doctrine gagne du terrain
en Allemagne, aux dépens de celle de Savigny.

(4) Fiore, 242-245, 253-270, et appendice, p. 673 (éd. Pradier-Fodéré). — Pr. I. *De Obligationibus* 3, 13 : Obligatio est juris vinculum,

nante pour le lien de droit (1). La loi du lieu de l'exécution régit ce qui concerne l'exécution. Fœlix a bien reconnu cette distinction, en développant l'exception susmentionnée à la règle de la loi du lieu du contrat : « Lorsque selon la nature de l'acte, ou selon la loi du lieu du contrat, ou enfin selon la détermination des parties, l'acte devra recevoir son exécution dans un lieu autre que celui où il a reçu sa perfection, tout ce qui

quo necessitate adstringimur alicujus solvendæ rei secundum nostræ civitatis jura. — La distinction entre le *vinculum juris*, régi par la *lex loci contractus*, et l'*onus conventionis*, régi par la *lex loci solutionis sive executionis*, est faite par Mevius (*Ad jus Lubecense*, *Quæst. prælim.* 4, nᵒˢ 11, 13, 14, 18), Paul Voet (*De statutis*, § 9, ch. 2 § 10), Burgundus ; Zachariæ, Rocco, Fœlix (98), M. Demangeat (*Condition des étrangers*, p. 354), Pardessus (nᵒ 1495), M. Demolombe (t. I, nᵒ 105). Voici les termes de Paul Voet : « Quodsi de ipso contractu quæratur, seu de natura ipsius seu de iis quæ ex natura contractus veniunt, puto fidejussione etc., etiam spectandum est loci statutum ubi contractus celebratur... Hinc ratione effectus et complementi ipsius contractus spectatur ille locus in quem destinata est solutio, id quod ad modum, mensuram, usuras etc., negligentiam, moram post contractuum initium accedentem referendum est. »

(1) Rocco, III, 7, cité par M. Fiore (traduction de M. Pradier-Fodéré): « Quand bien même la convention faite dans le royaume devrait être mise à effet dans un territoire étranger, et qu'il y eût quelques diversités relativement aux conditions requises desquelles résulte la validité intrinsèque et substantielle des contrats, c'est toujours notre loi qui doit décider. Si, dans le royaume, on fait un contrat d'achat ou de vente de quelques marchandises qui se trouvent en Suisse, et qu'il y a diversité entre les deux États relativement à la cause de l'obligation et aux causes qui peuvent vicier le consentement, relativement à la preuve et à la constatation authentique d'une volonté librement manifestée, le contrat valable selon nos lois aura force en Suisse, et le vendeur sera tenu de consigner ici les marchandises quoique le contrat n'eût eu aucun effet si par hasard il eût été fait en Suisse. »

concerne l'accomplissement des engagements pris par le contrat et son exécution, et, en d'autres termes, tout ce qui doit être fait après la passation du contrat, est régi par la loi de ce lieu. Ainsi, cette loi déterminera les formalités de la délivrance et du payement, la mesure des terres ou des objets mobiliers aliénés, la monnaie dans laquelle le payement doit être effectué, l'obligation de donner quittance, la demeure et l'obligation aux dommages-intérêts qu'elle entraîne (1). »

34. — Nous l'avons dit : c'est de l'intention présumée des contractants que découle l'application de la loi du lieu du contrat à tout ce qui concerne la substance de l'obligation. Cette présomption cesse dans plusieurs cas.

Ainsi, lorsque deux personnes domiciliées en un même lieu, contractent ensemble en un autre lieu. On doit présumer qu'elles ont entendu suivre la loi de leur domicile, plutôt que celle du pays où elles contractent. Nous disons la loi de leur domicile, et non leur loi nationale ;

---

(1) Fœlix, 98. Sur la question de la monnaie dans laquelle le payement doit être effectué, Massé, I, 604-611 : le payement doit toujours avoir lieu dans la monnaie courante du lieu où il est fait, quelle que soit celle du lieu où il a eté stipulé. — M. Bekker traite d'une question particulière, dont l'importance augmente chaque jour, dans l'ouvrage intitulé *Ueber die Couponsprocesse der œster-reichischen Eisenbahn-Gesellschaften und über die internationalen Schuldverschreibungen* (Weimar, 1881); il propose de créer des titres spéciaux d'obligations payables sur différents pays et en diverses valeurs ; leurs coupons seraient payés en une valeur unique et générale, qui serait une quantité déterminée d'or fin. Arntz, R. D. I, t. XIV, p. 633-635. — Hartmann, *Internationale Geldschulden*, Fribourg et Tubingue, 1882.

en effet, si elles sont domiciliées hors de leur pays, leur nationalité n'exercera le plus souvent aucune influence sur leur volonté (1).

La présomption doit cesser encore, lorsque le hasard seul a déterminé le lieu où le contrat est devenu parfait : tel peut être le cas, par exemple, lorsque deux personnes contractent ensemble en cours de voyage (2).

35. — La règle de la *lex loci contractus* s'applique aux contrats faits par l'intermédiaire de représentants, ou par correspondance ; tout reviendra, ici, à la question de savoir en quel lieu le contrat est parfait, et cette question appartient au droit intérieur (3).

(1) Fœlix, 101.—Code général prussien, *Introduction*, § 35. Code civil d'Autriche, § 4. — Loi allemande sur les lettres de change, art. 85 ; loi scandinave, art. 85 ; Code suisse des obligations, art. 823. Ci-dessous, § 28.

(2) Hert, Hauss, Fœlix (104), veulent appliquer, dans ce cas, la loi du lieu où le contrat est devenu parfait. Savigny, § 370 : à défaut d'intention reconnaissable des parties (quant au lieu de l'exécution), il faudra s'en tenir à la loi du domicile du débiteur.

(3) Savigny, §§ 371, 373. Bar, § 72, *Stellvertretung*, § 73, *Brieflich abgeschlossene Vertræge*. Laurent, t. VII, p. 447-459. — Des diverses doctrines au sujet de la conclusion des conventions par correspondance, la meilleure semble être celle de M. Windscheid, *Pandekten*, § 306. — R. D. I., t. IV, p. 533-536. — Kœppen, *Der obligatorische Vertrag unter Abwesenden*. Jena, 1871.— Code de commerce allemand, art. 319-323. Code suisse des obligations, art. 8 : Lorsqu'un contrat est intervenu entre absents, il déploie ses effets à dater du moment où l'acceptation a été expédiée. Lorsqu'une acceptation expresse n'est pas nécessaire, les effets du contrat commencent à dater de la réception de l'offre non refusée. — En vertu de cet article, il faut dire que le contrat est parfait au domicile de la partie qui accepte ou ne refuse pas.

Serafini, *Il telegrafo in relazione alla giurisprudenza civile e com-*

36. — **La** loi du pays où l'action en justice est formée, ou loi du *for*, doit être prise en considération, quant à la substance de l'obligation, au seul point de vue que voici :

Le juge ne peut prononcer aucune condamnation pour une obligation dont la cause est illicite ou contraire à une prescription impérative ou prohibitive en vigueur dans le territoire, quand bien même, conformément à ce qui précède, l'obligation en elle-même serait régie par une loi différente (1).

Prenons, par exemple, un pays où le législateur n'accorde pas d'action pour les dettes de jeu, parce qu'il estime qu'une action pour une dette de jeu serait contraire aux bonnes mœurs. Évidemment, le juge français ou belge ne reconnaîtra jamais une obligation de cette nature, lors même qu'elle aurait été contractée sous l'empire d'une loi accordant une action pour dette de jeu. Cette proposition est acceptée assez généralement.

Savigny pense que l'affirmation positive correspondante est également vraie. Selon lui le juge ne peut pas prononcer la nullité d'une obligation sur le fondement d'une loi *coactive* en vigueur dans le pays dont la loi régit l'obligation, mais inconnue dans le pays où le procès se

---

merciale. Pavie, 1862. On peut consulter sur la correspondance télégraphique :

L. Renault, *De la poste et du télégraphe*. Paris, 1877. (Extrait de la *Nouvelle Revue historique du droit français et étranger*). — C. Asser, *De Telegraphie in hare Rechtsgevolgen*, la Haye, 1866. — Willeumier, *Het Telegraafrecht*. — Fischer, *Die Telegraphie und das Vœlkerrecht*. Leipzig 1875. R. D. I., t. IX, p. 459-460.

Sur les communications par téléphone : Norsa, *Il telefono e la legge*, Milan 1883, notamment le chapitre VII (*Rapporti dei privati*).

(1) Savigny, § 374. Fœlix, 99. Laurent, t. VIII, 91-122.

juge. « L'application d'un droit local déterminé à une obligation, dit Savigny, est fondée, d'une manière générale, sur une présomption de soumission volontaire; or, il est impossible d'admettre une telle soumission lorsqu'elle conduirait à une loi qui annulerait précisément l'obligation dont il s'agit. »

M. de Bar (p. 250) pense que l'obligation prohibée par la loi sous l'empire de laquelle elle a été contractée, est nulle partout ; car, dit-il, l'obligation, pour être valable, doit être contractée dans la forme prescrite par la loi du lieu, or là où l'acte est prohibé il n'existe pas de forme, et l'application de la règle est donc impossible. Nous ne pouvons approuver ce raisonnement. Nous pensons que l'acte prohibé appartiendra toujours à une catégorie d'actes pour laquelle la forme ou bien est prescrite, ou bien est abandonnée à la volonté des parties. Prenons l'exemple même de M. de Bar. En vertu des art. 421 et 422 du Code pénal français, la vente d'effets publics qui n'étaient pas à la disposition du vendeur au temps de la convention, est nulle. Si pareille vente est opérée en bourse à Paris, peut-on dire que la loi ne détermine pas de forme à cet égard? Cet acte est certainement de ceux auxquels s'applique l'article 109 du Code de commerce. C'est un achat et vente, auquel à la vérité, pour des motifs particuliers, la loi ne reconnaît pas d'efficacité légale.

Pourtant nous ne pouvons pas non plus nous rallier à la doctrine de Savigny, en vertu de laquelle la loi du *for* devrait seule être prise en considération. Cette doctrine, nous semble-t-il, perd de vue la nature et la destination des lois que Savigny lui-même nomme *coactives*, qui dénient l'efficacité légale à certains actes, dans l'intérêt soit de l'État, soit de l'ordre public ou des bonnes mœurs, soit même des parties. Ces lois agissent en deux sens différents : elles limitent le pouvoir du juge, et en même temps elles limitent la liberté des individus dans le pays où elles sont en vigueur. L'obligation contractée dans le territoire de ce pays contrairement aux lois doit être tenue pour nulle. La circonstance fortuite qu'une contestation s'est élevée subséquemment devant le juge d'un pays qui a des lois différentes, ne saurait lui conférer la force juridique qui dès le principe lui a fait défaut.

Et inversement, comme on l'a vu tout à l'heure, le juge du pays où la loi *coactive* est en vigueur, devra l'appliquer aussi aux obligations contractées à l'étranger, parce qu'il n'est pas autorisé à sanctionner ce que la loi de son pays estime contraire à l'ordre public ou aux bonnes mœurs.

Il en serait autrement si l'effet de la loi prohibitive était expressément, ou en vertu de la nature de ses dispositions, limité à l'intérieur seul ; — tel est le cas, par exemple, des lois fixant un taux maximum d'intérêt licite. Le législateur n'a eu en vue que la situation économique de son propre pays, et la loi a un caractère purement territorial.

37. — Plusieurs auteurs distinguent entre ce qu'ils appellent les *effets* de la convention d'une part, et ce qu'ils appellent les *suites* ou *suites accidentelles* d'autre part. «Les *effets*, dit Fœlix, dérivent de la nature même de l'acte ou de l'exercice du droit établi par cet acte ; ce

sont les droits et obligations que les parties ont positive-
ment entendu créer, les droits et obligations inhérents
au contrat, c'est-à-dire qui y sont contenus expressément
ou implicitement, ou qui en résultent médiatement ou
immédiatement; il n'y a pas lieu à distinguer si ces droits
et obligations sont ou non actuellement ouverts ou exi-
gibles, ou s'ils ne sont qu'éventuels et expectatifs. —
Sous la dénomination de *suites* du contrat, on comprend
les obligations ou les droits que le législateur fait naître
à l'occasion de l'exécution de l'acte ou du droit ; les
suites n'ont pas une cause inhérente au contrat même :
elles résultent d'événements postérieurs au contrat et qui
surviennent à l'occasion des circonstances dans lesquelles
le contrat a placé les parties (1). »

Selon cette doctrine, la loi qui régit le contrat en régit
les *effets*, tandis que les *suites* seront régies par la loi
du pays où s'est produit le fait qui leur a donné naissance.
Fœlix cite comme exemples d'*effets :* la délivrance de la
chose vendue, le payement du prix, l'action d'éviction,
la résiliation de la vente en vertu d'un pacte ou de la
défaillance de la condition ou de lésion d'outre-moitié;
la dette d'intérêts; le temps de l'exécution ; les questions
de solidarité entre les débiteurs, de la forme des quit-
tances, etc. En fait de *suites*, il mentionne d'abord les
dommages-intérêts qui résultent du dol, de la faute, de
la demeure du débiteur et la restitution en entier du chef

____

(1) Fœlix, I, 109-110. — Merlin, au mot *Effet rétroactif*, t. XVI,
section III, § 3, art. 3 : « On doit considérer comme *suites*, et non
comme *effets*, ce qui arrive à l'occasion du contrat, mais n'a pas une
cause inhérente au contrat même.—Demolombe, I, chap. III, n° 57.

de ces faits ; puis la confirmation des contrats nuls, défectueux, rescindables ; enfin le mode d'exécution.

Il ne nous semble pas que cette distinction doive être faite en la matière qui nous occupe. Nous pensons au contraire que la loi qui régit l'obligation en doit régir toutes les conséquences juridiques, médiates et immédiates, *suites* et *effets*, — sous la réserve de ce qu'on a vu plus haut concernant l'exécution.

L'application de la loi, en cette matière des conventions, repose sur l'intention présumée des contractants. Les partisans de la distinction pensent que ceux-ci n'ont pas prévu les *suites;* or, c'est plutôt le contraire qui nous paraît vrai. En faisant la convention, on prend d'habitude en considération, et souvent en considération très particulière, les cas d'inexécution, ou de négligence ou de retard du débiteur, et il est permis de supposer que si l'on n'a pas réglé expressément ce qui concerne ces *suites*, on a entendu s'en remettre, aussi sur ce point, à la loi qui régit l'obligation. Nous ne voyons pas pourquoi l'on devrait recourir à la loi du pays où s'est produit le fait qui, combiné avec l'obligation, produit certains droits, si les parties n'ont pas manifesté l'intention de s'y soumettre.

Il en est autrement de la confirmation ou ratification d'un contrat nul, défectueux ou rescindable ; ici, la loi applicable est effectivement celle de l'endroit où la confirmation a eu lieu. Mais pourquoi? Parce qu'en réalité c'est là seulement qu'il s'est formé une obligation valable.

Enfin, quant au mode d'exécution, il est parfaitement vrai que la convention est régie, à cet égard, par la *lex loci solutionis ;* nous savons pourquoi (n° 33) : ce n'est nullement parce que le mode de l'exécution serait une *suite*, et non un *effet*.

38. — Nous repoussons encore une autre proposition générale de Fœlix. Selon ce jurisconsulte, les défenses admises par la *lex fori* sont toujours opposables, quelle que soit la loi qui gouverne l'obligation (1).

Sans doute, la *lex fori* est applicable aux défenses ou exceptions de procédure. Mais quant aux autres, c'est leur nature même qui détermine la loi qui les régit.

Il n'est pas toujours aisé de reconnaître la nature de l'exception, et si celle-ci appartient ou non à la procédure.

Les meilleurs auteurs sont partagés, notamment, au sujet de la prescription libératoire (2).

Selon les uns, elle est régie par la loi du demandeur ; le droit d'obligation, élément du patrimoine, ne saurait être enlevé au maître du patrimoine qu'en vertu de sa propre loi (3).

____

(1) Fœlix, 100.

(2) Bar, § 79. Schæffner, § 87. — Labbé, dans Sirey, 69, I, 49 (arrêt Albrecht). — Demangeat, sur Fœlix, 100. Laurent t. VII, 249-256 : statut de la prescription extinctive. Brocher, 275. Westlake §§ 223-224. Wharton, 534-545. — Asscher, *De verjaring in het internationaal Privatrecht.* Amsterdam 1881. — Méringhac, *Comment doit être déterminé le délai de la prescription extinctive des obligations en droit international privé.* Paris 1884 (Extrait de la *Revue critique de législation et de jurisprudence*). — Flandin, *De la prescription libératoire en droit international privé.* J. D. P., t. VIII, p. 230.

(3) Troplong cite Pothier, comme partisan de cette théorie. Pothier, à l'endroit indiqué, *Prescription*, 251, ne traite pas de la prescription extinctive, mais de la prescription acquisitive de

D'autres, considérant la prescription comme une faveur accordée au débiteur, laquelle n'anéantit pas le droit du créancier, mais y est opposée comme exception, appliquent la loi du domicile du débiteur (1).

D'autres font observer que si cette doctrine était admise, le débiteur pourrait faire tort à son créancier, en se transportant en un pays où le délai requis pour prescrire est plus bref ; ils appliquent en conséquence la loi du lieu où le débiteur avait son domicile au moment du contrat (2).

D'autres préfèrent la loi du lieu du payement. « La raison en est simple, dit Troplong ; la prescription afin de se libérer est en quelque sorte la peine de la négligence du créancier ; or, dans quel lieu le créancier se rend-il coupable de cette faute ? C'est évidemment dans le lieu où il doit recevoir son payement » (3). Mais est-il permis d'assimiler la prescription à une punition ?

---

meubles et rentes. Voyez aussi M. Lehr, R. D. I., t. XIII, p. 516.

(1) Haute Cour des Pays-Bas, arrêt du 2 avril 1874. J. D. P., t. I, p. 141-145. Le délai de la prescription libératoire est régi par la loi du domicile du débiteur, et non par celle du pays où l'obligation a pris naissance. — Cassation française, 13 janvier 1869 (Albrecht). Note de M. Labbé, citée plus haut.

Voyez entre autres Merlin, v° *Prescription*, I, § 3, n° 7. — De même J. Voet, Bouhier, Dunod, et beaucoup de modernes.

(2) Pardessus, *Cours de droit commercial*, 1495.

(3) Troplong, *De la prescription*, I, 38. — M. Lehr, dans l'article cité, arrive au même résultat que Troplong, mais par une voie différente ; il voit surtout le fondement juridique de la prescription dans une présomption de payement antérieur.

La théorie du lieu du payement a déjà été soutenue par Bartole, Mascardus, Bourgoingne. Au fond, c'est aussi la doctrine de Boul-

Enfin beaucoup d'auteurs, d'accord avec la plupart des anciens jurisconsultes allemands et avec la jurisprudence anglo-américaine, envisagent la prescription comme appartenant essentiellement à la procédure, comme un *beneficium fori*, et se prononcent en conséquence pour la *lex fori* (1). Ceci n'est pas juste non plus, car il est hors de doute que la prescription fait partie du droit matériel (2).

Nous pensons, avec Savigny (3), que la prescription

lenois, que l'on cite en général comme favorable au domicile du débiteur : Observ. XX, t. 1, p. 365 s.

(1) Citons Huber, Paul Voet, Hommel, Glück, Mittermaier, Mühlenbruch, Linde, Wheaton, Kent, Story, Burge.

Westlake, §§ 223-224. R. D. I., t. XIV. p. 294. Wharton, 535. Jurisprudence anglo-américaine. J. D. P., t. III, p. 129-131 (Louisiane).

Il y a un arrêt du tribunal suprême de Berlin dans ce sens, du 18 mars 1875, J. D. P., t. IV, p. 243 s; et plusieurs arrêts allemands plus anciens, dans lesquels le caractère *coactif* de la prescription libératoire est aussi mis en relief. La jurisprudence allemande a varié. Bar, § 79, p. 283-284.

(2) A ces diverses opinions, il convient d'ajouter celle que vient de développer M. Mérignhac, dans l'étude citée ci-dessus. Cet auteur estime que la prescription libératoire étant basée sur l'intérêt de tous, cet intérêt doit faire fléchir nécessairement devant lui les intérêts privés ; que « l'intérêt universel » exige le plus bref délai ; qu'il y a lieu, en conséquence, d'appliquer la loi du domicile du débiteur (au jour du contrat) lorsque cette loi consacre le délai le plus bref, sinon celle du domicile du créancier...

(3) Savigny, § 374.

Cette opinion se trouve déjà exprimée par Coccéji et par Hert (IV, 65). Fœlix (100) dit que c'est « peut être la mieux fondée en théorie. »

Rocco la partage, ainsi que Waechter (XXV, p. 408-412) M. Schæffner (§ 87), M. Demangeat, M. Fiore, M. Laurent. C'est aussi, avec un tempérament, l'opinion de Zachariæ et de MM. Aubry et Rau, § 31, iv.

est régie par la même loi que l'obligation même. C'est un moyen de libération ; les parties, en contractant, ont entendu se soumettre à cette loi sur ce point comme sur les autres. Nous dirons donc que le délai est déterminé en général par la loi du lieu du contrat (ci-dessus 33) (1).

39. — Il n'existe qu'un petit nombre de dispositions législatives concernant la valeur intrinsèque et la substance des obligations conventionnelles au point de vue du droit international.

Le droit prussien (Code général, I, 5, §§ 256-257) donne, sur un point spécial, la préférence à la loi du lieu convenu pour l'exécution (2). Le Code autrichien (§§ 36-37) est favorable à la loi du lieu du contrat. Le Code saxon (§ 11) sanctionne la doctrine de Savigny. Le Code de commerce des Pays-Bas (art. 498) consacre la distinction que nous avons approuvée.

Le Code civil du royaume d'Italie a posé le principe général à l'article 9, alinéa final, des *Disposizioni*. Le législateur italien admet, jusqu'à preuve du contraire, que les parties ont entendu se soumettre à la loi du lieu où l'obligation est contractée. Mais si les deux parties, étant étran-

(1) Telle a été, jusqu'en 1869, la jurisprudence française (Cour d'Alger, 18 août 1848. Sirey, 49, 2, 264), avec des variations ; il y a aussi des arrêts allemands. — Sénat dirigeant de Varsovie 1873. J. D. P., t. I, p. 333-334. — *Revue pratique de droit*, t. VIII, p. 333 s.

M. de Bar fait observer que cette opinion et celle qui tient pour le domicile du débiteur sont les seules entre lesquelles, au point de vue théorique, il soit permis d'hésiter. Elles se confondent, si l'on admet, comme M. de Bar, que la loi du domicile du débiteur est aussi celle de l'obligation.

(2) Savigny, § 373, p. 261-262. Bar, *Encyclopédie*, p. 701.

gères, sont de même nationalité, elles sont censées avoir voulu se soumettre à la loi de leur nation (1).

§ 12. — Des Obligations qui résultent de la loi (2).

40. Obligations légales. Quasi-contrats, délits, quasi-délits. *Lex loci.*

40. — Nous comprenons sous la désignation générale d'obligations résultant de la loi, soit les obligations légales proprement dites (3), soit les obligations qui naissent de quasi-contrats, de délits et de quasi-délits. On admet généralement que ces obligations sont soumises à la loi du lieu où s'est passé le fait en suite duquel elles existent, où se réalise la situation qui leur donne naissance.

(1) Le texte parle *d'obligations* simplement. Mais il est manifeste qu'il s'agit d'obligations conventionnelles. — Un membre de la commission législative jugeait inacceptable la présomption de la seconde hypothèse; il n'avait pas tort, nous l'avons vu plus haut (n° 34). On a répondu, dans la commission, que la preuve d'une intention autre que l'intention présumée reste ouverte. Ceci ne réfute point l'objection, car la loi doit toujours présumer ce qui est le plus probable. Et les raisons que l'on donne en faveur de la nationalité lorsqu'il s'agit de l'état et de la capacité des personnes, n'ont rien à faire ici. *Processi verbali*, séance du matin, 29 mai 1865, 54, I.

(2) Rocco, ch. XXX. Savigny, §§ 371, 373. Schæffner, §§ 97, 98. Fœlix, 114. Bar, §§ 87, 88. Laurent, t. VIII, 1-19. Brocher, 181-182. Westlake, §§ 186, 196, 220. Wharton, 474-481.

(3) Telles que les obligations *ad exhibendum, ad edendum,* l'obligation alimentaire résultant de parenté ou d'alliance, l'obligation d'inhumer, les diverses obligations qui découlent des restrictions légales de la propriété, la tutelle en droit français (Code civil, 1370); d'après le droit romain, l'acceptation de la tutelle par une personne qui ne peut refuser constitue un quasi-contrat.

Car la cause de l'obligation n'est pas la loi seule; il faut un fait commissif ou omissif, un état ou une situation auxquels la loi reconnaît cet effet de donner naissance à l'obligation, et il n'est pas question ici d'une volonté qui doive être respectée, ni d'une intention présumée. L'obligation est imposée. On ne concevrait guère l'application d'une loi autre que la *lex loci* (1).

Quelques auteurs cependant, et des plus notables, voudraient appliquer aux obligations *ex delicto* la loi du

(1) En ce qui concerne les obligations *ex lege, quasi ex contractu, quasi ex delicto*, il y a presque unanimité sur le principe posé dans le texte. On peut citer, en fait d'auteurs anciens qui l'ont défendu, Bourgoingne et Christynen. — Ceci s'applique notamment à la réception de l'indû, à la gestion d'affaires, au dommage causé par un animal. (Action *de pauperie* : arrêt du tribunal suprême de Berlin, 5 août 1843.)

L'obligation de se charger d'une tutelle relève du droit public et ne peut être imposée que par la loi nationale de celui qui est appelé à la tutelle, ce qui n'empêche point qu'une tutelle ne puisse être déférée à un étranger (*infra*, n° 60.)

Pour l'abordage, qui est ou un quasi-délit ou un délit, *infra* n° 112, 113.

Il est à remarquer qu'en ce qui concerne les obligations résultant des restrictions légales de la propriété, la loi du lieu est en même temps la loi de la situation.

La dette d'aliments est déterminée par la loi personnelle du parent ou allié ou prétendu tel. Bar, § 105, et *Encyclopédie*, p. 704. Cependant la cour de Paris a jugé que le mari étranger pouvait être forcé de fournir des aliments à sa femme, dans l'intérêt de l'ordre public. Laurent, *Principes*, I, 107. Barde, p. 55-57.

L'éminent pandectaire Muehlenbruch s'est prononcé d'une manière générale pour la loi du domicile du débiteur (*Pandekten*, § 73). M. Laurent insère dans son *avant-projet* un article ainsi conçu : « Les quasi-contrats sont régis par la loi personnelle des parties, si elles ont la même nationalité, et par la loi du lieu où le quasi-contrat se forme, si elles appartiennent à des nations différentes. »

tribunal saisi (1). Ils s'appuient sur des considérations tirées du droit pénal, qui ne nous paraissent pas décisives. Tel acte est un délit selon la loi du pays où il a été commis; il en résulte des obligations civiles, et le juge devra prononcer les condamnations civiles qui en découlent, alors même que d'après la *lex fori* cet acte serait impuni. On ne doit pas alléguer qu'en ce faisant le juge applique un Code pénal étranger (2).

(1) Ainsi Savigny, § 374, et Waechter, t. XXV, p. 389. *Contra*, Bar, § 88, et dans l'*Encyclopédie* de Holtzendorff, p. 699-700; Laurent, 12, 13.

(2) Nous parlons ici de dommages-intérêts. S'il s'agissait d'une véritable pénalité civile, elle ne pourrait excéder les limites posées par la loi du tribunal.

La contrefaçon d'œuvres littéraires, artistiques et industrielles forme une source importante d'obligations internationales *ex delicto;* elle a donné lieu, depuis quelques années, à de nombreux traités et à des conférences internationales. Voyez entre autres Lyon-Caen, *La conférence internationale pour la protection de la propriété industrielle*, R. D. I., t. XIV, p. 191-204; *Le traité d'union pour la protection de la propriété industrielle conclu à Paris, le 20 mars* 1883. R. D. I., t. XV, p. 272-277. L'Institut de droit international a formé une commission pour l'étude des *Droits d'auteur en matière d'œuvres littéraires, artistiques et industrielles;* les membres en sont, pour la France, MM. Clunet, Lyon-Caen et Renault, pour l'Allemagne MM. Goldschmidt et Marquardsen; puis MM. de Laveleye, Pierantoni et Roszkowski. MM. Clunet et Marquardsen sont rapporteurs en ce qui concerne les œuvres littéraires et artistiques, M. Lyon-Caen est rapporteur en ce qui concerne les œuvres industrielles. Un questionnaire général a été élaboré par M. Lyon-Caen, R. D. I., t. XV, p. 604-606. — Il importe que les juristes vouent le plus grand soin à ces questions où les hommes de lettres et les artistes ont introduit diverses exagérations dangereuses; il importe aussi que l'on renonce au mot de *propriété*, condamné depuis très longtemps par la science, au moins hors des pays français ou latins. — M. E. Picard propose d'admettre une catégorie de *Droits intellectuels*, à côté des *Droits personnels*, des *Droits réels* et des *Droits d'obli-*

Section IV. — *Des choses* (1).

§ 13.

41. — Les droits sur les choses sont régis par la loi de leur situation, *lex situs, lex rei sitæ.* Ce principe est, depuis fort longtemps, universellement admis (2).

gation. J. D. P., t. X, 565-585. — Monographie importante, dédiée à Heffter, en l'honneur de son jubilé cinquantenaire de doctorat : Heydemann, *Der internationale Schutz des Autorrechts.* Berlin, 1873. (*Festgaben für August Wilhelm Heffter.*) — P. Fiore, *La proprieta industriale e le privative secondo il diritto internazionale.* (Extrait du *Filangieri*) 1883. — G. Kœnig, *Des droits des étrangers en Suisse en matière de marques de fabrique et de commerce.* J. D. P., t. X, p. 585-604.

Dans les pays où la recherche en paternité n'est pas interdite, l'obligation de fournir des aliments à l'enfant naturel est considérée par plusieurs auteurs comme obligation *ex delicto* et soumise, en conséquence, selon les uns, à la *lex loci concubitus,* selon les autres à la loi du tribunal saisi de l'action alimentaire. On a aussi soutenu l'application de la loi personnelle du prétendu père naturel et de celle de la mère. Il y a des arrêts allemands dans tous les sens (Bar, § 105, et *Encyclopédie,* p. 704.)

L'action alimentaire, comme l'action en dommages-intérêts pour séduction, devra être repoussée des tribunaux des pays régis par le Code Napoléon, toutes les fois qu'elle impliquerait directement ou indirectement une recherche en paternité.

(1) Savigny, §§ 366-368. Schæffner, §§ 54-68. Bar, §§ 57-65. Fœlix, 56-66. Laurent, t. VII, 111-426. Brocher, 114-119 (*Des biens ou droits de fortune*). Fiore, 182-235. Westlake, §§ 140-168. Wharton, 272-392.

(2) Bartole, d'Argentré, les anciens et les modernes sont

Presque toujours, cependant, au moins jusque vers le milieu de notre siècle, on l'a limité aux immeubles.

Cette restriction, sans être rationnelle, s'explique par des considérations de diverse nature.

Il semble d'abord qu'à aucun égard l'application de la loi territoriale ne mérite davantage d'être assurée que précisément à l'égard des choses immobilières, qui sont des parcelles du territoire ou y sont attachées à perpétuelle demeure. Le régime féodal a dû favoriser cette tendance. La propriété immobilière a d'ailleurs, dans un certain état social, une valeur tellement prépondérante que l'on a pu, en s'occupant du statut réel, oublier les meubles presque entièrement. On a réglé avec le plus grand soin, dans plusieurs pays, la transmission de la propriété foncière et l'imposition de charges sur cette propriété ; des registres ont été créés afin de constater ces faits et les rendre publics. La législation foncière a subi l'influence de considérations politiques ; on a

d'accord sur le principe même, tout en différant sur les motifs.

En vertu de ce principe, c'est la loi de la situation qui décide si une chose est ou n'est pas dans le commerce, si elle est sans maître et sujette à occupation ; comment la propriété en est transférée, si c'est par la tradition ou par le simple consentement ; quelles sont les conditions requises pour la prescription acquisitive ; enfin si et comment la revendication pourra s'intenter. (Ci-dessous, n° 44.)

En revanche, la question de savoir si une personne est capable d'acquérir et d'aliéner, est régie par la loi personnelle (n° 19), sauf dispositions coactives de la *lex situs* (n° 25).

La loi de la situation régit encore ce qui concerne les servitudes prédiales et personnelles, l'emphytéose et la superficie, le gage et l'hypothèque.

pensé que si l'on appliquait aux immeubles une autre loi que celle du territoire, des conflits pourraient se produire et les institutions nationales être mises en péril. Les auteurs et les législations se sont donc trouvés unanimes pour proclamer, en matière d'immeubles, la souveraineté de la loi de la situation, sauf toutefois ce qui sera dit plus loin à propos du droit de succession et du droit de famille.

Il en était autrement des meubles. Aussi voyons-nous qu'en même temps et à peu de chose près avec la même unanimité, on déclarait qu'au point de vue de la loi à leur appliquer, leur situation réelle était indifférente et qu'ils étaient gouvernés par le statut personnel de leur maître, entre les mains duquel ils étaient réputés se trouver. *Mobilia personam sequuntur, mobilia ossibus inhærent.* Les Anglais disent : *Personal property has no locality* (1).

(1) Balde dit : Interest inter bona immobilia et mobilia, quod illa sequuntur suum territorium, hæc vero personam domini. *Comm. in Cod., L.* Mercatores (4) *De commerciis et mercatoribus* 4, 63.

D'accord sur le principe, on varie sur son fondement. Rodenburgh et Paul Voet donnent pour motif que les meubles sont censés se trouver là où le propriétaire a le siège de ses affaires, son principal établissement : c'est un *statut réel fictif.* La même idée se trouve chez Du Moulin et Boullenois. D'Argentré dit que les meubles n'ont pas de situation. De même Bourgoingne, Huber, Hert : « Mobiles et conditione personæ legem accipiunt, nec loco continentur, ut vulgata juris consultorum doctrina habet » (*De collisione legum*, section IV, § 6). Bouhier : « On suppose par une espèce de fiction que les meubles sont comme adhérents à la personne du propriétaire. » C'est donc le *statut personnel.* Pothier dit aussi que les meubles n'ont aucune situation, c'est pour ce motif qu'ils suivent la personne. Fœlix, 61 : « Le statut personnel gouverne les meubles corporels ou incorporels. Ce statut est à leur égard réel,

42. — C'est surtout à Waechter et à Savigny que revient le mérite d'avoir affirmé que la loi de la situation doit s'appliquer aux meubles comme aux immeubles.

Selon Waechter, la raison juridique de la règle, c'est que le législateur n'a en vue que les choses qui sont dans le territoire, mais il les a toutes en vue, sans distinction. Savigny suppose que toute personne qui veut acquérir, avoir, exercer un droit réel sur une chose quelconque, se soumet volontairement pour ce rapport juridique aux lois du pays où la chose se trouve (1).

par suite de la fiction qui les répute se trouver au lieu régi par ce même statut. » On trouve dans Fœlix, 64, Bar, § 59, note, Laurent, t. VII, 162-168, l'énumération d'un grand nombre d'auteurs, tous partisans de la règle *Mobilia personam sequuntur.* V. aussi Schœffner, § 65.

(1) Waechter, t. XXIV, p. 292-298; t. XXV, p. 199-200, 383-389. Savigny, § 366. M. de Bar rejette, comme renfermant une pétition de principe, la *soumission volontaire* de Savigny, et développe la doctrine de Waechter en en recherchant le fondement rationnel (§ 58). — Muehlenbruch a précédé Waechter dans l'application de la loi de la situation aux meubles ; voici ce qu'on lit au § 72 de sa *Doctrina Pandectarum :* « Jura quæ proxime rebus sunt scripta.... æstimantur ex legibus ejus civitatis, ubi res, de quibus agitur, sitæ sunt ac collocatæ, nullo rerum immobilium et mobilium habito discrimine. » Il invoque la loi 38, au Digeste, *De judiciis,* 5, 1, et remarque : « Dissentiunt quicumque de hocce argumento scripsere, tantum non omnes. » Lui-même cite Tittmann (1822), § 51, et Ferd.-A. Meissner, *Vollstændige Lehre vom stillschweigenden Pfandrechte* (Leipzig, 1803-1804), au § 23. Fœlix (64) répond à Muehlenbruch, Tittmann et Waechter. — Il est juste de remarquer que Fœlix, en donnant la règle que les meubles suivent la personne, a fait d'importantes réserves (62) : « La règle, dit-il, est sans application dans tous les cas où les meubles n'ont pas un rapport intime avec la personne du propriétaire... Dans tous ces cas, il faut appliquer la loi du lieu où les meubles se trouvent effectivement; car ladite fiction cesse par le fait. » — M. Schœffner (§ 66) ne se prononce pas nettement; M. de Bar paraît le classer au nombre des partisans de la doctrine nouvelle.

Plusieurs auteurs récents ont adhéré à la doctrine nouvelle et ne font plus de distinction générale entre les meubles et les immeubles (1).

(1) Ainsi M. de Bar, déjà cité, Keller, R. Schmid, MM. Beseler, Windscheid, Fiore, 199.

M. Wharton se prononce catégoriquement en faveur de la loi de la situation pour les meubles, §§ 297 et 305-311, et *Southern Law Review*, tome VI (janvier 1881). Il justifie le changement de règle, outre les motifs juridiques, par des considérations économiques et politiques fort intéressantes. En somme, il formule la règle suivante : « Movables, when not massed for the purposes of succession or marriage transfer, and when not in transit, or following the owner's person, are governed by the *lex situs ;* though in some jurisdictions an exception may be made in cases where all the parties, being subject to a common domicile, are held to be bound by the law of that domicile. » — *Commentaries*, § 304 : « The prevalent opinion now is that movables are governed by the *lex rei sitæ*. »

M. Westlake (p. 154-167 et s.) adhère aussi à la loi de la situation. Il a résumé ses conclusions et l'état actuel de la jurisprudence anglaise comme suit, R. D. I., t. XIV, p. 287 : « Le jugement *in rem* d'un tribunal du *situs* fait loi quant à la propriété d'une chose mobilière. Là où tel jugement n'est pas intervenu, le transfert ou l'acquisition de la propriété d'une chose mobilière, ou de droits réels de telle espèce que ce soit sur une telle chose, sera décidé en règle générale d'après la *lex situs*. Mais s'il s'agit d'un navire dont on prétend que la propriété a été transférée ou affectée pendant qu'il était en mer, il faut décider d'après le statut personnel du propriétaire. Et on ferait de même si le *situs* réel était tellement fortuit ou passager qu'il ne saurait avoir été pris en considération par les parties ; comme, par exemple, dans le cas de marchandises qui, au moment qu'on a voulu les vendre ou affecter, peuvent s'être trouvées sur un navire ou dans un magasin appartenant à un tiers pays. Dans l'application aux créances des principes ci-dessus énoncés, le *forum* dans lequel il faut actionner le débiteur sert comme *situs*. » *Private international Law*, §§ 140-142.

Quant aux auteurs récents de droit français, ils sont partagés.

M. Demolombe (*Titre préliminaire*, ch. III, n° 96), après avoir parlé des meubles comme universalité, dit que « les meubles, considérés individuellement, ne seront plus régis que par la loi de leur situa-

Savigny lui-même, cependant, a montré qu'il convient de distinguer entre les meubles destinés à rester en place

tion actuelle, » et il déclare appliquer ce principe : 1° à tout ce qui concerne les effets de la possession, les privilèges, les voies d'exécution ; 2° à l'attribution à l'État, par droit de déshérence et en quelque sorte d'occupation, des meubles laissés en France par l'étranger décédé sans successeur. Zachariæ, Aubry et Rau, § 31 (p. 102 de la dernière édition) : « Le statut réel français s'applique également aux meubles corporels et aux créances qu'un étranger possède en France, en tant du moins qu'on envisage ces objets en eux-mêmes, et non comme partie intégrante d'une hérédité. » Exemples : les articles 2279 et 1141, 2074, 2076, 2119 régissent les meubles corporels acquis par un étranger ou possédés par lui, comme ceux des Français ; de même, pour les créances, les articles 1690, 1691, 2075. M. Arntz (I, 67) pose la même règle, qui est représentée comme généralement admise. — Brocher, I, 48, 117 : « Considérées isolément et en elles-mêmes, les valeurs mobilières sont soumises à la loi du lieu de leur situation effective, pour ce qui tient à la possession, aux droits spéciaux dont elles peuvent être les objets et aux mesures d'exécution s'y rapportant. »

Arrêts : Paris, 15 novembre 1833 (Sirey, 33, 2, 53). Cassation française, arrêt Craven, 19 mars 1872 (Dalloz périodique, 1874, I, 465). Rouen, 22 juillet 1873 (*Ibid.*, II, 180).

On fait remarquer d'autre part que c'est la théorie traditionnelle qui est consacrée par l'article 3, et que, dans cette théorie, le brocard *Mobilia sequuntur personam* s'entend des meubles pris individuellement aussi bien que des universalités ; qu'il n'est donc pas permis de proclamer, comme droit actuellement en vigueur, la réalité des meubles. Telle est la thèse de M. Barde (p. 110-134, spécialement p. 126) : Les meubles sont régis par la loi du domicile. — M. Laurent (t. VII, 144 ; VI, 135 ; II, 146) croit que la théorie traditionnelle est pour la loi nationale ; il estime, en conséquence, et conformément à sa tendance générale, que les meubles sont régis par la loi nationale du propriétaire. — M. Massé (I, 554-556) tient pour la loi du domicile, avec plusieurs exceptions.

Il convient de faire observer que les doctrines opposées aboutissent très souvent à un résultat identique. Comme le dit M. Barde, « si, en droit, les meubles pris individuellement sont, comme les universalités mobilières, soumises à la loi du domicile, en fait et pour des raisons d'ordre public, le principe est rarement applicable.

d'une manière durable, tels par exemple que le mobilier
d'une maison (1), et ceux qui n'ont pas une destination
semblable, soit qu'ils changent de place constamment,
comme les bagages d'un voyageur ou la cargaison d'un navire, soit qu'ils appartiennent à l'une des
nombreuses catégories intermédiaires. Ces dernières
seront traitées, selon les circonstances, d'après l'analogie de l'une ou de l'autre des catégories extrêmes. Quant
à celles-ci, voici ce que l'on peut dire : toutes les fois
que la chose est destinée à rester, plus ou moins longtemps, à la même place, on appliquera la loi de la situation ; lorsqu'une telle destination ne peut être admise, on
appliquera la loi du domicile du propriétaire, mais ceci
n'aura jamais qu'un caractère exceptionnel.

Si l'on compare la doctrine nouvelle avec l'ancien
système, qui est encore sanctionné par la législation et
la jurisprudence de la plupart des pays, on reconnaît
qu'elle mérite la préférence à plusieurs titres, qu'elle est
plus juste, qu'elle répond mieux à la nature des choses.

L'adage *Meubles suivent la personne* est ambigu.
Doit-on l'entendre de la personne du propriétaire ou de

Pratiquement, la règle devient l'exception, et les meubles sont
presque toujours régis par les lois du pays où ils sont matériellement
situés. »

Quelques auteurs rejettent toute règle générale en matière de
meubles. Ainsi, après Eichhorn (§ 36), MM. Thoel (§ 84) et Gerber
(§ 32).

(1) Savigny rappelle que cette relation durable établie entre des
meubles et un immeuble est mentionnée fréquemment par les
jurisconsultes romains. L. 203 *De V. S.* (50, 16). L. 17 *De A. E. V.*
(19, 1). L. 32 *De pignoribus* (20, 1). L. 35 pr. § 3-5 *De H. I.* (28, 5).

celle du possesseur ? On dit généralement que c'est de
la personne du propriétaire, même dans les pays où l'on
n'admet pas qu'en fait de meubles la possession vaille
titre. Mais la question à résoudre ne sera-t-elle pas précisément, très souvent, de savoir qui est propriétaire, et
alors quelle loi suivra-t-on ? Et le résultat ne paraît guère
plus satisfaisant si l'on entend la personne du possesseur.

Il s'agit de régler l'état juridique des choses, non dans
leurs rapports avec une personne déterminée, mais objec-
tivement, tel qu'il doit être reconnu et respecté à l'égard
de n'importe qui. Telle est bien la nature de ce qu'on
appelle les *droits réels*, et précisément parce qu'elle est
telle, il faut reconnaître aux lois qui concernent les droits
réels un caractère territorial. Ces lois fixent, dans un
pays donné, les droits d'une personne (propriétaire ou
possesseur, usufruitier, etc.), non pas vis-à-vis d'une
autre personne déterminée, mais envers et contre
tous, dans une mesure générale et absolue ; peut-on
admettre qu'elles perdent leur empire et soient rempla-
cées par des lois différentes, parce que ce propriétaire ou possesseur, cet usufruitier vient à transporter
son domicile ou à être naturalisé dans un autre
pays ?

Les partisans de l'ancienne théorie concernant les meubles sont obligés d'y statuer diverses exceptions. Voici
ce que dit M. Massé (1) : « Le principe qui fait régir les

______

(1) *Droit commercial*, I, 555. Au sujet de la maxime : *Mobilia personam sequuntur*, M. Massé dit (n°. 551) que c'est « une
fiction d'autant plus juste qu'elle se rapproche davantage de la
vérité. »

meubles par la loi du domicile du propriétaire, cesse d'être applicable, lorsque les meubles sont considérés moins dans leurs rapports avec le propriétaire qu'en eux-mêmes et relativement aux droits que des tiers ont pu acquérir sur ces meubles. Dans ce cas, ils sont régis par le statut réel de leur situation effective, aussi bien que les immeubles. » Nous avouons ne pas saisir la portée de cette distinction. Les lois concernant les droits sur les choses, dont il est ici question, ne concernent point exclusivement les rapports des choses avec leurs proprié-taires, mais toujours aussi leurs rapports avec les tiers. — Fœlix lui-même, tout fidèle qu'il reste à l'ancienne doctrine, admet des exceptions importantes (1). M. Field pose, il est vrai, le principe que « les meubles sont censés suivre la personne de leur propriétaire, » mais il ajoute : « et la validité de tout acte qu'il ferait relativement à sa propriété mobilière, soit entre vifs, soit par testament, est exclusivement régie par la loi du lieu où l'acte est ac-compli (2). » La seconde partie de cet article repose évi-demment sur la considération que la loi du domicile du propriétaire n'est pas applicable dans les cas prévus. Mais lorsque la chose ne se trouve pas à l'endroit où l'acte est accompli, on ne pourra pas non plus invoquer la loi de cet endroit pour déterminer les effets réels de l'acte en cas de conflit entre ladite loi et celle de la situation. Que l'on songe, par exemple, au cas de la vente, conclue en France, d'un titre au porteur qui se trouve déposé chez un banquier d'un pays où la propriété n'est transférée

(1) Fœlix, 62, 66.
(2) Projet d'un Code international, traduction de M. Rolin, 571.

7

que par la délivrance. La propriété passera-t-elle à l'ache-
teur par le fait même du contrat (art. 1138 du Code civil)?
Non, assurément ; les tiers seront au bénéfice de la loi
de la situation, qui exige la délivrance, c'est-à-dire tout
au moins un ordre conforme donné par le vendeur au
dépositaire. C'est ce qu'a bien senti M. Field, quand il
dit plus loin : « Une nation peut conférer à tous créanciers sujets à sa juridiction un privilège sur des meubles
corporels ou incorporels qui se trouvent dans les limites
de son empire, par préférence à ceux qui se prévalent
d'un acte de transmission étranger non effectué conformément à ses propres lois (1). » M. Field entend donc
limiter la protection des tiers aux créanciers soumis à
la juridiction du pays où la chose se trouve. Il exclut
ainsi les tiers intéressés qui ne sont pas créanciers, par
exemple ceux qui prétendent être devenus légitimes propriétaires, ainsi que généralement tous ceux qui ne sont
pas soumis à ladite juridiction.

43. — On comprend, toutefois, qu'en vertu de leur
mobilité même la règle de la *lex rei sitæ* ne peut être
appliquée d'une manière aussi complète aux meubles
qu'aux immeubles.

Il faut, d'abord, prendre en considération la division,
faite par Savigny, des choses mobilières en diverses catégories, selon qu'elles sont destinées à rester en une place
déterminée ou à changer de place sans cesse ou de temps
à autre (n° 42).

____

(1) *Projet*, art. 583.

Il va sans dire qu'il ne saurait être question d'appliquer la loi de la situation lorsqu'il n'est pas possible de déterminer où était la chose au moment de l'acte, ou lorsque la chose était en mouvement à ce moment. Il faudra, dans ce cas, appliquer aux effets réels de l'acte la loi même qui le régit.

S'il s'agit d'une chose en cours de voyage, on admettra, le plus souvent, que les parties ont voulu se régler sur la loi du lieu de destination.

Si, au moment de l'acte, ce lieu n'était pas connu des parties, les tiers n'en peuvent pas moins se prévaloir de la loi de la destination en ce qui concerne les droits réels, toutes les fois que cette loi leur confère des droits plus étendus que ne le fait la loi de l'acte.

Dans tous les cas, enfin, les droits qui seront acquis sur le meuble après son transport dans un autre pays, conformément à la loi de ce pays, devront être respectés.

Ceci s'applique même aux cas où le meuble était, avant son transport, soumis à la loi de sa situation. La nature mobilière produit donc cette conséquence, pour tous les meubles indistinctement, que les droits nouveaux acquis en vertu de la loi du pays où le meuble est transporté, primeront les droits précédemment acquis en vertu de la loi de l'ancienne situation. Cette dérogation aux principes généraux est fondée sur la force des choses et les nécessités du commerce (1).

____

(1) Il conviendrait d'adopter l'exception proposée par M. Field, en son article 583, en la généralisant entièrement, pour le cas où la chose a été effectivement transportée dans le pays où les droits nouveaux sont acquis.

Une autre conséquence de la nature mobilière, c'est que les droits réels dont la conservation dépend, selon quelques législations, de conditions déterminées, doivent se perdre dès que le meuble est transporté, du pays où ces droits ont été acquis valablement, dans un autre pays, sans que les conditions exigées par la loi de ce pays nouveau soient remplies. Par exemple : un droit de gage est constitué dans un pays où la possession du gage n'est pas exigée ; le créancier n'est pas mis en possession de la chose ; plus tard cette chose est transportée en un pays où il n'y a pas de gage sans possession. S'il n'y a pas mise en possession, le gage s'éteint.

44. — Quelle loi décidera du droit de revendiquer une chose mobilière? Sera-ce la loi du demandeur, ou celle du défendeur, ou la loi du lieu de la situation, ou la loi du lieu où la demande est formée (*lex fori*)? L'ancien adage *Mobilia sequuntur personam* ne donne pas de solution satisfaisante, car il reste à savoir de quelle personne il s'agit.

Savigny, tout partisan qu'il est, en général, de la loi de la situation, opine, sans donner de motifs, pour la loi du *for*, laquelle peut sans doute être en même temps la loi de la situation, mais ne l'est pas toujours (1). M. Massé, en revanche, qui pense que les meubles, sauf certaines exceptions, sont régis par la loi du domicile du propriétaire, statue précisément une exception pour le droit de revendiquer : c'est, dit-il, la loi de la situation réelle du

_____

(1) § 367, p. 187.

meuble qui doit être suivie, et non celle du domicile de celui à qui il appartient (1).

Il s'agira de décider si le défenseur a acquis sur le meuble un droit qui exclut la revendication, ou un droit en suite duquel la revendication n'est admise que sous certaines conditions, par exemple moyennant remboursement du prix d'achat. Il faudra donc suivre la loi sous l'empire de laquelle le défendeur a acquis le droit sur le meuble, et ce sera, régulièrement, la loi du lieu où le meuble se trouvait lors de l'acquisition. A l'égard de la prescription, il faudra, si le meuble a changé de place, appliquer la loi du pays où il était au temps où la revendication a été intentée. On peut appliquer ici, par analogie, ce que dit Savigny de la prescription acquisitive : « Le terme de l'usucapion doit être jugé selon le droit du dernier lieu où se trouve le meuble, parce que c'est seulement par l'expiration du délai que s'opère la mutation de propriété : jusque-là cette mutation est seulement préparée. »

45. — D'après quelle loi faut-il décider la question de la qualité mobilière ou immobilière d'une chose ?

Cette question soulève des difficultés inextricables si l'on admet que les meubles suivent la personne. Que l'on songe, en effet, aux choses meubles de nature que la loi déclare immeubles par destination, telles, par exemple, que les ruches, immeubles selon l'article 524 du Code Napoléon, meubles selon le Code hollandais (art. 563).

(1) Massé, t. I, 553.

Les ruches appartenant à un Hollandais établi en France, ou à un Français établi aux Pays-Bas, sont-elles meubles ou immeubles? Admettons un instant le principe en vertu duquel le meuble est au domicile de son propriétaire, et appliquons dans le premier cas la loi hollandaise en France, dans le second la loi française en Hollande : les ruches qui sont en France seront donc meubles et ne pourront être hypothéquées, celles qui sont en Hollande seront immeubles et pourront être hypothéquées? Ce n'est certainement pas ce qu'a voulu le législateur.

Toute difficulté disparaît, dès que l'on applique aux meubles la loi de la situation et que l'on décide d'après cette loi si la chose donnée est meuble ou immeuble.

Lorsqu'il s'agit de savoir si une chose mobilière de nature est immeuble par destination, on doit la considérer même en cas d'éloignement momentané comme se trouvant au lieu de l'immeuble. Le pigeon de colombier ne devient pas meuble par ce qu'il s'envole en un pays où l'article 524 n'est pas en vigueur.

46. — La plupart des codes sanctionnent, au moins implicitement, la doctrine ancienne de la distinction des meubles et immeubles.

Le Code Napoléon dit à l'article 3 : « Les immeubles, même ceux possédés par des étrangers, sont régis par la loi française (1). »

(1) Le livre préliminaire contenait la disposition suivante : Le mobilier du citoyen français résidant à l'étranger est réglé par la loi française comme sa personne. » C'est l'ancienne maxime, et bien qu'on ait retranché le livre préliminaire, tel est encore le droit en

Le Code prussien (*Introduction*, §§ 28, 31, 32) et le Code autrichien (§ 300) sanctionnent aussi la théorie ancienne en termes que Savigny qualifie d'abstraits et d'indéfinis (1).

La jurisprudence de l'Angleterre et des États-Unis s'est longtemps fondée sur la règle : *Personal property has no locality*, mais il s'opère un changement notable, sur ce point, depuis quelques années (2).

Le Code italien de 1865, article 7 des *Disposizioni*, soumet les immeubles à la loi de la situation et les meubles à la *loi nationale du propriétaire*. Mais il ajoute : « sauf les dispositions contraires de la loi du pays où ils se trouvent. » Le législateur italien admet donc que le principe de la loi nationale du propriétaire perd son efficacité lorsqu'il s'agit de meubles qui se trouvent en un pays où règne un système différent, et le juge italien appliquera la loi étrangère, quand même la chose appartiendrait à un Italien, en opposition directe au principe que la loi pose comme règle (3).

vigueur. Laurent, t. VII, 111, 167. — Sur la portée de l'alinéa 2 de l'art. 3 : Barde, p. 99-160; Brocher, 42-45. — Application de l'art. 3, al. 2 : Arrêt Bonar contre d'Hervas, Paris, mars, 1831, déjà cité en note, p. 47. — Loi hollandaise sur les *dispositions générales*, art. 7.

(1) Code prussien, § 28 cité : Das bewegliche Vermœgen eines Menschen wird... nach den Gesetzen der ordentlichen Gerichtsbarkeit desselben beurtheilt. § 32 : In Ansehung des unbeweglichen Vermœgens gelten, ohne Rücksicht auf die Person des Eigenthümers, die Gesetze der Gerichtsbar keit unter welcher sich dasselbe befindet.

(2) Pour la jurisprudence anglaise, résumé de M. Westlake, n. 42, note. La jurisprudence de la Louisiane est d'ancienne date favorable à la loi de la situation. Story, § 386.

(3) Sur un point spécial, Wautrain-Cavagnari, *Del'efficacia del*

Le Code argentin suit absolument la doctrine de Savigny (*Titres préliminaires*, art. 11).

Fait digne de remarque : la complète égalité des meubles et des immeubles a été consacrée, au siècle dernier, par le Code Maximilien, de Bavière (p. I, ch. ii, § 17). La *lex rei sitæ* y est déclarée, *in realibus est mixtis*, « applicable à toutes les choses indistinctement, qu'elles soient mobilières ou immobilières (1). »

Section V. — *Droit de famille.*

§ 14. — Du mariage (2).

47. Renvoi et division. I. Quelle loi gouverne le régime matrimonial en l'absence de stipulation. — 48. Systèmes divers. Doctrine de Savigny. — 49. Doctrine italienne : Loi nationale du mari. — 50. Effet du changement de nationalité ou de domicile durant le mariage. — II. Quelle loi gouverne les stipulations matrimoniales. — 51. Renvoi. Doctrine italienne : Le contrat de mariage est régi, quant à sa substance, par la loi nationale du mari. — 52. La jurisprudence. Les auteurs.

47. — La capacité requise pour contracter mariage

dirito di pegno o d'ipoteca sulle nave secondo il diritto internazionale. *Studio critico sull art 7 delle disposizioni preliminari al Codice civie Italiano*. Gênes, 1882.

(1) Le Code bernois, œuvre remarquable due principalement au jurisconsulte Samuel Schnell (1775-1849) et donc le titre introductoire est de 1824, porte, art. 4 : Les lois civiles s'appliquent aux personnes et aux choses soumises à la souveraineté de l'Etat.

(2) Fœlix, *Des mariages contractés en pays étranger* (Appendice au Traité). Savigny, § 379. Schæffner, §§ 100-125. Bar, §§ 90-100. Fiore, 78-116, 323-333. — Laurent, t. IV, 188-338; t. V, 1-240. Westlake, §§ 13-38, et R. D. I., t. XIII, p. 436-439. — Wharton, 126-203. — Brocher, 87-94. — Olivi, *Du mariage en droit international privé*, R. D. I., t. XV. — Garin, *Des conditions requises pour la validité du*

s'apprécie selon les principes énoncés au § 8 (1) et les questions concernant la forme sont réglées au § 9 (2).

L'effet du mariage sur la capacité des époux est déter-

mariage... dans le droit international moderne. Paris, 1876. — Verger, *Des mariages contractés en pays étranger*, Paris, 1880, 1883.— J. Alexander, *Du mariage en droit international suivant la jurisprudence anglaise.* J. D. P., t. VIII (Affaires San Teodoro, Niboyet, Sottomayor, Simonin, Briggs); t. VI (Lolley). — Olivecrona, *Du mariage des étrangers en Suède et des Suédois à l'étranger*, même recueil, t. X.—Wharton, *Du mariage aux États-Unis*, même recueil, t. VI. — Souza Bandeira Filho, *Le mariage au Brésil*, même recueil, t. VIII. — Lawrence, *Étude de législation comparée et de droit international sur le mariage.* R. D. I., t. II.

(1) La capacité de chacune des parties est appréciée conformément à sa loi nationale. Exemples : J. D. P., t. II, p. 21 ; t. VI, p. 500 (Cour suprême d'Autriche, 6 mars 1878). R. D. I., t. XIII, p. 436 (Westlake, § 17. Affaire Sottomayor contre De Barros). — Incapacité résultant des vœux monastiques : Cour de Paris, 13 juin 1814. — Bien entendu, sauf lois absolues au domicile du mari, siège du mariage, quant aux empêchements. Ci-dessus, n° 25. Savigny, § 379.

(2) Application au mariage de la règle *Locus regit actum.* Code Napoléon, art. 170. Le défaut des publications n'entraîne pas nullité : il appartient aux tribunaux d'apprécier, selon les circonstances, la validité du mariage. La jurisprudence française est fixée dans ce sens. J. D. P., t. I, p. 243; t. II, p. 189-190. — Voyez aussi le jugement du tribunal de la Seine, J. D. P., t. VI, p. 281 s.

Belgique, défaut d'actes respectueux : Bruges, 3 août 1874. J. D. P., t. II, p. 221. — Défaut de publications : R. D. I., t. VI, p. 278, t. IV, p. 154. — Loi sur la célébration des mariages en pays étranger, du 20 mai 1882.

Suède, décret du conseil de Régence du 20 novembre 1874. J. D. P., t. II, p. 240-244. Deux Suédois, domiciliés en Suède, mariés à Copenhague avec dispense royale de publications de bans.

Angleterre. Westlake, §§ 13, 16. — Loi allemande du 4 mai 1870 sur les mariages des Allemands en pays étrangers.

MM. Arntz et Westlake ont proposé à l'Institut de droit international la résolution suivante : « La forme externe de la célébration du mariage est régie par la loi du lieu où il est célébré. »

miné par leur loi personnelle, c'est-à-dire par la loi du
mari, car la femme acquiert, par le mariage, la nationalité
du mari (1); elle est indépendante du lieu où le mariage
est célébré.

(1) Code civil français, 12, 19. Tel est le droit généralement consacré dans toute l'Europe; mais il ne l'est en Angleterre que
depuis l'acte de naturalisation du 2 mai 1870. Westlake, § 276.
Laurent, t. III, 155-157.— Résolution de l'Institut de droit international, session d'Oxford (1880) : « La femme acquiert par le mariage la nationalité de son mari. » — La naturalisation subséquente
du mari opère-t-elle sur la femme? La jurisprudence française est
pour la négative. D'après la loi fédérale du 3 juillet 1876 sur la
naturalisation suisse, la naturalisation s'étend à la femme de
l'étranger naturalisé et à ses enfants mineurs, s'il n'est pas fait,
pour ceux-ci, une exception formelle.

Diverses questions relatives à la puissance maritale, gouvernée
par la loi française dans le mariage de Français, ont été fort
débattues en France, en Belgique et en Allemagne, dans ces dernières années, à propos de l'affaire Bauffremont. Les *civilistes* sont
presque unanimes pour déclarer que la femme française séparée
de corps ne peut se faire naturaliser à l'étranger sans le consentement de son mari ou de justice.

Nous citerons : Labbé, *Une femme mariée à un Français et judiciairement séparée de corps peut-elle se faire naturaliser en pays
étranger sans l'autorisation de son mari ou de justice?* J. D. P., t. II,
p. 409 s. Le même, *De la naturalisation et du divorce au point de vue
des rapports internationaux.* J. D. P., t. IV, p. 5 s. — Stœlzel
(J.D.P., t. III, p. 260 s), *Wiederverheirathung eines beständig von Tisch
und Bett getrennten Ehegatten.* Berlin, 1876. — Teichmann, *Étude sur
l'affaire Bauffremont.* Paris, 1876. — Mauro, *Questione di diritto
internazionale privato.* Catane, 1876. — Gabba, *Le second mariage de
la princesse de Bauffremont et le droit international. Revue pratique,* 1877. — Arntz, *Consultation sur la validité de la naturalisation
et du second mariage de madame la princesse de Bauffremont.*
Bruxelles, 1878.

Dans le sens opposé : Folleville, *De la naturalisation en pays
étranger des femmes séparées de corps en France.* Paris, 1876. —
Holtzendorff, *Une femme française séparée de corps peut se faire naturaliser en pays étranger, notamment en Allemagne, sans autorisation*

Mais *quid* des droits patrimoniaux des époux (1)? Question difficile, à laquelle l'extrême diversité des législations donne une importance toute particulière et qui comprend deux points principaux :

Quelle loi régit les biens des époux en l'absence de stipulations ?

D'après quelle loi apprécie-t-on la validité des stipulations relatives aux biens des époux ?

I. *Quelle loi régit les biens des époux en l'absence de stipulations* (2) ?

maritale, et y contracter un second mariage. J. D. P., t. III, p. 5-15. — Le même, *Situation d'une femme judiciairement séparée de corps et France, puis naturalisée et remariée en Allemagne du vivant de son premier mari.* R. D. I., t. VIII, p. 205-214. — Bluntschli, *De la naturalisation en Allemagne d'une femme séparée de corps en France, et des effets de cette naturalisation. Revue pratique,* 1876.

Voir encore : Lehr, *Des conséquences juridiques de la naturalisation au point de vue du divorce.* J. D. P., t. IV, p. 114 s.

Le tribunal civil de la Seine, par jugement du 10 mars 1876, a déclaré nul et de nul effet le second mariage de la princesse de Bauffremont et sa naturalisation dans l'État de Saxe Altenbourg. La cour de Paris a confirmé par arrêt du 17 juillet 1876 (Dalloz, 1876, II, 1). Toutefois, la Cour émende le jugement en ce qu'il a déclaré nul l'acte de naturalisation, lequel doit être seulement déclaré inopposable au mari. J. D. P., t. III, p. 350 s. — Cassation française, 18 mars 1878 (Dalloz, 1878, I, 201). — Cour de Bruxelles, 5 août 1880 (*Belgique judiciaire,* t. XXXVIII, p. 1121. J. D. P., t. VII, p. 215, 508).

(1) Israëls, *Internationaal Huwelijksgoederenrecht.* Leyden, 1883. Ouvrage fait avec soin et contenant d'abondantes indications de législation comparée. — Déglin, *Étude sur le contrat de mariage en droit comparé et en droit international.* Paris, 1883.

(2) Bar, § 94. — Arntz, *Cours de droit civil,* t. III, 545-552. — Barrilliet, *Du conflit de la loi française avec les lois étrangères, résultant de l'absence de stipulations relatives au régime des biens entre époux.* Genève, 1864.

48. — Plusieurs auteurs se sont prononcés pour la loi de la situation (1), au moins en ce qui concerne les immeubles. Bien que la jurisprudence de quelques pays l'ait sanctionnée, cette doctrine se justifie difficilement, au point de vue théorique. Le patrimoine de chacun des époux constitue une unité, non sans doute qu'il faille absolument traiter de même les meubles et les immeubles (2), mais en ce sens qu'un principe unique doit dominer le régime conjugal dans son ensemble. On est forcé de reconnaître, en effet, que toutes les parties de ce régime se tiennent, et que l'application simultanée de principes différents aux divers éléments patrimoniaux entraînerait inévitablement des résultats anormaux et injustes (3).

Nous repoussons également la loi du lieu où le mariage est célébré. L'analogie des contrats n'est pas admissible; on ne saurait présumer une intention des parties de se soumettre à la loi du pays où elles se marient, et Savigny remarque avec raison que si l'on veut rechercher leur commune intention, elle portera plutôt, sans doute, sur la loi du lieu de l'exécution, c'est-à-dire du domicile matrimonial (4).

(1) Fœlix (90) cite Gail, d'Argentré, Burge, Story et, avec une nuance, le président Bouhier.

(2) Que l'on pense, par exemple, au régime français de la communauté.

(3) Il se peut que la loi d'un pays exclue toute action d'une loi étrangère sur les immeubles sis dans le pays, ou qu'elle ait un caractère absolu. Ceci ne touche pas la question traitée dans le texte. Bar, p. 333.

(4) Savigny, § 379. Schœffner, § 106. Selon M. de Bar, tout le monde est d'accord aujourd'hui, pour rejeter la *lex loci celebrationis*. Voyez cependant Israëls, p. 198, et Story, § 159. — Code argentin, art. I, 4. — Wharton, § 192.

La doctrine la plus accréditée, d'ancienne date, soumet
tous les droits patrimoniaux résultant du mariage, sans
distinguer entre meubles et immeubles, à la loi du domicile matrimonial, c'est-à-dire du domicile du mari, chef
du mariage. Savigny entend par là le domicile du mari au
moment du mariage. C'est, plus exactement, le premier
lieu où les époux se sont établis de manière à y fixer le
siège de l'association conjugale. Le plus souvent, sans
doute, ce sera le domicile du mari au moment même du
mariage, mais ce n'est point nécessaire : il est fort possible que les époux ne fondent un domicile que plus
tard (1).

(1) Le domicile matrimonial, siège de l'association conjugale,
ne sera pas toujours facile à constater. Ce n'est point une raison
pour en nier l'existence. Il y aura naturellement ici beaucoup de
questions de fait.

Cassation française, 18 août 1873 : Pour établir sous quel régime
un étranger est marié, des actes et des faits indiquant qu'il a
entendu se fixer en France et se soumettre à la loi française dans
les dernières années de sa vie, ne peuvent prévaloir contre l'énon-
ciation du juge du fait que ledit étranger a entendu suivre la loi de
son pays au moment de son mariage, seule époque à considérer.—
Arrêt de l'*Obertribunal* de Berlin, 5 février 1872. J. D. P., t. II,
p. 281.

La doctrine du premier domicile matrimonial est consacrée
d'ancienne date par la jurisprudence (arrêts nombreux de divers
pays. Arntz, t. III, 551) et d'une manière expresse et formelle par le
Code général prussien (II, 1, §§ 350, 351) et par le Code saxon (§ 14).
On peut dire qu'elle forme le droit commun en Allemagne.
Teichmann, ouvrage cité au n° 50, p. 12-18. M. Israëls (p. 299-309)
décide aussi en faveur de la loi du domicile matrimonial.

Cette doctrine est également reçue en Angleterre et en Amérique,
pour les meubles. Westlake, §§ 32, 37. R. D. I., t. XIII, p. 438-439.

Field, 575 : Les droits de propriété des époux sur les meubles qui
leur appartiennent à l'époque du mariage ou qu'ils ont acquis
depuis, sont régis, relativement aux modifications que le mariage

Il y a désaccord touchant le motif en vertu duquel on applique la loi du domicile matrimonial. Beaucoup d'auteurs le cherchent dans une convention tacite des époux (1). D'autres, Savigny en particulier, rejettent cette idée d'une convention tacite, parce que les époux, la femme notamment, n'ont que bien rarement au moment du mariage, une connaissance suffisante de la loi dont il s'agit; ces auteurs trouvent plus juste de dire que les époux se soumettent volontairement à cette loi (qu'ils ne connaissent pas), soumission volontaire qui se concevrait même d'une façon purement négative, comme absence de contradiction (2). Il nous semble que cette distinction entre la convention tacite et la soumission volontaire est sans

y apporte et sauf pour ce qui regarde le droit de succession, par la loi du lieu du domicile matrimonial... — A l'art. 577, Field définit le domicile matrimonial : « celui que le mari et la femme déterminent ensemble tout d'abord; et s'ils n'en établissent point, c'est celui du mari au moment du mariage. »

Si les époux n'ont aucun domicile fixe au moment du mariage ni après, on pourra recourir à la loi nationale du mari. Arntz, 551. Teichmann, p. 13. Israëls, p. 234.

(1) Ainsi Dumoulin, Rodenburgh, Hert, Jean Voet, Pothier et généralement les auteurs français modernes. La convention tacite est défendue énergiquement par M. Arntz, R. D. I., t. XII, p. 329-331 ; elle est juste en droit français, au point de vue du Code Napoléon. Brocher, 183.

(2) La doctrine de la soumission volontaire est à peu près abandonnée aujourd'hui. La doctrine qui rallie, à bon droit, le plus de suffrages en divers pays, est celle qui voit simplement dans le régime légal l'effet direct de la loi. Ainsi pensaient déjà d'Argentré, Pufendorf, Boullenois; parmi les auteurs modernes de langue française, Odier, dans son *Traité du contrat de mariage*, œuvre si sage et si bien mûrie (t. I, 48, n° 37); M. Thoel, M. Stobbe, M. Fiore, M. de Bar, Sir Robert Phillimore, enfin, tout récemment, M. Teichmann, dans l'ouvrage cité au numéro 50.

grande portée pratique, et cela d'autant plus que, d'après Savigny lui-même, le changement de domicile durant le mariage n'exerce aucune influence sur le régime matrimonial. En effet, la loi qui règle, dans un pays, le mariage aussi au point de vue de ses conséquences pécuniaires, n'a certainement pas en vue les personnes qui viennent s'établir dans ce pays après avoir déjà vécu en mariage ailleurs, ni les biens que ces mêmes personnes pourront acquérir après leur établissement dans le pays ; de plus, si l'on admettait la mutabilité par changement de domicile, on verrait immanquablement surgir des difficultés et des confusions sans issue.

49. — L'école italienne aussi considère le patrimoine de chacun des époux comme unité, de telle sorte que tous les éléments de ce patrimoine sont soumis à des règles uniformes. Mais, fidèle au système qu'elle suit en matière de statut personnel, elle donne à la loi nationale la préférence sur la loi du domicile (1).

Les jurisconsultes de cette école font remarquer que les dispositions légales concernant les biens des époux n'ont point un caractère exclusivement patrimonial ; elles sont déterminées par des considérations d'un ordre supérieur au soin des seuls intérêts pécuniaires. La loi veut faciliter le fidèle accomplissement des devoirs du mariage ; favoriser les rapports conjugaux, tels qu'ils doivent être, protéger la famille et les intérêts des enfants. On peut donc invoquer en faveur de l'application de la loi nationale au

____

(1) Esperson, *Il principio*, p. 151. Fiore, 325 et s. — Comparez Wharton, 198.

régime des biens les mêmes motifs qu'en faveur de son application à l'état personnel.

La loi applicable est donc la loi du pays du mari; puisque, par le mariage, la femme acquiert la nationalité du mari.

Telle est la doctrine italienne, qui paraît recommandable, par les raisons données précédemment (1).

50. — Quel effet produira le changement de nationalité ?

Cette question correspond *mutatis mutandis* à celle que posent la plupart des auteurs et que nous avons effleurée au numéro 48, de l'effet du changement de domicile (2).

____

(1) Au § 8. — Nous devons ici nous séparer expressément de M. Asser.

L'application générale du principe de la nationalité au régime matrimonial nous paraît se heurter à des difficultés théoriques et pratiques telles qu'il ne semble pas possible de suivre les représentants de l'école italienne sur ce terrain ; il ne semble pas, d'ailleurs, qu'il y ait réellement entre les relations personnelles et le régime des biens l'intime liaison que cette école croit apercevoir, et nous ne voyons aucune incompatibilité entre la présente solution et le principe auquel nous avons adhéré au n° 22.

Le principe qui doit être posé en règle, c'est celui de la loi du domicile matrimonial.

Après un examen détaillé des diverses opinions et de leur histoire, M. Laurent ne se prononce ni pour le domicile ni pour la nationalité : il fait tout dépendre de la volonté des époux, expresse ou tacite. T. V, 240. — Cassation française, 11 juillet 1855. — Tribunal de Nivelles, 19 février 1879. (*Belgique judiciaire*, 1880, p. 982.)

(2) Teichmann, *Ueber Wandelbarkeit oder Unwandelbarkeit des gesetzlichen ehelichen Güterrechts bei Wohnsitzwechsel*. Bâle, 1879. — Arntz, *Observations sur la question de l'immutabilité du régime conjugal en cas de changement de domicile des époux*. R. D. I., t. XII, p. 323-331. — Behaghel, *Die ehelichen Güterverhältnisse der Auslander, welche während bestehender Ehe in das Grossherzogthum Baden seit Einführung des Landrechts eingezogen sind oder noch*

Nous pensons que la loi qui a gouverné les biens des époux dès le principe, continue à les gouverner malgré le changement (1).

einzichen werden. Fribourg, 1873. — Reverchon, *Examen doctrinal des effets de la naturalisation du mari sur la situation de la femme. Revue critique de législation*, 1877.

(1) Tel est aussi l'avis de Savigny, de Fœlix (91), de Waechter, de M. Schœffner (109-114), de la plupart des auteurs modernes, MM. de Bar, Roth, Stobbe, de beaucoup d'auteurs anciens : Hert, Pufendorf, les deux Voet.

Arrêts conformes de la Cour de cassation française (30 janvier 1854 et 18 août 1873) ; des Cours de Celle (1836), de Munich (1845), et d'autres Cours allemandes. — Code saxon, § 14. Code général prussien, II, §§ 351, 352.

La mutabilité a été soutenue, entre autre, par Mevius, les Boehmer, Eichhorn, Puchta, et paraît avoir actuellement des adhérents en Suisse (Teichmann, p. 21, 24). Elle règne en Amérique. Wharton, § 196 ; Story, § 187. — Field, 575 : En cas de changement de domicile, ces droits (*de propriété des époux sur les meubles*) sont régis, pour toutes les acquisitions subséquentes, par la loi du lieu du nouveau domicile. 576 : Lorsque des personnes mariées changent de domicile matrimonial, les droits subséquents acquis réciproquement par les époux sur les biens mobiliers l'un de l'autre, droits qui naissent du mariage et dépendent de sa continuation, sont déterminés par la loi applicable à leurs conventions, ou par la loi du lieu de leur nouveau domicile. Comparez Windscheid, § 35, note 11 (édit. 1875).

M. Westlake (§ 32) constate qu'il n'existe pas d'arrêt anglais concernant l'effet du changement de domicile ; personnellement il se prononce en faveur de l'immutabilité.

Selon M. Esperson (ouvrage cité, p. 78), le changement de nationalité est sans effet sur ce qu'il appelle les *qualités naturelles*, ainsi sur la question de savoir si l'on est marié ou non, enfant légitime ou non, mais le changement pourra influer sur ce qu'il appelle les *qualités civiles*, telle que la majorité ou la minorité, les droits de la femme, etc. M. Esperson pense que l'étendue de la puissance paternelle et maritale, et par conséquent aussi les restrictions de la capacité personnelle de la femme mariée, doivent être appréciées d'après la loi nationale actuelle du mari. Mais il ne se prononce pas au sujet des droits patrimoniaux.

Cette doctrine nous paraît s'imposer, même indépendamment de toute idée de convention tacite, non seulement en raison des difficultés pratiques que susciterait un changement du régime légal, mais encore pour le motif, d'ordre juridique, que l'on ne saurait reconnaître à la loi de la nationalité subséquente un effet rétroactif. Or, tel serait bien le cas si cette loi pouvait modifier les conséquences juridiques d'un acte fait alors que les parties n'y étaient pas encore soumises.

Et ceci s'applique aussi aux biens acquis depuis le changement de nationalité. Car les droits de l'un des époux sur les biens de l'autre ne naissent pas de l'acte par lequel ces biens sont acquis, mais du mariage même.

Ajoutons que si la naturalisation du mari n'entraîne pas celle de la femme, celle-ci reste soumise à la loi du pays auquel le mari appartenait au moment du mariage.

Notre doctrine s'accorde avec le principe consacré par beaucoup de législations : qu'aucun changement ne peut être apporté après le mariage au régime matrimonial(1). Si la loi primitive ne restait pas en vigueur, rien ne serait plus aisé que de rendre ce principe illusoire par un changement de nationalité.

II. — *Quelle loi régit les stipulations relatives au régime des biens des époux ?*

51. — Le plus souvent, le régime conventionnel est réglé par la loi, soit au point de vue de la capacité des

____

(1) Code Napoléon, 1394, 1395, 1399.

personnes contractantes, soit au point de vue des dispositions contenues dans le contrat, soit enfin au point de vue du moment où ce contrat doit être fait (1).

Il y a lieu d'appliquer à la capacité des personnes contractantes ce que nous avons dit au § 8. La capacité de la femme sera donc déterminée par sa propre loi nationale, puisque c'est seulement par le mariage qu'elle acquerra la nationalité du mari (2).

Quant à leur substance, les stipulations sont régies par la loi qui régirait les biens des époux s'il n'y avait pas de stipulation. Le plus souvent, en effet, en matière de contrat de mariage, l'autonomie des contractants est plus restreinte qu'en d'autres conventions, parce que le législateur doit veiller aux intérêts de la famille, au bien des enfants, à l'exercice de l'autorité maritale. On appliquera donc la loi personnelle du mari (3).

Nous disons du mari. Lors même, en effet, qu'au moment du contrat, la future femme appartiendrait à une

____

(1) Code Napoléon, 1387-1398, 1399-1581.
(2) Ci-dessus, n° 47.
(3) Voyez ci-dessus, n° 48, et au n° 49, la note 1, p. 112.
Il importe de préciser. Si le domicile matrimonial coïncide avec le domicile du mari au moment du mariage, comme c'est le cas ordinairement, aucune difficulté ne se présente. Mais si le domicile matrimonial est autre, s'il n'est fondé qu'après le mariage, il faut distinguer. L'intention de fonder le domicile nouveau était-elle manifeste au moment du contrat ? Alors c'est la loi de ce domicile qui décide. Sinon, on s'en tiendra au domicile du mari. Bar, § 98. — Wharton, 199.
L'interprétation des stipulations matrimoniales est régie par les principes généraux de l'interprétation des conventions, ci-dessus, p. 71. Israëls, p. 196-197.

nationalité différente, aucune difficulté ne saurait se produire, puisque le contrat ne doit entrer en vigueur que par
le mariage et qu'il s'évanouira si le mariage n'a pas lieu.

52. — Au reste, dans l'une comme dans l'autre hypothèse, qu'il y ait contrat ou régime légal, la pratique de
la plupart des pays admet encore, sous l'influence du
droit germanique, des règles différentes pour les meubles
et les immeubles, et c'est dans ce sens, notamment,
qu'est la jurisprudence en Angleterre et aux États-
Unis (1).

Les anciens auteurs français, comme l'ancienne jurisprudence, se prononçaient pour la loi de la situation dans
les pays coutumiers et pour la loi du domicile matrimonial ou domicile du mari dans les pays de droit écrit (2).

§ 15. — Du divorce et de la séparation de corps (3).

53. Doctrines diverses. Le divorce ne peut être prononcé qu'en conformité
de la *lex fori*. — 54. Effets du divorce. — 55. De la séparation de
corps.

53. — D'après quelle loi décide-t-on la question de
savoir si le mariage peut être dissous par divorce?

(1) Westlake, §§ 31-32. R. D. I., t. XIII, p. 438. Story, §§ 143 s.,
423, 449, 450. Field, 574-576.
(2) Bar, § 94, p. 335-336. Sur les doctrines diverses, comparez
Barde, p. 86 et suivantes.
(3) Savigny, § 379. Schœffner, §§ 118-125 (Nombreux renseignements historiques et de législation comparée). Bar, § 92. Laurent,
t. V, 96-182. Fiore, 117-134, 113-116. Brocher, 95-97. Wharton,
204-239. Westlake, §§ 39-48. R. D. I. t. XIII, p. 439. — Barrilliet, Du

Quelle loi détermine les motifs pour lesquels le divorce peut être prononcé?

S'il fallait voir dans le mariage une convention civile ordinaire, ces questions seraient résolues par les principes exposés aux n°ˢ 48-49. La loi qui régit l'ensemble des relations entre époux, devrait, également et naturellement, régir la dissolution du mariage.

Cette doctrine fort simple a été défendue, entre autres, par Rocco (1), pour qui cette loi est celle du domicile du mari, et par Pütter (2), qui applique la loi du lieu où le mariage a été célébré.

La nouvelle école italienne, représentée ici particulièrement par M. Fiore, considère le divorce exclusivement comme un changement d'état; elle y applique, en conséquence, la loi nationale des époux. Si les deux époux ont changé de nationalité depuis leur mariage, c'est la loi de leur nouvelle patrie qui régit le divorce. Si l'un des époux seul a changé, l'ancienne loi nationale reste en vigueur (3).

En opposition à ces deux systèmes, les auteurs et les arrêts sont quasi-unanimes à déclarer que le divorce ne peut être prononcé qu'en conformité de la loi du pays où

divorce des époux étrangers en Suisse et des époux suisses à l'étranger, J. D. P., t. VII. — Articles de M. Lehr dans le même volume.— Alfred Martin, *Du divorce des étrangers en Suisse*, R. D. I., t. XIII, p. 604-611.

(1) Rocco, p. III, ch. 20 : « La facolta di regolare lo scioglimento deve spettare alla legge che regola ab initio la formazione del matrimonio. » Fiore, 120.

(2) Pütter, *Rechtsfælle*, III, 1, p. 80, 85-86. Cité par Bar, p. 329.

(3) Fiore, 131, 132.

le procès se juge (*lex fori*). Cette loi décide si le mariage peut être dissous par divorce, et pour quels motifs.

C'est à cette troisième opinion, généralement reçue, que nous croyons devoir nous ranger.

Il nous semble, en effet, que la nature du divorce ne permet pas d'autre solution.

Que l'on voie dans le divorce, comme la cour suprême du Massachussetts, un châtiment que l'époux outragé inflige au coupable avec la permission de la société, idée assurément erronée (1); ou que l'on tienne la loi qui autorise ou exclut le divorce pour une manifestation de principes religieux, politiques et moraux faisant partie intégrante du droit public, impératif, auquel le juge doit obéir; toujours on est forcé, selon nous, de proclamer l'application de la loi du *for* compétent, quelle que soit la nationalité des époux et quel que soit le lieu de la célébration du mariage.

Car on ne saurait admettre que le juge puisse prononcer le divorce, alors que les lois de son pays envisagent la dissolution du mariage comme contraire à la religion et aux bonnes mœurs.

Et l'inverse n'est pas moins vrai : le juge d'un pays où le divorce est admis, n'en pourrait pas repousser la demande sous prétexte qu'au lieu de la célébration du mariage ou du premier domicile conjugal, ou dans le pays d'où le mari est originaire, le divorce n'existe pas ou n'est pas prononcé pour le motif que l'on invoque. Dans les pays où ce moyen de dissolution est admis, le législateur a pensé

____

(1) Story, § 229. Laurent, t. V, 127.

qu'il serait contraire à l'ordre public de maintenir un
mariage dont la dissolution est réclamée pour un motif
légal. Et en cela, il n'a pas été guidé seulement par l'intérêt personnel des époux, mais il s'est inspiré, avant
tout, de considérations qui se rattachent à l'intérêt de la
famille, à l'ordre public, aux bonnes mœurs (1).

L'application de la loi du *for* se justifie encore par
d'autres considérations. La tâche du juge est autre dans

(1) Rappelons ici que le Code italien n'admet pas le divorce, que
l'Angleterre ne l'a (en réalité) que depuis 1858, que la France ne
l'a plus depuis 1816.

Se figure-t-on aujourd'hui un tribunal français prononçant le
divorce d'époux belges, domiciliés en France?

Troplong et Merlin ont cependant soutenu que c'est admissible,
en s'appuyant de l'ancien droit.

Voyez Dalloz, 1860, I, 59. Merlin, *Répertoire, Divorce*, sect. IV, § X.
Laurent, t. V, 132-133 ; 142 s.— Les étrangers ne peuvent divorcer
en Italie. Lomonaco, p. 61. Fiore, 121.

On n'objectera pas que si notre manière d'envisager le divorce
est juste, le divorce devrait pouvoir être prononcé d'office ou sur
requête du ministère public. Car, tant que l'époux lésé se tait, on
est en droit d'admettre la possibilité d'une amélioration dans les
relations conjugales, de telle sorte que, dans la plupart des cas,
un divorce prononcé d'office ne servirait nullement les intérêts de
l'ordre public.

Jurisprudence des États-Unis et de l'Écosse, Laurent, t. V, 126,
153-162. Le juge écossais et américain prononce le divorce d'époux
qui, d'après leur loi, ne peuvent divorcer.

Arrêt de la Cour de Deux-Ponts, 27 juin 1870. J. D. P., t. II, p. 120.

Divorce entre étrangers en Suisse. L'article 56 de la loi fédérale
sur l'état civil et le mariage, du 24 décembre 1874, n'autorise le
juge suisse, dans le ressort duquel sont domiciliés les époux
étrangers, à prononcer le divorce entre ces derniers que dans les
cas seulement où ils prouvent que la sentence sera reconnue valable
dans leur pays. Tribunal fédéral, 4 avril 1879 (Affaire Graberg).
R. D. I., t. XIII, p. 607 s., J. D. P., t. VII, p. 403. — Affaire Jurine
(double nationalité), ci-dessus, p. 48.

le procès en divorce que dans la plupart des autres procès, où le jugement ne doit pas créer entre les parties un état nouveau, ni leur conférer des droits nouveaux, mais découvrir et proclamer l'état existant et le faire respecter par des moyens de contrainte. Le jugement, au procès en divorce, change la situation juridique des époux en dissolvant leur mariage et en les rétablissant dans leur état antérieur de célibat. Tant que le juge doit simplement déclarer ce qui est droit entre les parties, il applique naturellement la loi qui gouverne la relation juridique en question; mais lorsqu'il lui faut agir en qualité d'organe du pouvoir public pour créer une situation nouvelle et conférer des droits nouveaux, il ne peut prendre pour guide d'autre loi que celle de l'État même qu'il représente. A ce point de vue, le jugement qui prononce le divorce ressemble à certains actes de la juridiction non contentieuse.

L'application de la loi du *for* est admise, pour des motifs parfois différents, en France, en Allemagne, en Angleterre, aux États-Unis, et aussi, nous l'avons dit, par la plupart des auteurs (1).

____

(1) Waechter, *Archiv.*, t. XXV, p. 187. Schæffner, § 124. Savigny, p. 337. Bar, § 92, et surtout dans l'*Encyclopédie* de Holtzendorff, p. 702. — La question s'est présentée devant la Cour d'appel de Bruxelles, qui l'a tranchée dans le sens juste, par un arrêt du 14 mai 1881 (*Belgique judiciaire*, 1881, p. 758 ; *Pasicrisie*, 1881, II, p. 263); mais il est à remarquer qu'elle a pu la trancher en appliquant le statut personnel même des étrangers en cause, attendu qu'il s'agissait d'un procès en divorce entre époux de nationalité anglaise. L'arrêt rendu était conforme aux conclusions d'une consultation rédigée par M. Arntz, qui invoquait lui-même, à l'appui de sa thèse, M. Westlake. La Cour de cassation, par son

On ne saurait méconnaître, cependant, que cette doctrine paraît contraire au principe fondamental du statut personnel (ci-dessus, n° 18), toutes les fois que le juge compétent en matière de divorce n'appartient pas au pays dont la loi régit l'état des époux ; car l'état de mariage ou de célibat fait bien certainement partie du statut personnel. »

La contradiction sera le plus souvent moins réelle qu'apparente, parce qu'un principe admis dans la plupart des pays veut qu'en tout procès concernant l'état personnel, les juges du pays dont la loi régit cet état soient seuls compétents ; nous y reviendrons en traitant de la procédure (1) ; nous dirons seulement ici que le juge

arrêt du 9 mars 1882 (*Belgique judiciaire*, 1882, p. 468 ; *Pasicrisie*, 1882, I, p. 62), a confirmé l'arrêt de la Cour de Bruxelles. L'arrêt de la Cour supérieure donne prise à la critique dans ses considérants, en ce qu'il mentionne le statut personnel comme un principe absolu en matière d'état et de capacité, pleinement applicable au divorce et à ses causes. Van der Rest, R. D. I., t. XVI, p. 142.

Angleterre et Amérique. Westlake, § 48 ; R. D. I., t. XIII, p. 440 : « C'est toujours la *lex fori* qui décide de la cause pour laquelle le divorce peut et doit être prononcé. C'est ce qui est reçu maintenant en Angleterre, aussi bien lorsqu'il s'agit de prononcer le divorce que lorsqu'il s'agit d'admettre la validité d'un divorce prononcé à l'étranger. Il y avait autrefois dissentiment touchant ce dernier point. » Affaire Lolley, 1812 : les juges furent d'avis, à l'unanimité, « that no sentence or act of any foreign country or state could dissolve an English marriage *a vinculo matrimonii*, for ground on which it was not liable to be dissolved *a vinculo matrimonii* in England. »

(1) Ci-dessous, § 19. Bar, *Encyclopédie* de Holtzendorff, p. 702. — Code allemand de procédure civile, § 568 : Les procès qui ont pour objet la dissolution, l'invalidité ou la nullité d'un mariage, ou le rétablissement de la vie conjugale (affaires matrimoniales), seront de la compétence exclusive du tribunal régional à la juridic-

du domicile matrimonial (1) devra, tout en appliquant sa propre loi, tenir compte du statut personnel. — Si l'on admet que les époux peuvent avoir des nationalités différentes, ou des domiciles différents, le juge compétent pour le divorce sera celui de la dernière nationalité commune ou du dernier domicile commun (2).

54. — Les époux divorcés seront considérés comme non mariés, même dans les pays où le divorce est inconnu (3).

tion duquel le mari est soumis à raison de son statut de juridiction générale. — La demande de la femme contre le mari qui l'a abandonnée et qui n'a de domicile qu'à l'étranger, pourra être posée devant le tribunal régional du dernier domicile du mari dans l'empire d'Allemagne, pourvu que le défendeur ait appartenu à la nationalité allemande à l'époque où il a abandonné sa femme.

(1) Jurisprudence anglaise. Westlake, R. D. I., t. X, p. 545-546, t. XIII, p. 440. Niboyet contre Niboyet, 18 novembre 1878 : La simple résidence, sans domicile, est une base suffisante de juridiction en matière de divorce.

(2) Un Français ou un Italien, naturalisé en Belgique, y demande le divorce. La femme étant restée Française ou Italienne et ne pouvant divorcer, le divorce est impossible. Tel est le sentiment de Merlin (*Questions de Droit*, Divorce, XI), de M. Wharton, § 209, de M. Fiore. C'est également la solution à laquelle aboutit M. Labbé (J. D. P., t. IV, p. 22 s., 1877). M. Laurent est d'avis contraire, au point de vue de la *lex lata*. T. V, 167 ; III, 304.

La Cour de Bruxelles a décidé, en 1866 et 1877, que le mari français naturalisé en Belgique, y peut demander le divorce. *Pasicrisie*, 1867, II, 87 ; 1878, II, 114.)

Une femme étrangère acquiert la nationalité suisse par le fait de la naturalisation de son mari en Suisse, alors même que d'après sa loi d'origine sa nationalité ne serait pas changée. Dès lors, elle peut réclamer l'application des lois relatives au divorce. Tribunal civil de Genève, 9 décembre 1882. J. D. P., t. X, p. 531.

(3) Laurent, t. V, 128-131, 138-139, 144. Bar, § 92, p. 330-332.

La jurisprudence française, concernant le mariage, en France,

C'est la conséquence du principe que le statut personnel suit la personne partout. Le changement apporté, par l'autorité étrangère compétente, dans l'état des époux doit être reconnu, lors même que, pour des motifs de nature morale ou religieuse, le mariage est tenu pour indissoluble ; mais il est vrai, d'après ce que nous venons de dire touchant la compétence, que cette reconnaissance n'aura lieu que pour les étrangers (1).

55. — La séparation de corps, laissant subsister le lien entre les époux, est régie par la loi du mariage, c'est-à-dire par la loi nationale des époux, qui est généralement celle du mari (n°s 18 et 47). Ceci est vrai, soit quant aux conditions requises pour que la séparation

d'étrangers divorcés, s'est prononcée contre le mariage, jusqu'à l'arrêt de cassation du 28 février 1860 (Dupin) : « ... L'étranger dont le premier mariage a été légalement dissous dans son pays, soit par le divorce, soit par toute autre cause, a acquis définitivement sa liberté et porte avec lui cette liberté partout où il lui plaira de résider. » Dalloz, 1860, I, 59. — Arrêt de Cours d'appel. Orléans, 19 avril 1860. Cassation française, 15 juillet 1878. Cependant « la femme étrangère divorcée ne peut invoquer son statut personnel pour contracter aussitôt après son divorce un second mariage avec un Français, bien que le statut étranger n'impose aucun délai pour la célébration d'une nouvelle union. » Paris, 13 février 1872. — M. Esperson n'admet pas que l'étranger divorcé puisse se marier en Italie. *Il principio di nazionalità*, p. 79. — *Contra*, Fiore, 134. — Droit américain. Seymour van Santwoord, *Du second mariage contracté dans un État étranger, par l'époux coupable, à la suite d'un divorce prononcé dans l'État de New-York.* J. D. P., t. VIII, p. 138 s.

(1) Le divorce d'un Français, prononcé aux États-Unis, sera nul et non avenu en France ; donc il ne pourra pas s'y remarier, et s'il se marie à l'étranger, son mariage sera nul. Laurent, t. V, 127.

soit prononcée, soit quant à ses effets personnels (1); en ce qui concerne les effets patrimoniaux, ils dépendent de la loi qui régit les biens des époux (n°ˢ 48, 49, 52).

Mais la loi du pays où la séparation est demandée et prononcée sera nécessairement prise en considération, pour les motifs exposés au n° 53 à propos du divorce (2).

§ 16. — De la paternité et de la filiation (3).

56. Filiation légitime. Puissance paternelle. — 57. Légitimation. — 58. Émancipation, adoption, reconnaissance d'enfant naturel.

56. — La loi qui régit le mariage au moment de la naissance détermine la légitimité de l'enfant, ainsi que

(1) Fiore, 113-116. — Westlake, R. D. I., t. XIII, p. 440 : « On est d'accord que la compétence anglaise, en matière de séparation de corps et en matière de contrainte à la cohabitation (*restitution of conjugal rights*), est soumise aux mêmes conditions que la compé- tence en matière de divorce. »

(2) Fiore, 115, 116. Laurent, t. V, 137. — Tribunal fédéral, 18 octobre 1878 (Surrugues c. Surrugues). Alfred Martin, R. D. I., t. XIII, p. 598-604, *De la prohibition des demandes en séparation de corps.* — J. D. P., t. VI, p. 96 ; t. IV, p. 740 ; t. V, p. 134.

M. Brocher remarque, à propos de l'arrêt Surrugues : « Nous croyons, avec le tribunal, que la vraie règle en cette matière est de renvoyer les parties devant les tribunaux de leur nation. Nous regrettons que l'article 56 de la loi fédérale du 24 décembre 1874 s'en soit écarté. Ce n'est que dans un tel principe, longtemps admis à Genève, qu'on peut trouver de véritables garanties. Ce n'est que par ce moyen qu'on peut être sûr que le divorce ou la nullité du mariage ressortiront leurs effets dans le pays vraiment compétent. »

(3) Savigny, § 380. Schœffner, §§ 37-44. Bar, §§ 101-106. Lau- rent, t. V, 241-298 ; VI, 1-127. Fiore, 135-181. Brocher, 98-105. Wharton, 240-258.

le droit de contester la légitimité (1). Ceci s'entendra du moment de la conception dans les pays où l'on suit la règle : *Conceptus pro nato habetur quoties de ejus commodo agitur.*

Si, par suite de changement de nationalité du mari seul, les époux n'avaient plus, au moment indiqué, de loi nationale commune, on appliquerait la loi nationale du mari, chef du mariage et de la famille.

La puissance paternelle, tant pour les droits patrimoniaux que pour les droits personnels, est régie, en règle générale, par la loi nationale du père ; en cas de changement de nationalité, par sa loi nouvelle (2).

57. — On applique à la légitimation par mariage subséquent la loi nationale du père lors de la célébration du

---

(1) Les présomptions légales, concernant la paternité et la légitimité (telles que celles des articles 312 et suivants du Code civil), constituent pour l'enfant de véritables droits qu'il invoquera partout, car ils font partie de son statut personnel, sauf naturellement les considérations de moralité publique qui pourront limiter cette faculté. Bar, § 102. Laurent, t. V, 244. Application : Tribunal de la Seine, mars 1879 (J. D. P., t. VI, p. 544).

(2) Mais la puissance ne saurait avoir des effets qui seraient considérés comme immoraux ou seraient illicites au lieu de la résidence : par exemple, certains droits de correction. Bar, § 101. Brocher, 105.

Addition de M. Cohn : Le principe n'est pas applicable aux pays du Code Napoléon ; la puissance paternelle y est régie exclusivement par la loi française. — Sur les doctrines diverses concernant l'administration et la jouissance du père : Brocher, 103-104 ; Aubry et Rau, § 34, note 88 ; M. Demangeat sur Fœlix, 67 ; Laurent, t. VI, 15-21. Cassation française, 14 mars 1877 (Benchimol c. Cohen) : La loi qui accorde aux père et mère un droit de jouissance légale sur les biens de leurs enfants mineurs, dépend du statut personnel. J. D. P., t. V, p. 167.

mariage; il n'y a pas lieu de tenir compte du moment
de la naissance de l'enfant que le mariage doit légiti-
mer (1).

58. — La reconnaissance d'un enfant naturel s'apprécie, quant aux conditions d'existence et de validité, d'après
la loi nationale du père ou de la mère qui reconnaît, et
quant à la forme selon la règle *Locus regit actum* (2).

(1) Savigny, § 380. Ce que Savigny dit du domicile s'applique,
dans notre système, à la nationalité. Droit anglais, Westlake,
§§ 50-53. R. D. I., t. XIII, p. 440-441.

Dans les pays où la légitimation peut avoir lieu par rescrit du
prince, en Italie, aux Pays-Bas, c'est également la loi nationale du
père qui doit être appliquée. Si l'enfant a une nationalité différente,
la légitimation doit être admissible aussi d'après sa loi nationale.
La légitimation d'un Français par un souverain, étranger serait
inopérante. L'étranger légitimé par son souverain, conformément
à sa loi nationale, sera légitime partout, sauf les considérations dites
de moralité publique, qui empêcheront par exemple un enfant
incestueux ou adultérin d'être tenu pour légitime en France. Paris,
1808. (Dalloz, *Répertoire*, v° Droit civil.)

La légitimation par mariage de l'enfant naturel né à l'étranger
de parents français est régie, quant à la forme, par la loi du pays où
elle intervient. Besançon, 27 juillet 1876. J. D. P., t. IV, p. 228. —
La reconnaissance ou la légitimation, faite par un Français, d'enfants
naturels nés à l'étranger doit être faite suivant les formes du Code
civil français (331). La possession d'état, même admise par la loi
étrangère pour la qualité d'enfant naturel ou légitime d'un Français,
ne peut produire cet effet en France. Tribunal de la Seine, 21 août 1876,
confirmé par arrêt de la Cour de Paris. J. D. P., t. IV, p. 230-234.

E. Lehr, *Cas de conflit de législation en matière de légitimation d'un
enfant naturel*, J. D. P., t. X, p. 143 s.

(2) Bar, § 102. Laurent, t. V, 251-274 : *De la filiation naturelle.*
255 s. *De la reconnaissance.* Brocher, 100. En vertu de l'art. 334 du
Code civil, le Français qui reconnaîtra un enfant naturel à l'étran-

Il en est de même de l'émancipation (1) et de l'adoption.

Il faut, dans ce dernier acte, capacité de l'adopté et de l'adoptant; il faut encore que la législation du pays où l'adoption a lieu reconnaisse une forme dans laquelle elle doive ou puisse se faire (2).

ger, devra-t-il le faire par acte authentique, rédigé conformément à la loi du pays étranger? L'étranger fera l'acte de reconnaissance en France, dans la forme française, mais conformément à sa loi nationale; il pourra donc le faire sous seing privé, si sa loi nationale n'exige pas un acte authentique.

Le droit anglais n'admettant pas la reconnaissance proprement dite, un Anglais ne saurait reconnaître, en France, un enfant naturel. Laurent, t. V, 258; comparez avec J. D. P., t. V, p. 10-13.

Quid de la reconnaissance forcée? Laurent, t. V, 260-265.

La déclaration de paternité prononcée à l'étranger contre un Français, sera sans effet en France. Mais l'enfant naturel étranger pourra invoquer en France le jugement en reconnaissance forcée rendu en sa faveur dans son pays conformément à sa loi nationale; Pau, 17 janvier 1872. — Une action en recherche de paternité ne saurait être intentée en France. Sans doute la recherche de la paternité dépend de statut personnel, mais les considérations dites de moralité publique qui ont dicté l'article 340 du Code civil, doivent l'emporter dans les pays de Code Napoléon. Paris, 2 août 1866.

(1) Brocher, 109. — L'émancipation par mariage est régie par la loi personnelle du mari.

(2) Bar, § 103. Brocher, 101. Fiore, 150-154.

Un Vaudois, dont la loi nationale ne connait pas l'adoption, ne pourra pas adopter en France. Pourra-t-il être adopté en France, par un Français? On pourrait dire, pour l'affirmative, au point de vue du Vaudois, que l'adoption n'est pas prohibée par le Code vaudois. Au point de vue français, il est hors de doute que l'étranger autorisé à établir son domicile peut être adopté. Paris, 30 avril 1881. Mais la plupart des auteurs français n'admettent pas qu'un Français puisse adopter un étranger qui n'a pas la jouissance des droits civils en vertu de l'article 13. Ainsi Merlin (*Questions de droit, Adoption*); Laurent, *Principes*, t. IV, 194; *Droit civil international*,

§ 17. — **De la tutelle des mineurs et des interdits** (1).

59. Tutelle des mineurs; droit anglo-américain; traité franco-suisse de 1869. — 60. Tutelle des interdits, et conseil judiciaire.

59. —La question de savoir si une personne est mineure ou majeure est résolue selon sa loi personnelle (n° 18), ainsi que les questions concernant les effets de la minorité (2).

t. VI, 27; et la jurisprudence est conforme. *Contra*, Demangeat ; Arntz, t. I, 123. Bar, § 103.

Un Français ne pourra pas adopter un autre Français dans le canton de Vaud. Pourra-t-il adopter en Prusse, dans les anciennes provinces? On est tenté de dire oui, moyennant observation de la règle *Locus regit actum ;* cependant la solennité requise aux art. 353 et suivants pourrait faire décider pour la négative. L'affirmative n'est pas douteuse s'il s'agit d'adopter en Belgique.

Question spéciale traitée par M. Lehr, J. D. P., t. IX, p. 291 s. : *De l'effet de l'adoption en droit international au point de vue du taux des droits de succession.*

(1) Savigny, 380. Schœffner, § 44. Bar, §§ 106, 52, 87. Laurent, t. III, 311-315, t. VI, 1-127. Brocher, 106-113. Bard, 172-192. Fiore, 166-181. Westlake, §§ 5-12. Wharton, §§ 259-270.

E. Chavegrin, *De la tutelle des mineurs en droit international privé,* Dalloz périodique, 1883, p. 497 s., p. 573 s.

(2) Arrêt de la haute Cour de la Louisiane, 1827, cité par M. Fiore (168). Il en peut résulter, en pratique, des inconvénients, auxquels on a cherché à obvier par diverses mesures. Mais, comme le dit Ulpien, l. 19 *De R. J.* (50,17) : Qui cum alio contrahit, vel est vel debet esse non ignarus condicionis ejus.

Le principe de la loi personnelle du mineur a été consacré par divers traités internationaux; ainsi par le traité franco-espagnol du 18 mars 1862, et par le traité franco-suisse du 15 juin 1869, dont les articles 10 et 11 sont conçus en ces termes :

Art. 10. — La tutelle des mineurs et interdits français, résidant

C'est encore cette même loi qui gouverne la tutelle, quant à son institution et organisation, à sa durée, aux attributions et à l'administration du tuteur, à la reddition des comptes (1). Le tuteur pourra, en règle générale, agir

en Suisse, sera régie par la loi française, et réciproquement la tutelle des mineurs et interdits suisses, résidant en France, sera régie par la législation de leur canton d'origine. En conséquence, les contestations auxquelles l'établissement de la tutelle et l'administration de leur fortune pourront donner lieu, seront portées devant l'autorité compétente de leur pays d'origine, sans préjudice, toutefois, des lois qui régissent les immeubles et des mesures conservatoires que les juges du lieu de la résidence pourront ordonner.

Art. 11. — Le tribunal français ou suisse, devant lequel sera portée une demande qui, d'après les articles précédents, ne serait pas de sa compétence, devra d'office, et même en l'absence du défendeur, renvoyer les parties devant les juges qui en doivent connaître.

Voir sur cet important traité, qui a donné lieu à de nombreux arrêts, le rapport de M. Alexandre Martin, professeur à Genève, présenté à la Société Suisse des juristes en 1878 (R. D. I., t. X, p. 667-669); l'article du même auteur dans J. D. P., t. VI, p. 117-135; les articles de M. Lehr, *Journal des Tribunaux* de Lausanne, 1878, et J. D. P., t. VI, p. 533; et les deux ouvrages suivants : Ch. Brocher, *Commentaire pratique et théorique du traité franco-suisse, du 15 juin 1869* (Genève, 1879), et E. Curti, *Der Staatsvertrag Zwischen der Schweiz und Frankreich, betreffend Gerichtsstand und Urteilsvollstreckung*. Zurich, 1879.

(1) Pour que l'hypothèque légale du pupille grève les biens du tuteur situés à l'étranger, il faut qu'elle soit reconnue tant par la loi de la tutelle que par la loi de la situation. Bar, § 65, Fœlix, 67; et note de M. Demangeat, qui est moins exigeant.

Un étranger peut-il être tuteur ou membre du conseil de famille d'un regnicole? Cette question, très controversée, doit être résolue affirmativement, mais sous cette réserve que l'intérêt du mineur doit toujours prévaloir. — Paris, 21 août 1879 : La loi civile n'a pas exigé à peine de nullité la qualité de citoyen français, chez le tuteur légal tout au moins... — Cassation française, 16 février 1875 : On ne trouve dans nos lois aucune disposition qui exclue de ces

même à l'étranger, sans avoir besoin d'une autorisation du juge du pays où les biens sont situés (1).

Si l'État étranger auquel appartient le mineur, n'organise pas la tutelle, il incombe aux autorités du lieu de son domicile ou de sa résidence de prendre des mesures de protection au moins provisoires, conformément à la loi territoriale (2).

charges (tutelle et subrogée tutelle) les père et mère ou autres ascendants étrangers. — L'étranger est exclu de la tutelle dative par M. Demolombe. Le tribunal de Namur a jugé dans ce sens, R. D. I., t. VI, p. 278. M. Massé exige la réciprocité, ou que l'étranger soit admis à domicile. M. Arntz admet l'étranger. — Conseil de famille, tribunal de la Seine, 6 juin 1882 (duchesse de Chaulnes contre duchesse de Chevreuse). Cour de Bruxelles, 4 avril 1879. — R. D. I., t. XIII, p. 64-65.

(1) Ceci n'est point reconnu par la jurisprudence anglo-américaine. Westlake, R. D. I., t. XIII, p. 435-436 : « On a émis des doutes au sujet de l'autorité que peut exercer en Angleterre, tant sur la personne que sur les biens, un tuteur ou un curateur nommé à un mineur ou à un aliéné, par une loi ou une justice étrangère. Il est constant que l'existence d'un tel tuteur ou curateur n'empêche pas que la justice anglaise ne soit compétente pour en nommer un autre, ou faire pour une enquête *de novo* sur l'état mental de l'étranger qu'on affirme être aliéné. — Toutefois, quant à la personne, il est établi maintenant que la justice anglaise ne nommera un tuteur à un mineur ou à un aliéné étranger, ayant un tuteur en son domicile, que dans le but de faciliter à ce dernier l'exercice de son autorité, aussi longtemps qu'il ne se rend pas coupable d'abus. Et quant aux biens, on est d'accord pour permettre au tuteur ou curateur du domicile, d'intenter des actions et de donner décharge pour les biens meubles du mineur ou de l'aliéné; toutefois, la justice anglaise se réserve le pouvoir discrétionnaire d'ordonner ou de refuser le payement à un tuteur ou curateur étranger de valeurs mobilières qui tombent sous sa juridiction spéciale, en matière de *trusts* ou d'aliénés. » — Wharton, §§ 265-268. — Comparez Field, 557-558.

(2) Tutelle légale d'un regnicole sur un étranger. Cassation française, 13 janvier 1873 (Ghezzi). Brocher, 108. — E. Lehr, *De la loi*

60. — L'interdiction des majeurs, prononcée pour infir-
mité intellectuelle, la nomination et les attributions du
tuteur et celles du conseil judiciaire sont également régies
par la loi personnelle de l'interdit ou de la personne
pourvue d'un conseil (1).

*qui doit régir la tutelle des mineurs, quand le tuteur légal est de natio-
nalité différente.* R. D. I., t. XVI.

Loi prussienne du 5 juillet 1875, articles 6 et 7. *Annuaire de
législation étrangère*, t. V. — Loi hongroise, 1877, article 64. Même
annuaire, t. VII. — Tribunal de la Seine, 10 avril 1877. J. D. P.,
1878, p. 275.

(1) Voyez nº 59 passim. La Cour de Nîmes, par un arrêt du
28 février 1881, a jugé « qu'il n'est point dans l'esprit de la Convention franco-suisse, du 15 juin 1869, d'avoir voulu exclure de la
réserve qu'elle fait au profit du juge du lieu d'origine, les contestations relatives à la dation d'un conseil judiciaire; qu'en effet la
nomination d'un conseil judiciaire est une dépendance et une dimi-
nution de la tutelle des interdits; que l'une et l'autre demande sont
instruites de la même manière, et le jugement qui ordonne ces
mesures soumis aux mêmes conditions de publicité; que l'article 10
de la Convention internationale de 1869 n'est qu'une application
du principe d'après lequel les tribunaux français sont incompétents pour modifier l'état civil des étrangers et restreindre leur
capacité, comme le sont les tribunaux étrangers pour modifier et
restreindre l'état civil et la capacité des Français, résidant en pays
étranger; que pour cette raison il doit être entendu plutôt *lato
sensu* que limitativement; qu'on ne comprendrait pas pourquoi
l'État, qui s'est réservé la connaissance exclusive des contestations
relatives à l'établissement de la tutelle des interdits et des mineurs,
se serait désintéressé des mesures de protection que réclame le
faible d'esprit; que, dans un cas comme dans l'autre, il s'agit de
la capacité des personnes. » Dalloz, 1882, p. 106.

Section VI. — *Des successions* (1).

§ 18.

61. Trois systèmes différents. — 62. Unité de la succession, sous la loi
personnelle du défunt. — 63. Des successions testamentaires en particulier. — 64. Capacité de disposer. Du changement de nationalité du
testateur après la confection du testament. — 65. Légitime, réserve. —
66. Aperçu de diverses législations.

61. — Quelle loi régit les successions à cause de mort?
Cette question est résolue très diversement, suivant l'idée
que l'on se fait de la nature même du droit de succession.

En droit romain et dans la plupart des législations
modernes, la succession constitue une continuation de la
personnalité économique du défunt. C'est donc la loi

---

(1) Savigny, §§ 375-378. Schæffner, §§ 126-152. Fœlix, 61, 66, 67,
115-117. Bar, §§ 107-114. Laurent, VI, 128-424. Fiore, 379-408, et
appendice (édition Pradier-Fodéré), p. 707 s. Brocher, 126-138,
139-152. Westlake, §§ 54-118, et R. D. I., t. XIII, p. 411-416. Wharton, 548-645. — Antoine, *De la succession légitime et testamentaire en
droit international privé*, avec une préface de M. Ernest Dubois.
Paris, 1876. R. D. I., t. X, p. 279, notice bibliographique de
M. Arntz. — Bertauld, *Questions pratiques et doctrinales du Code
Napoléon*, ch. VII. — Arntz, t. I, 70-73. — Renault, *De la succession
ab intestat des étrangers en France* et des Français à l'étranger.
J. D. P., t. II et III. — Boehm, *Handbuch der internationalen
Nachlassbehandlung*. Augsbourg, 1881. *Centralblatt* de Kirchen-
heim, t. I, p. 124.
La capacité ou l'incapacité de succéder est régie par le statut
personnel du successeur; sauf naturellement l'ordre public : un
condamné, par exemple, qui est civilement mort en son pays, sera
successible en Angleterre ou en France. Laurent, t. VI, 177, qui
cite Blackstone, Savigny, § 377 (p. 313). — *Contra*, Demangeat,

de celui-ci qu'il faut appliquer à la succession, et cela quelle que soit la situation des biens qui en font partie (1). Mais quelle est la loi du défunt? Nous retrouvons ici, naturellement, la controverse dont nous avons parlé plus d'une fois. Pour les auteurs anciens, et encore pour Savigny, c'est la loi de son domicile. Pour la plupart des auteurs italiens, c'est celle de sa patrie (2). C'est aussi la loi de la

Histoire de la condition civile des étrangers en France, p. 375 s. — L'incapacité des religieux qui ont fait vœu de pauvreté, a été déclarée de statut personnel en France par la Cour de cassation. (1808, 1813. Merlin, *Rép.*, v. *Loi*, § VI, n° 6). La jurisprudence anglo-américaine déclare ces religieux successibles. L'indignité est de statut personnel. Laurent, t. VI, 172-183. Wharton, 107.

Rappelons que les étrangers ne peuvent acquérir des immeubles en Angleterre, par hérédité, que depuis 1870, et que les droits d'aubaine et de détraction ne sont abolis entièrement en France qu'en vertu de la loi du 14 juillet 1819.

(1) Cette doctrine, qui était celle de plusieurs Commentateurs, d'Albéric de Rosciate, par exemple, a été professée par divers auteurs anciens, desquels je ne nommerai que Pufendorf et les Bœhmer ; puis par Glück, Eichhorn, Gœschen, Mühlenbruch, Zachariæ (§ 31 des éditions allemandes), Savigny, Waechter, Mittermaier ; elle l'est aujourd'hui aussi par les Italiens. En fait d'auteurs de droit français, il faut citer M. Bertauld, M. Arntz, M. E. Dubois (J. D. P., t. II, p. 48-54), M. Antoine. C'est par erreur que l'on cite Cujas. — *De lege ferenda*, Laurent, *Principes*, t. I, 108-111. — Jugement du Havre, 28 août 1872. J. D. P., t. I., p. 182. — Tribunal suprême de Madrid, 6 juin 1873. J. D. P., t. I, p. 40.

Il y a lieu de statuer une exception à l'égard des biens qui ont une qualité spéciale : biens féodaux, stemmatiques, etc. Savigny, § 376. Bar, dans l'*Encyclopédie*, p. 708.

(2) Fiore, 394. — M. Mancini, dans son rapport à l'Institut de droit international, session de Genève, 1874 : « Dans les successions à l'universalité d'un patrimoine, c'est à la loi nationale de déterminer les *personnes successibles*, la mesure de la quotité disponible et de la réserve, et les conditions requises pour la *validité intrinsèque des dispositions de dernière volonté.* »

patrie qu'applique le droit autrichien lorsque le défunt était Autrichien, et le Code badois lorsque c'est un étranger décédé sur territoire badois (1).

Au système romain de la *successio in universum jus defuncti*, on pourrait opposer un système d'après lequel la succession ne serait que la transmission des biens du *De cujus* à l'héritier, celui-ci n'étant pas tenu des dettes. Il ne serait pas question ici d'une continuation de la personnalité du défunt, comme propriétaire, créancier, débiteur; il y aurait simplement acquisition de droits sur les objets délaissés par lui. Nous ne sachions pas que ce système soit consacré par aucune des législations actuelles des États civilisés; il n'est possible que dans un état social inférieur. Mais ce n'est qu'en la rattachant à un tel système, que l'on peut expliquer la doctrine qui soumet à la *lex rei sitæ* chacun des éléments divers de la succession (2).

Entre ces deux extrêmes se place une doctrine mixte, d'après laquelle l'application de la loi du défunt est limitée aux meubles, tandis que les immeubles sont transmis conformément aux lois de leur situation (3).

Le Code autrichien consacre expressément cette doctrine pour les successions d'étrangers; de même le droit

---

(1) Code civil autrichien, § 300, et décret impérial du 22 juillet 1812.

(2) Savigny, § 376. Demangeat, sur Fœlix, I, 66. Bar, p. 376.

(3) Cette doctrine se rattache, selon M. de Bar (p. 377), à l'ancien principe germanique en vertu duquel les dettes du défunt ne grèvent de plein droit que ses meubles, une convention expresse devant intervenir pour que les immeubles soient grevés. Nous admettons que ce principe a influé, jadis, sur l'opinion des juristes,

français (1). L'article 7 du Code néerlandais énonce le principe relatif aux immeubles dans les termes les plus généraux ; comme il n'existe pas de disposition particulière pour les successions ouvertes à l'étranger, on en doit conclure qu'en ce qui concerne les immeubles sis aux Pays-Bas ces successions sont régies par la loi néerlandaise.

En appliquant la règle ci-dessus aux divers pays où se trouvent les immeubles de la succession, on arrive à diviser celle-ci en autant de patrimoines qu'il y a de pays ou de législations territoriales : *quot sunt bona diversis territoriis obnoxia, totidem patrimonia intelliguntur.*

Tel est le système qui prévaut dans la plupart des pays (2).

notamment des juristes allemands. Nous pensons, cependant, que si, aujourd'hui encore, la jurisprudence de la plupart des pays distingue, en matière successorale, entre meubles et immeubles, c'est plutôt une conséquence de la doctrine générale en vertu de laquelle les immeubles sont gouvernés par la loi de la situation.

Exemple, arrêt de Paris, 12 mai 1874 : Aux termes de l'article 3 du Code civil, les immeubles possédés en France par des nationaux, ou par des étrangers, sont régis par la loi française. Cette disposition, commandée par le droit politique, s'oppose à ce que, dans quelque cas que ce soit, la transmission des immeubles faisant partie du territoire national soit réglée autrement que par la loi française. Aucun traité diplomatique ne modifie au profit de sujets d'une puissance étrangère cette disposition essentielle de notre droit civil.

(1) La jurisprudence française tend à appliquer à la succession mobilière, la loi personnelle du défunt, qui est pour elle la loi du domicile. J. D. P., t. I, p. 79, 123 ; II, 357.

(2) Telle est en particulier, conformément au principe de la succession admis par le Common Law, la doctrine absolument consacrée par le droit anglo-américain. — Westlake, § 158 : English real estate descends on intestacy according to English law,

62. — Néanmoins, et malgré le respect que doit inspirer la longue série d'auteurs que l'on cite à l'appui de ce système (1), nous préférons, comme *lex ferenda*, celui de l'unité de la succession, laquelle doit être, en tout et dans tous les sens, régie par la loi personnelle du *De cujus*.

On a vu comment ce système se justifie en théorie. Il permet, en outre, d'éviter les difficultés et les contradictions qu'engendre nécessairement la multiplicité des patrimoines. En effet, la division de la succession selon les territoires donne lieu à des conflits souvent insolubles, surtout au point de vue des dettes laissées par le *De cujus*.

On invoque encore, en faveur de l'unité de la succession sous la loi personnelle du défunt, un autre argument,

whatever may have been the personal law of the intestate. §§ 168-169.

Code civil, art. 3 : Les immeubles, même ceux possédés par des étrangers, sont régis par la loi française. Loi autrichienne du 9 août 1854.

Bynkershoek dit : « Immobilia autem deferri ex jure quod obtinet in loco rei sitæ, adeo recepta hodie sententia est ut nemo ausit contra hiscere. » (*Quæstiones juris privati*, I, 16.)

(1) Fœlix, 61, 62, 66, et note de M. Demangeat. Schaeffner, §§ 126 s. (Discussion consciencieuse.) Citons encore en fait d'auteurs : D'Argentré, Bourgoingne, Rodenburgh, P. Voet, Bynkershoek, Huber, Mevius, Hert, Leyser, Lauterbach, Thibaut, Rocco, les Anglais et Américains. C'était le système généralement admis par les anciens auteurs du droit coutumier. Presque tous les jurisconsultes français estiment que c'est encore celui du Code. Entre autres Aubry et Rau, § 31 (contrairement à Zachariæ): « Le territoire forme la base matérielle de l'État, dont l'existence se trouve ainsi intimement liée au sort des immeubles. » Demangeat, *Condition des étrangers*, p. 337 : « Toute loi de succession est une loi politique... » — *Supra*, n° 41. La jurisprudence française est à peu près constante dans ce sens. Demangeat sur Fœlix, 66. Barde, p. 107-109. Laurent, t. II, 116-118 ; VI, 130-134.

lequel cependant nous paraît offrir quelque danger. On
dit que celui qui meurt intestat, a *voulu* que la transmission de ses biens fût réglée par sa loi personnelle, à laquelle
on *suppose* qu'il a dû songer; or, la volonté du défunt doit
être respectée. Voici le danger que présente ce raisonnement : on en pourrait inférer que la présomption dont il
s'agit disparaîtra s'il est établi qu'en réalité l'intestat a
voulu soumettre sa succession à une loi différente. Il n'y
aurait plus ainsi de règle précise dans les successions *ab*
intestat internationales, et l'on en viendrait, par une voie
détournée, à reconnaître l'existence de dernières volontés
sans acte de dernière volonté, ce qui est évidemment
inadmissible (1).

63. — Notre doctrine, vraie pour les successions légitimes, doit l'être également pour les successions testa-

(1) Savigny, § 376. Schœffner, § 130. Bar, *Encyclopédie*, p. 707.
On peut ajouter, si l'on se place au point de vue de l'école italienne, que ce raisonnement est en contradiction avec la raison
principale que cette école invoque en faveur de la loi nationale du
défunt. L'école italienne considère les successions légitimes comme
dépendant du droit de famille, et conclut de là qu'elles doivent être
régies par la loi du pays auquel la famille appartient. « Si tout
dépend, dit M. Fiore (394), de la vie et du droit de la famille,
quelle est la loi qui doit régler la succession, sinon celle sous
laquelle la famille même vit civilement? A quel titre voudra-t-on
appliquer la loi espagnole pour régler la succession d'une famille
italienne domiciliée en Espagne, tandis qu'on présume que, pour
ne pas avoir renoncé à sa patrie primitive, cette famille a conservé
les habitudes, les traditions, les tendances, la vie intime de nos
nationaux? Nous concluons donc que la succession doit être régie
par la loi nationale de la personne dont l'hérédité est en question,
en quelque pays que se trouvent les biens et de quelque nature
qu'ils soient. »

mentaires. La loi du *De cujus* gouvernera donc les dispositions de dernière volonté qui sont destinées à remplacer en tout ou en partie les règles légales, quant à la substance de ces dispositions, à leur valeur intrinsèque (1).

En ce qui concerne leur forme, il y a lieu d'appliquer la règle *Locus regit actum ;* sauf les exceptions que la loi peut statuer (2).

La loi du *De cujus* est celle du pays dont il était citoyen au moment de sa mort, puisque c'est seulement par la

(1) Ceci *de lege ferenda*, mais la *lex lata* est contraire dans la plupart des pays. (n° 66). Tribunal suprême de Madrid, 6 juin 1873, J. D. P., t. I, p. 40. — La jurisprudence française, comme la grande majorité des auteurs, est pour la réalité. Cassation française, 14 mars 1837 (Sirey, 37, 1, 195). Cour d'Alger, 20 février 1875. J. D. P., t. II, p. 275, 342.

(2) Bar, § 109. — La règle étant facultative (n° 30), le testament fait à l'étranger selon les formes usitées dans le pays du testateur est valable. Mais ce testament pourrait être annulé par un changement de nationalité, ce qui ne sera généralement pas le cas du testament fait conformément à la règle *Locus regit actum*.

Il se peut que la loi prescrive des formes particulières pour le testament fait à l'étranger ; ainsi le Code civil des Pays-Bas, art. 992.

Le droit américain exige que le testament soit valable, quant à la forme, selon la loi du dernier domicile. Wharton, 585. De même en Angleterre, selon le *Common Law*. Mais la loi dite *Lord Kingsdown's Act* a modifié ce principe dans un sens très libéral (statut 24-25 Victoria, c. 114). Il suffit, en vertu de cet acte, que le testament soit valide, ou d'après la loi du dernier domicile, ou d'après celle du domicile que le testateur avait au moment de la confection du testament. Si le testament d'un sujet britannique a été fait dans le Royaume-Uni, la forme de la *lex loci actus* est admise ; si le testament a été fait hors du royaume, on admet, soit la forme de la *lex loci actus*, soit celle de la loi de n'importe quel pays soumis à la couronne britannique dans lequel le testateur avait son domicile d'origine. Westlake, §§ 81-82. R. D. I., t. XIII, p. 443.

mort que le testament acquiert force juridique : *ambula-
toria voluntas usque ad extremum.*

64. — La loi nationale du testateur doit gouverner
aussi sa capacité de disposer (1).

Comment appréciera-t-on cette capacité si le testateur
a changé de nationalité après la confection du testament?

Il doit avoir été capable, à la fois selon la loi de sa première patrie, et selon celle de la nouvelle.

Si donc il était incapable au moment de la confection
de son testament, en vertu de sa loi d'alors, et qu'il soit
devenu capable ensuite, en vertu de sa loi nouvelle, son
testament ne saurait acquérir *ex post* la force qui lui a
manqué dès le principe. Et inversement, si la personne
qui meurt incapable d'après la loi de sa patrie actuelle, a
fait jadis, sous la loi de sa première patrie, un testament
valable selon cette loi, ce testament n'en est pas moins
nul à cause de l'incapacité au temps de la mort; en effet,

(1) Savigny, § 377. Bar, § 108. Laurent, t. VI, 138 s., 184-202.
Parmi les auteurs anciens, Du Moulin et Boubier tenaient pour la
personnalité ; la plupart, Bartole, Bourgoingne, P. Voet, Huber,
Hert, Rodenburgh, pour la réalité. Ceci n'a trait qu'à la capacité
de disposer des immeubles : quant aux meubles, tous sont d'accord
sur la personnalité.
Rappelons ici que ce que nous disons de la patrie du *De cujus*
s'applique, chez la plupart des auteurs, au domicile.
La loi qui régit le testament déterminera aussi, en général, la
validité des pactes successoires. Cependant, vu le caractère bilatéral de ces actes, le changement de nationalité sera sans influence. Savigny, §§ 377, 395.
Pour le *Lord Kingsdown's Act*, voyez la note qui précède. La
jurisprudence des États-Unis tend à s'y conformer. Wharton, 586.

le testament n'obtient force juridique que par la mort du testateur : il faut donc que celui-ci meure capable.

Beaucoup d'auteurs pensent que la capacité de disposer du testateur étranger est régie, quant aux immeubles, par la loi de leur situation (1). Ils distinguent la capacité de faire un acte de dernière volonté de la capacité générale d'agir ; tandis que celle-ci appartient au statut personnel et que les restrictions en sont dictées par l'intérêt même de la personne en question, la capacité de disposer par testament serait limitée dans l'intérêt des héritiers légitimes et appartiendrait ainsi à un ordre d'idées différent, à la théorie du droit de succession. Il nous semble que cette séparation des deux capacités est arbitraire. Sans doute, la nullité du testament de l'incapable profite aux héritiers légitimes. Mais les lois dont elle découle n'en ont pas moins le même but que toutes les autres lois qui limitent ou suppriment la capacité : elles refusent l'effet légal aux actes faits par des personnes qui sont considérées comme hors d'état d'en comprendre suffisamment la nature et la portée. La déclaration de volonté qui émane de ces personnes n'offre pas les garanties jugées nécessaires pour qu'elle ait son effet légal. Nous estimons

(1) Voyez la note qui précède. — Cette doctrine paraît logique dans les pays et chez les auteurs qui soumettent les successions immobilières à la *lex rei sitæ*, particulièrement en Angleterre et en Amérique, et aussi d'après le droit traditionnel français. M. de Bar, § 108 et *Encyclopédie*, p. 708-709, accuse d'inconséquence quelques auteurs qui, tout en admettant la *lex rei sitæ* pour les successions immobilières, font dépendre d'une manière générale la capacité de disposer de la loi du domicile du testateur. Ainsi déjà Balde; Boullenois (titre II, ch. 3, observation 23, règle 1, et ch. 5, observation 28, première question); Fœlix, 88.

donc que les motifs sur lesquels se fonde la règle du statut
personnel, justifient également l'application générale de
la loi du *De cujus* à sa capacité de disposer, même quant
aux immeubles situés en pays étranger. — On invoque
encore, en faveur de la distinction des deux capacités, un
autre argument qui ne nous paraît pas plus concluant. Si
le droit de disposer dépendait d'une autre loi que la succession *ab intestat*, il pourrait, dit-on, y avoir simultanément
succession testamentaire et succession légitime à l'égard
d'une même chose, « car la succession légitime a lieu
lorsqu'elle n'est pas exclue et elle ne peut être exclue
qu'en vertu des lois qui la régissent en général (1). » La
première de ces propositions est incontestable, mais il
nous semble que la seconde n'est pas vraie. La succession
ab intestat est exclue par l'existence d'un testament
valable, et si l'on admet, comme nous, qu'en ce qui concerne la capacité de disposer, le testament est régi par la
loi personnelle du testateur, la difficulté signalée ne se
présentera pas, puisque c'est cette même loi qui gouverne la succession *ab intestat*.

65. — C'est encore la loi personnelle du testateur qui
devra déterminer la légitime, tant au point de vue de son
existence qu'au point de vue de son montant. En effet, la

---

(1) Bar, § 108, p. 392. Dans l'*Encyclopédie*, p. 709, M. de Bar
maintient la distinction de la capacité générale et de la capacité de
disposer par testament. Il rappelle, en particulier, que cette distinction est reconnue par le droit positif de divers pays et par le
droit romain, droit commun de l'Allemagne. Rivier, *Traité élémentaire des successions à cause de mort en droit romain*, § 14.

légitime n'est autre chose qu'une portion du patrimoine de laquelle le défunt n'a pu disposer (1).

Mais il est clair que dans les pays où les immeubles dépendant d'une succession étrangère sont soumis par le droit positif à la loi de la situation, de manière à former un patrimoine particulier (n° 61), ce principe s'applique à la succession testamentaire et à la légitime comme à la succession *ab intestat* (2).

66. — Nous l'avons dit, c'est là le système en vigueur, actuellement, dans la plupart des États (3).

L'unité de la succession, sans égard à la situation des immeubles, est reconnue par le Code saxon (§ 17), selon lequel la loi personnelle du défunt est celle de son dernier domicile, et par le Code italien ; l'article 8 des *Dispositions sur la publication* est conçu en ces termes : « Les successions légitimes et testamentaires, — soit quant à l'ordre de succession, soit quant à l'étendue des droits successoraux et la validité intrinsèque des dispositions, sont régies par la loi nationale du *De cujus*, quelle que soit la nature des biens et quel que soit le pays où ils se trouvent » (4).

(1) Savigny, § 377.

(2) Ainsi, à la réserve dans les pays de Code Napoléon. Brocher, 115 : « La fixation d'une réserve légale... rentre, bien certainement, en droit français positif, dans le statut réel. »

(3) *Supra,* n⁰ˢ 61, 63. Selon Savigny, § 378, le Code prussien n'est point incompatible avec la doctrine de l'unité. — Voyez aussi le jugement du tribunal suprême de Madrid du 6 juin 1873. J. D. P., t. I, p. 40-44.

(4) Le successioni legittime e testamentarie, sia quanto all'ordine di succedere, sia circa la misura dei diritti successorii, e la intrin-

Il est clair que ce principe ne pourra être appliqué que s'il est également en vigueur dans les divers pays où se trouvent des immeubles de la succession. Supposons une succession italienne, qui a des immeubles dans un pays où règne la loi de la situation : c'est bien certainement cette loi qu'appliquera le juge de ce pays, et non la loi italienne. Et si un juge italien prononçait en sens contraire, son jugement ne serait pas exécuté pour les immeubles sis à l'étranger.

Nous voici donc en présence d'un de ces principes qui ne pourront être fixés et consacrés d'une manière efficace qu'au moyen de traités internationaux ou de lois concordantes.

seca validità delle disposizioni, sono regolate dalla legge nazionale della persona, della cui eredità si tratta, di qualunque natura siano i beni ed in qualunque paese si trovano. Cassation, Turin, 17 juin 1874. J. D. P., t. II, p. 48 s.

CHAPITRE II

—

CONFLIT DES LOIS

DE

PROCÉDURE CIVILE

CHAPITRE II

—

CONFLIT DES LOIS

DE

PROCÉDURE CIVILE

§ 19. — De la compétence (1).

67. La compétence *ratione loci* est déterminée par la loi du *for*. Application des traités internationaux. — 68. Influence de la situation et de la nationalité. — 69. Concours de compétences. Absence de compétence. — 70. Des contestations entre étrangers. — 71. Desideratum relatif à un futur règlement international des principes de la compétence.

67. — Les lois de compétence déterminent, soit la

(1) Fœlix, 125, 126, 128-130 (étranger demandeur), 146-166 (contestations entre étrangers), 167-208 (étranger demandeur), 209-219 (exterritorialité). — Bar, §§ 117-122; *Encyclopédie*, p. 710-715. Massé, t. I, 647-711. Bard, 213-233. Laurent, t. IV, 1-71. Lomonaco, ch. VIII. Wharton, 704-721, 732 et s. Aubry et Rau, §§ 747 *bis*, 748 *bis*.

Monographies : H. Rolin, *Dissertatio de jurisdictione judicum nostrorum in extraneos*. Gand, 1827. — Bonfils, *De la compétence des tribunaux français à l'égard des étrangers en matière civile, commerciale et criminelle*. Paris, 1865. — Gerbaut, *De la compétence des tribunaux français à l'égard des étrangers (Droit civil et commercial)*. Paris, 1883. — Melchers, *De Toestand van den Vreemdeling in het Burgerlijk proces*. Leyde, 1879. — Voyez en outre les ouvrages généraux sur la condition des étrangers, ci-dessus, § 7.

sphère d'action des divers ordres ou classes de juges dans l'intérieur de chaque État (organisation judiciaire), soit le ressort territorial des juges de même classe en des lieux différents. Dans le premier cas on parle de compétence *ratione materiæ*, dans le second de compétence *ratione loci*.

L'organisation judiciaire appartenant au droit public interne, la compétence *ratione materiæ* est étrangère au droit international. Il ne sera donc question, dans ce qui suit, que de la compétence *ratione loci*.

C'est une règle adoptée généralement que cette compétence est déterminée exclusivement par la loi du lieu où la demande est formée, *lex fori*, loi du *for* (1). Il se peut qu'en vertu de cette loi même, la nationalité des parties ou la situation de la chose au sujet de laquelle il y a procès influent sur la compétence ; il est évident que ceci ne constitue point une dérogation à la règle.

Nous entendons par loi du *for* l'ensemble des règles qui ont force de loi dans le pays du juge : ainsi non seu-

___

(1) Cette règle est posée par l'unanimité des auteurs.

« On ne trouve pas d'exemple, dit Fœlix, qu'une nation ait accordé un effet quelconque dans son territoire aux lois étrangères concernant la compétence des autorités et la forme de procéder devant elles. » — « Par application de cette maxime, continue Fœlix, 126, il faut juger suivant les lois de chaque nation, si une cause doit être portée devant la juridiction ordinaire ou devant une juridiction exceptionnelle ; en Angleterre et aux États-Unis, si elle appartient à la juridiction du droit commun ou à celle de l'équité ; dans les pays allemands, s'il y a lieu de la suivre, soit devant les juges du domicile du défendeur (*forum rei*), soit au *forum contractus, administrationis, arresti, rei sitæ*, etc. En France, la règle générale est que l'action doit être portée devant le tribunal du domicile du défendeur.... »

lement les lois, mais aussi les traités internationaux faits dans la forme prescrite par la constitution, lesquels doivent être appliqués par le juge au même titre que les lois nationales (1).

(1) Les gouvernements sont-ils obligés et autorisés à veiller à ce que le juge fasse une application correcte des traités internationaux ? Si le gouvernement d'un pays n'a pas le droit de s'immiscer administrativement dans l'application des lois, il n'a pas davantage ce droit à l'égard des traités ayant force de loi. Il n'y a pas lieu d'invoquer à ce propos les devoirs mutuels des États. En effet, le but des traités est de modifier, en vue de cas déterminés, certaines parties du droit privé; ce but est atteint dès que le gouvernement a fait ce qui lui incombe pour donner force obligatoire au traité conclu comme le veut la constitution, au moyen des formalités requises (publication, etc.). Si néanmoins le juge n'applique pas le traité, ou s'il l'applique mal, aucun reproche ne doit être adressé au gouvernement à ce sujet, pas plus qu'au sujet d'une inobservation de la loi.

L'Institut de droit international a discuté cette question en 1875, à la Haye, sur le rapport de M. Asser. MM. Mountague Bernard, Bluntschli, Brocher, Bulmerincq, Martens, de Parieu, Pierantoni, Westlake et sir Travers Twiss ont pris part à la discussion, laquelle a abouti à l'adoption de la résolution suivante :

« Les règles de droit international privé qui entreront dans les lois d'un pays par suite d'un traité international, seront appliquées par les tribunaux, sans qu'il y ait une obligation internationale de la part des gouvernements de veiller à cette application par voie administrative. »

Compte rendu de la discussion, A. D. I., t. I, p.80-84.

Nous dirons encore, et pour les mêmes motifs, que s'il était interdit au juge de se déclarer d'office incompétent *ratione personæ*, il ne pourrait pas davantage le faire alors que son incompétence découlerait de règles établies par traité. Cependant, le principe contraire a été consacré par le traité franco-suisse sur la compétence judiciaire et l'exécution des jugements en matière civile, du 15 juin 1869 ; en vertu de l'article 11 de ce traité, le tribunal suisse ou français devant lequel sera portée une demande qui, d'après les règles fixées par le traité n'est pas de sa compétence, devra d'office,

68. — L'influence de la nationalité et de la situation se fait sentir principalement sous deux rapports.

En premier lieu, lorsque le procès concerne la propriété

et même en l'absence du défendeur, renvoyer les parties devant les juges compétents. R. D. I., t. I, p. 476. Brocher, *Commentaire*, p. 92-97.

Des conventions internationales, qui se multiplient et se multiplieront de plus en plus, dispensent les étrangers, dans une mesure plus ou moins complète, de la caution *judicatum solvi;* stipulent que « les sujets respectifs des puissances contractantes auront un libre et facile accès auprès des tribunaux pour la poursuite et la défense de leurs droits », et « qu'ils jouiront sous ce rapport des mêmes droits et privilèges que les nationaux ; » leur assurent enfin le bénéfice de l'assistance judiciaire. Nous indiquerons les principales, surtout concernant la France, dans les *Tables.* La plus importante et la plus complète est la convention franco-suisse, déjà citée, du 15 juin 1869, *sur la compétence judiciaire et l'exécution des jugements en matière civile* (ci-dessus, p. 129), dont voici les articles concernant la présente matière :

1° *Compétence et action en justice.*

Art. 1er. Dans les contestations en matière mobilière et personnelle, civile ou de commerce, qui s'élèveront soit entre Français et Suisses, soit entre Suisses et Français, le demandeur sera tenu de poursuivre son action devant les juges naturels du défendeur. Il en sera de même pour les actions en garantie, quel que soit le tribunal où la demande originaire sera pendante. Si le Français ou le Suisse défendeur n'a point de domicile ou de résidence connus en France ou en Suisse, il pourra être cité devant le tribunal du domicile du demandeur.

Si néanmoins l'action a pour objet l'exécution d'un contrat consenti par le défendeur dans un lieu situé soit en France, soit en Suisse, hors du ressort desdits juges naturels, elle pourra être portée devant le juge du lieu où le contrat a été passé, si les parties y résident au moment où le procès sera engagé.

Art. 2. — Dans les contestations entre Suisses qui seraient tous domiciliés ou auraient un établissement commercial en France, et dans celles entre Français, tous domiciliés ou ayant un établissement commercial en Suisse, le demandeur pourra aussi saisir le tribunal du domicile ou du lieu de l'établissement du défendeur,

ou un droit réel. Le *for* compétent est alors le *forum rei sitæ*, soit généralement, soit seulement pour les immeubles. Si donc la chose est située hors du pays du juge, celui-ci est incompétent.

En second lieu : lorsqu'un étranger est défendeur, la plupart des législations, dérogeant à la règle *Actor sequitur forum rei*, permettent, dans certaines circon-

sans que les juges puissent refuser de juger et se déclarer incompétents à raison de l'extranéité des parties contestantes. Il en sera de même si un Suisse poursuit un étranger, domicilié ou résidant en France, devant un tribunal français et réciproquement si un Français poursuit en Suisse un étranger, domicilié ou résidant en Suisse, devant un tribunal suisse.

Art. 4. — En matière réelle ou immobilière, l'action sera suivie devant le tribunal du lieu de la situation des immeubles. Il en sera de même dans le cas où il s'agira d'une action personnelle concernant la propriété ou la jouissance d'un immeuble.

L'article 11 a été transcrit ci-dessus, p. 129.

Art. 13. — Il ne sera exigé des Français qui auraient à poursuivre une action en Suisse aucun droit, caution ou dépôt auxquels ne seraient pas soumis, conformément aux lois du canton où l'action est intentée, les ressortissants suisses des autres cantons : réciproquement il ne sera exigé des Suisses qui auraient à poursuivre une action en France aucun droit, caution ou dépôt auxquels ne serait pas soumis un Français d'après les lois françaises.

Art. 14. — Les Français en Suisse et les Suisses en France jouiront du bénéfice de l'assistance judiciaire, en se conformant aux lois du pays dans lequel l'assistance sera réclamée.

Application aux demandes en séparation de corps : Arrêt de la chambre des requêtes de la Cour de cassation, rapporteur M. Demangeat, du 1er juillet 1878 (affaire Benveguen). J. D. P., t. V, p. 450-453 (article de M. Demangeat); comparez même recueil, même tome, p. 247 (article de M. Lehr).

Interprétation de l'article 1. Conseil fédéral, 9 décembre 1874, J. D. P., t. II, p. 75.

Interprétation de l'article 2. Tribunal civil de Genève, 27 décembre 1878 et 15 mars 1879, J. D. P., t. VII, p. 399 et s.

Cour de justice civile de Genève, 26 avril 1880.

stances qui varient d'un État à l'autre, d'assigner l'étranger devant les tribunaux du pays, même s'il n'y réside pas (1).

Mais ce n'en est pas moins la loi du *for* qui détermine, dans l'un et l'autre cas, la compétence du juge.

69.— Malgré le parfait accord qui règne sur le principe même de la loi du *for*, de graves difficultés peuvent naître de la diversité des législations au sujet de la compétence.

(1) Cette exception, limitée dans la plupart des législations à quelques cas particuliers, est établie dans les termes les plus généraux par l'article 14 du Code Napoléon (art. 127 du Code de procédure hollandais), que l'on considère souvent comme contraire au droit des gens (Heffter, § 60) et qui a provoqué des mesures de rétorsion. Fœlix, 169-188. L'article 14 a été abrogé dans les pays allemands qui ont le Code Napoléon, et en Belgique il a été modifié par la loi du 25 mars 1876, contenant le titre premier du Livre préliminaire du Code de procédure civile. La disposition de l'article 14 est d'ailleurs conforme à l'ancien droit de France et de Belgique. — Defacqz, *Ancien droit belgique*, t. I, p. 237. Massé, 677-702.

L'article 15, reproduit par les divers codes qui ont pris le Code Napoléon pour modèle, consacre en termes exprès un principe reconnu dans tous les pays civilisés. La caution exigée de l'étranger demandeur (art. 16) est aussi de droit quasi-universel, avec de nombreuses divergences. Fœlix, 131. Ci-dessus, p. 150, note.

La faculté de l'étranger d'ester en justice doit être considérée comme étant de droit commun; de nombreux traités internationaux la consacrent expressément en faveur des sujets des États contractants; divers traités ou lois l'accordent aux personnes civiles étrangères (sociétés anonymes : traité franco-anglais de 1862, loi française du 30 mai 1857, etc.).

L'article 51 du Code de procédure allemand porte : Une personne est capable d'ester en justice autant qu'elle peut s'obliger par des conventions. L'article 53 ajoute : Un étranger qui, d'après la loi de son pays, ne possède pas la qualité d'ester en justice, est censé l'avoir pour le cas où, d'après la loi du tribunal saisi du procès, il jouirait de cette qualité.

Il arrive fréquemment que les tribunaux de deux ou plusieurs pays sont, chacun en vertu de sa loi, compétents pour un seul et même procès. On aura recours alors, pour parer aux inconvénients qui en peuvent résulter, aux mêmes moyens que lorsqu'il y a plusieurs tribunaux compétents dans le même pays, aux exceptions de litispendance et autres (1). La loi peut conférer ces moyens d'une manière expresse, et la difficulté se trouve ainsi écartée, au moins partiellement.

Il peut arriver aussi, bien que ce cas se présente rarement, qu'en suite de la diversité des législations sur la compétence, aucun juge ne soit compétent. Tel sera le cas, par exemple, pour une action réelle concernant une chose mobilière qui se trouve en un pays dont la loi n'admet la compétence du juge de la situation qu'en matière d'immeubles, tandis que la loi du domicile de la personne qu'on veut actionner ne reconnaît, pour les meubles comme pour les immeubles, qu'une compétence unique, savoir celle du juge de la situation. Les juges devront, l'un et l'autre, se déclarer incompétents.

On voit combien il est désirable, en cette matière surtout, que l'on adopte, dans les divers pays, des règles concordantes. La compétence ne doit pas dépendre de théories arbitraires, mais de la nature même des procès et des circonstances locales concernant les parties liti-

(1) Bar, § 122. Fœlix, 181-184. Arrêts français reconnaissant la litispendance à l'étranger comme impliquant renonciation de la part du Français au bénéfice de l'article 14 du Code civil : Cassation, 15 novembre 1827, 14 février 1837, 24 février 1846. Note de M. Demangeat sur Fœlix, 183.

gantes et les choses qui font l'objet de la contestation. Il ne serait pas difficile, croyons-nous, de déterminer, pour chaque procès, quel en est le juge naturel, et d'arriver sur ce point à un accord international.

70. — Nombre d'auteurs considèrent la nationalité des parties comme l'un des fondements naturels de la compétence judiciaire, en ce sens que, d'après eux, l'une au moins des parties doit appartenir au pays du juge, et que celui-ci est incompétent si les deux parties sont étrangères. Les partisans de cette opinion, que la jurisprudence française a sanctionnée (1), pensent que

(1) Sur les contestations entre étrangers : Fœlix, 146-166. Massé, I, 650-672. Zachariæ (Aubry et Rau), § 748 *bis*. Demolombe, I, 261. Laurent, t. IV, 20-61, et *Principes du droit civil*, t. I, 440-444. Bar, § 118. Généralement, dans la majeure partie de l'Europe, tout étranger a le droit d'obtenir justice contre un autre étranger; on peut dire que c'est un principe du droit des gens. « Les différends qui peuvent s'élever entre les étrangers, ou entre un étranger et un citoyen, doivent être terminés par le juge du lieu, et suivant les lois du lieu. » Vattel, *Droit des gens*, livre II, § 103. Heffter, *Droit des gens*, § 60. — Ce principe n'est pas contesté en Allemagne, non plus qu'en Angleterre et aux États-Unis (Wharton, 705); il est admis par les auteurs modernes de l'Italie (Lomonaco, ch. VIII, § 3), et la Cour de cassation de Florence s'est prononcée dans ce sens (21 novembre 1870), ainsi que la Cour d'appel de Lucques (11 déc. 1872). De même aux Pays-Bas, arrêt de la Haute Cour, 12 avril 1861. J. D. P., t. II, p. 318. Esperson, J. D. P., t. X, p. 272. Norsa, R. D. I., t. IV, p. 261 ; VIII, p. 655. En France, le principe contraire à prévalu. « La jurisprudence des tribunaux français n'accorde ce droit (d'obtenir justice contre un étranger) au demandeur étranger qu'autant que, soit lui-même, soit le défendeur, aura acquis un domicile en France. » « Cette jurisprudence, » ajoute Fœlix, « nous semble contraire au droit des gens européen. — « Il est de jurisprudence, » dit M. Demangeat, « qu'en principe les tribunaux français ne sont pas tenus de statuer sur les différends qui peuvent s'élever entre étrangers. Mais ce

l'autorité judiciaire n'est point appelée à agir dans l'intérêt exclusif d'étrangers; ils disent qu'en pareil cas le juge doit d'office se déclarer incompétent. Mais ils sont bien forcés, tout en proclamant ce principe, d'y

principe comporte plusieurs exceptions. Déjà, sous l'empire des ordonnances de 1673 et de 1681, on ne l'appliquait pas en matière commerciale; et, lors de la discussion du Code civil, il a été bien entendu que cet ancien état de choses devait être maintenu. » (Arrêt de Bordeaux, 1775.) Arrêt de Paris, 1732; Douai, 1782, 1785. En fait d'arrêts importants on peut citer : Cour de cassation, du 22 janvier 1806; Cour de Colmar, du 30 décembre 1815; Cour de Paris, 23 juin 1836 ; Cassation, 24 avril 1827 et 2 avril 1833; Paris, 12 juillet 1870.

Plusieurs monographies sont consacrées à ce sujet. Bertauld, au t. 1er de ses *Questions pratiques et doctrinales.* — Féraud-Giraud, *De la compétence des tribunaux français pour connaître les contestations entre étrangers*, J. D. P., t. VII, p. 137-173. — Glasson. *De la compétence des tribunaux français entre étrangers*, J. D. P., t. VIII, p. 105-133, et *France judiciaire*, 1881. — Demangeat, J. D. P., t. IV, p. 109-113, t. IX, p. 288-291 (matière commerciale). — La jurisprudence française a été défendue par Portalis, dans le rapport qu'il a présenté sur l'ouvrage de Rocco, à l'Académie des sciences morales et politiques (1842). — D'autre part, nous lisons ceci, J. D. P., t. II, p. 357, à propos de jugements en séparation de corps, rendus en France entre étrangers (Marseille, 15 février 1873 ; Aix, 3 juillet 1873; Rouen, 12 mai 1874) :

« L'ancienne conception que la justice est exclusivement constituée pour les nationaux, fait place peu à peu à l'idée nouvelle proclamée par le droit international moderne, que la justice est un devoir supérieur qui s'impose aux nations civilisées envers tous ceux qui l'implorent, nationaux ou étrangers. »

La jurisprudence belge, après avoir suivi la française (Fœlix, 151), s'en est séparée (arrêts de Bruxelles, du 20 juillet 1835, du 28 avril 1858, du 2 décembre 1862, du 28 mai 1867), puis a paru y revenir (Bruxelles, 26 juin et 14 novembre 1871). La loi du 25 mars 1876, (art. 52-54), met en principe l'étranger sur la même ligne que le Belge; soit comme demandeur, soit comme défendeur. Laurent, t. IV, 6, et J. D. P., t. IV, p. 496-511. Arntz, t. I, 121.

statuer des exceptions de divers genres, et quelques-uns en admettent tant, que le principe même en est anéanti. On reconnaît, en effet, que le juge est compétent entre deux étrangers lorsqu'ils sont domiciliés dans le pays, ou lorsqu'ils y résident de fait, ou s'il s'agit d'obligations contractées dans le pays par des actes de commerce, ou en suite de la situation de la chose touchant laquelle il y a contestation, ou en vertu d'autres circonstances encore (1). La différence entre étrangers et nationaux disparaît ainsi par le fait, sauf le droit exceptionnellement accordé au regnicole d'actionner l'étranger devant un juge dont la compétence est fondée uniquement et exclusivement sur l'extranéité de ce défendeur.

Il se peut qu'ainsi les inconvénients du principe énoncé ci-dessus soient à peine sensibles. Néanmoins le principe même nous paraît devoir être rejeté, comme

(1) Massé, 651 : « Mettons d'abord en dehors de toute controverse la question relative aux actions réelles et immobilières. » Cassation, 19 avril 1852 (Sirey, 52, 1, 801). — En matière commerciale, les tribunaux français sont compétents, lorsque les parties se trouvent dans les termes de l'article 420 du Code de procédure. Arrêts, Massé, 655, entre autres Cassation, 20 août 1811, 9 mars 1863 (Sirey, 63, I, 225). — 656 : « Il faut tout d'abord reconnaître qu'en quelque matière que ce soit, civile ou commerciale, les tribunaux français ne sont pas compétents entre étrangers non domiciliés pour connaître des engagements contractés hors de France et qui ne doivent pas être exécutés en France. » Metz, 3 et 2 juin 1823 (Sirey, 7, II, 223 et 226).... « Les parties étrangères pourraient sans doute, dans ce cas, consentir à procéder devant les tribunaux français ; mais ce consentement ne pourrait lier les juges, qui resteraient libres de retenir la cause ou de se déclarer d'office incompétents. Une incompétence absolue ne peut jamais être couverte. »

incompatible avec la manière dont on envisage, aujour-
d'hui, le droit international privé (1).

En effet, dans l'administration de la justice civile,
l'État doit prendre soin de tous les procès dont la
connaissance appartient à ses juges en suite de la
nature du fait juridique, de la situation des choses ou
du domicile des parties, abstraction faite d'autres
motifs, spéciaux, de compétence ; peu importe que les
parties soient attachées par les liens politiques à l'État
ou à un autre pays. L'égalité entre regnicoles et étrangers, au point de vue du droit civil, implique leur égalité
au point de vue de la compétence judiciaire en matière
civile. Et nous disons que le juge n'a pas à s'enquérir
de la nationalité des parties lorsqu'elles-mêmes ne
l'invoquent pas, tandis que la doctrine de l'incompétence
absolue et de la déclaration d'office, appliquée d'une
manière conséquente, imposerait au juge l'obligation
de rechercher d'office, dans tout procès, si les parties
ne sont pas étrangères, ce qu'assurément personne ne
veut.

Il est clair, toutefois, que l'égalité de droit civil entre
étrangers et regnicoles n'empêche pas les étrangers de
rester soumis à leur droit propre sous certains rapports,
par exemple en ce qui concerne leur statut personnel,
et n'empêche pas non plus la nationalité d'être un motif

(1) Rapport de M. Asser, à l'Institut de droit international,
R. D. I., t. VII, p. 364-391, spécialement p. 367-368.

Résolution de l'Institut de droit international, prise à Zurich en
1877 (A. D. I., t. II, p. 44) :

« L'étranger sera admis à se porter demandeur en justice aux
mêmes conditions que le regnicole. »

de compétence dans certaines catégories de litiges. Que l'on songe, par exemple, aux contestations sur l'état et la capacité, où le plus souvent le juge national est compétent, ce qui se rattache précisément au principe que les droits dont il s'agit sont gouvernés par la loi nationale.

71. — Nous pensons que s'il s'agissait de fixer des règles internationales sur la compétence, il paraîtrait recommandable comme principe général de déclarer compétent, autant que possible, le juge du pays dont la loi gouverne la relation juridique en litige. Il en résulterait que le juge serait appelé, le plus souvent possible, à appliquer la loi de son pays. Mais si même il en était ainsi, le juge n'en serait pas moins obligé, dans nombre de cas, d'appliquer une loi étrangère (1).

(1) Résolutions votées par l'Institut de droit international à La Haye, en 1875 :

« Les règles uniformes concernant la compétence des tribunaux... devraient avoir pour base les principes suivants :

« *a*) Le *domicile* (et subsidiairement la *résidence*) *du défendeur*, dans les actions personnelles ou qui concernent des biens meubles, et la *situation des biens*, dans les actions réelles concernant des immeubles, doivent, dans la règle, déterminer la compétence du juge, sauf l'adoption de *fors exceptionnels* à l'égard d'une certaine catégorie de litiges.

« *b*) La règle posée sous *a*) aura pour effet que le juge compétent pour décider un procès n'appartiendra pas toujours au pays dont les lois régissent le rapport de droit qui fait l'objet de ce procès. Cependant l'adoption des *fors exceptionnels* mentionnés sous *a*) devra surtout avoir pour but de faire décider, autant que possible, par les juges du pays dont les lois régissent un rapport de droit, les procès qui concernent ce rapport, par exemple les procès qui ont pour objet principal de faire statuer sur des questions d'état ou de capacité personnelle, par les tribunaux du pays dont les lois régissent le *statut* personnel, etc.

§ 20. — **Des formes de procéder.**

72. — Nombre d'auteurs tiennent encore à l'ancienne classification des formes en *ordinatoires* et *décisoires* (1).

Les premières sont les formalités proprement dites de la procédure, prescrites en vue d'assurer la marche juste et correcte du procès et qui n'exercent pas d'influence directe sur le contenu même de la sentence.

On entend par formes décisoires tout ce qui est pris en considération en vue de déterminer la relation juridique qui existe entre les parties, tout ce qui peut, par

« c) Dans les procès civils et commerciaux, la nationalité des parties doit rester sans influence sur la compétence du juge, — sauf dans les cas où la nature même du litige doit faire admettre la compétence exclusive des juges nationaux de l'une des parties. » A. D. I., t. I, p. 125-126.

M. Barrilliet (J. D. P., t. VII, p. 367) a fait, à propos de b), l'observation suivante, peut-être un peu trop sceptique et en tout cas fondée sur une exagération : « Quelle que soit l'autorité des jurisconsultes anglais, ces *positivistes* par excellence, il faut constater que la tendance de la nouvelle école juridique *sentimentaliste* consiste à réserver exclusivement aux tribunaux de chaque État la connaissance de toutes les actions relatives aux *status* ressortissants de cet État, en quelque lieu que ceux-ci (?) soient domiciliés. Cette doctrine..... se heurtera dans la pratique à de telles difficultés d'exécution qu'elle ne sera probablement jamais adoptée par l'universalité des États souverains. »

(1) Fœlix, 125-126. Schæffner, §§ 153-154. Massé, 712-785 ; sur la distinction entre la forme et le fond, 757-760. Wharton, 747-750.

conséquent, influer directement sur la décision du procès. Ces formes décisoires ne sont donc pas des formalités proprement dites : elles appartiennent au fond même de la cause.

Les formes ordinatoires sont toujours régies par la loi du tribunal compétent, *lex fori*. Elles constituent le règlement d'ordre que le tribunal doit suivre en traitant les procès. Elles sont inséparables de la nature du tribunal, de sa compétence, de la façon dont il doit remplir sa tâche. On ne pourrait donc pas concevoir qu'elles fussent régies par une autre loi que par celle en vertu de laquelle le tribunal fonctionne. Tout le monde est d'accord sur ce point (1).

(1) Fœlix, 126 : « La même loi (du pays où la demande est formée) règle les formalités de l'assignation....., les délais de comparution, la nature et la forme de la procuration *ad litem*, le mode de recevoir les preuves, la forme de rédaction et de prononciation du jugement, l'acquisition de la force de la chose jugée, tout ce qui concerne les délais et les formalités de l'appel, ainsi que la taxe des dépens. Il faut s'en tenir à la loi de chaque nation sur la question de savoir si l'étranger, demandeur ou défendeur, est soumis, quant à la compétence des tribunaux et à la forme de procéder devant eux, à des règles différentes de celles qui sont applicables aux regnicoles. — Massé, t. II, 712-713.

Résolution de l'Institut de droit international (Zurich, 1877, A. D. I., t. II, p. 150):

« Les formes ordinatoires de l'instruction et de la procédure seront régies par la loi du lieu où le procès est instruit. Seront considérées comme telles les prescriptions relatives aux formes de l'assignation (sauf ce qui est proposé ci-dessus) aux délais de comparution, à la nature et à la forme de la procuration *ad litem*, au mode de recueillir les preuves, à la rédaction et au prononcé du jugement, à la passation en force de chose jugée, aux délais et aux formalités de l'appel et autres voies de recours et à la péremption de l'instance... »

Voyez la suite de cette résolution, n° 74, note.

Les formes décisoires, au contraire, sont déterminées par la loi qui régit le rapport de droit sur lequel il y a contestation; elles sont, en elles-mêmes, indépendantes du *for* (1).

Il n'est pas toujours facile de reconnaître si telle formalité donnée est décisoire ou ordinatoire : nous reviendrons sur ce point.

73. — Les formalités de l'assignation sont, d'après ce qui vient d'être dit, réglées par la loi du lieu où la demande est formée (2).

Il n'en saurait être autrement. Si l'assignation est signifiée sous autorité du juge, comme c'est le cas dans quelques pays, il est impossible de concevoir l'application d'une autre loi que celle du juge. Et la même nécessité s'impose, si le demandeur fait signifier l'assignation par l'entremise d'un officier *ad hoc* et sans l'intervention du juge, et lors même que le défendeur résiderait hors du pays.

74. — Les législations diffèrent en ce qui concerne l'assignation de personnes établies à l'étranger.

En France et aux Pays-Bas, l'exploit est remis au parquet et transmis par la voie administrative et diplomatique ; méthode assurément fort défectueuse. Le défendeur est réputé dûment assigné dès que l'exploit est remis au parquet et alors même qu'il n'en aurait pas

(1) Ce qu'on exprimait autrefois par le brocard : *Diversitas fori non debet meritum causæ vitiare.* Du Moulin, sur la coutume du Bourbonnais, 36.

(2) Fœlix, 191-208. Massé, 714-721. Bar, § 118.

reçu copie. C'est du jour de la remise au parquet que date l'assignation, même lorsque la remise effective au défendeur n'a eu lieu que longtemps après. Et dès la remise au parquet, le demandeur ne peut plus exercer la moindre influence sur le sort de l'exploit; il ignore même le moment de la remise effective au défendeur (1).

Les autres modes usités actuellement, tels que l'envoi de l'exploit d'assignation par lettre chargée et l'assignation par l'intermédiaire du juge et au moyen

(1) Code de procédure civile, 69 : Seront assignés..... 9°. Ceux qui habitent le territoire français hors du continent, et ceux qui sont établis chez l'étranger ; au domicile du procureur impérial près le tribunal où sera portée la demande, lequel visera l'original, et enverra la copie, pour les premiers, au ministre de la marine, et pour les seconds, à celui des affaires étrangères. — Ordonnance de 1667, titre II, art. 7. Auparavant, l'assignation d'étrangers résidant hors de France avait lieu sur la frontière.

Les défauts de la méthode actuelle ont été signalés mainte fois. Ils sautent aux yeux, surtout si l'on songe qu'elle est usitée aussi pour des exploits autres que l'assignation. Voyez entre autres Lomonaco, p. 224-227. M. Asser, R. D. I., t. VII, p. 380 : « A un autre point de vue encore, la remise des exploits au parquet, suivie de la transmission par voie diplomatique, peut donner lieu à des abus déplorables. Ce système ne s'applique pas seulement aux assignations, mais également aux sommations, insinuations et autres exploits. Cependant il est clair que la fiction légale d'après laquelle une personne est censée avoir eu connaissance d'un exploit quand il a été signifié à son domicile, devient parfaitement *absurde* quand la signification a été faite de la manière indiquée. Les tribunaux, toutefois, sont obligés d'admettre cette fiction. L'exploit sert souvent de base à un autre acte de procédure, par exemple à une action en résolution d'un contrat, avec dommages-intérêts, en raison de l'inexécution du contrat et de la mise en demeure contenue dans l'exploit, qui, s'il n'est allé dormir dans les cartons du parquet ou d'un ministère, est peut-être encore en voyage au moment où la résolution du contrat a déjà été prononcée par le juge. »

de commissions rogatoires (1), offrent aussi des inconvénients plus ou moins graves.

Voici quelques considérations dont on pourrait, nous
semble-t-il, tenir compte si l'on voulait établir des
règles internationales sur cette matière.

L'assignation forme le commencement du procès.
Néanmoins, au moment même de l'assignation, les parties ne se trouvent pas encore devant le juge en qualité
de parties litigantes. Le motif général sur lequel nous
avons fondé, au numéro 72, l'application de la loi du tribunal, n'est donc pas suffisant pour justifier l'application
de cette loi en matière d'assignation.

Quel est le but de l'assignation? N'est-ce pas de faire
connaître au défendeur la prétention élevée contre lui et
les motifs sur lesquels cette prétention s'appuie, et de
l'appeler en justice à certain jour, afin qu'il y réponde?
L'assignation légalement faite doit être réputée parvenue
à la connaissance du défendeur en temps utile, alors
même que par le fait il n'en serait point ainsi. Il importe
donc que la forme légale donne autant de garanties que
possible que cette présomption juridique est conforme à
la vérité.

Tel est sans doute le cas; et les intérêts du défendeur
sont suffisamment sauvegardés, lorsque l'exploit est
remis à son domicile, au lieu où l'on admet qu'il se trouve
réellement ou qu'il a commis quelqu'un pour veiller à
ses affaires, et à plus forte raison lorsque l'exploit lui est
remis en main propre. Aussi cette forme est-elle presque
partout la forme régulière, sous réserve d'exceptions.

(1) R. D. I., même volume, p. 381 s.

Cette forme est employée également lorsqu'il s'agit d'assigner un défendeur qui réside dans le pays, mais hors du ressort du juge. Pourquoi le même principe ne serait-il pas appliqué lorsque le défendeur réside à l'étranger?

Il faudrait, dans ce cas, conformément à la règle *Locus regit actum*, que toute assignation, devant n'importe quel tribunal, fût faite, quant à sa forme, selon la *lex loci actus*, c'est-à-dire selon la loi du domicile ou de la résidence du défendeur.

Cependant l'application de la règle *Locus regit actum* devrait être limitée aux formes de l'assignation. Le contenu même de celle-ci restera toujours déterminé par la loi qui régit le procès au fond et par la *lex fori*. Le juge doit apprécier le contenu des actes de procédure selon le droit matériel d'après lequel le procès doit être jugé, et examiner si ce droit matériel y est exprimé d'une façon que la *lex fori* reconnaît comme suffisante.

Nous prévoyons des objections. On dira que nous plaçons le demandeur dans une situation défavorable, en le forçant d'aller chercher sa partie adverse en un pays lointain et de se conformer au droit de ce pays. On le montrera se heurtant à des obstacles insurmontables, si ce droit ne connaît ou ne reconnaît pas une assignation devant un juge étranger, — ce qui peut certainement arriver dans les pays où l'assignation n'est pas considérée comme un acte dépendant de la libre initiative des citoyens et n'a lieu qu'avec l'autorisation et sur l'ordre du juge.

Nous ne contestons nullement ces difficultés.

Nous en concluons seulement que la méthode indiquée

ne saurait, dans l'état de choses actuel, être introduite
par voie législative ni d'une manière générale, mais qu'il
y aura lieu de recourir à un accord international entre
les États dont les législations permettront de l'appliquer (1).

75. — Ce que nous avons dit de l'assignation s'applique
aux autres exploits, et même *a fortiori*, puisqu'on n'aura
plus à tenir compte de la règle que les formes de procédure sont régies par la loi du tribunal.

76. — Quant aux notifications ou significations entre
parties au cours du procès, elles peuvent être faites régulièrement au représentant légal de la partie (*procurator
ad litem*). Lorsque, par exception, elles devront être
faites à la partie même, la remise s'en fera sans difficulté
à son domicile d'élection (2).

77. — Parmi les dispositions touchant lesquelles il
peut être douteux si elles sont ordinatoires et par conséquent régies par la loi du tribunal, celles qui ont trait à

(1) L'Institut de droit international, dans sa session de Zurich
(1877), a pris la résolution suivante, qui forme la suite de celle que
nous avons transcrite en note au n° 72 :

« Toutefois, et par exception à la règle qui précède, on pourra
statuer dans les traités que les assignations et autres exploits seront
signifiés aux personnes établies à l'étranger dans les formes
prescrites par les lois du lieu de destination de l'exploit. Si, d'après
les lois de ce pays, la signification doit être faite par l'intermédiaire
du juge, le tribunal appelé à connaître du procès requerra l'intervention du tribunal étranger par la voie d'une commission rogatoire. »
A. D. I., t. II, p. 150 ; voyez aussi p. 44, 47, 48.

(2) Toute bonne loi de procédure doit exiger que chaque partie
élise domicile dans le ressort où le procès est jugé.

la péremption d'instance méritent une mention particulière (1).

La péremption d'instance peut, en effet, entraîner la perte de la créance même. Tel est le cas lorsqu'il y a prescription, le droit d'intenter une action nouvelle étant éteint. Faut-il pour cela classer la péremption d'instance dans le droit matériel, et y appliquer ce qui a été dit plus haut (n° 38) de la prescription ?

Nous répondons négativement. Il faut envisager la chose même, dans son essence, et non les conséquences indirectes qui peuvent se produire. La péremption de l'instance, par suite de l'inaction des parties prolongée durant un temps déterminé, est une mesure d'ordre prescrite dans l'intérêt de la marche régulière des procès. On y appliquera donc la loi du tribunal comme on l'applique aux autres dispositions formelles, quelle que puisse être leur influence sur les droits matériels des parties.

§ 21. — De la preuve (2).

78. La question de savoir à qui incombe la preuve appartient au droit matériel et non à la procédure. — 79. Il en est de même de la question de savoir quelles preuves sont recevables. — 80. La forme de la preuve dépend de la *lex fori*. — 81. Application du principe du n° 79. — 82. De la preuve testimoniale. — 83. De la preuve littérale. — 84. Des interrogatoires sur faits et articles.

78. — A qui incombe la preuve ?

Cette question doit se résoudre d'après la loi qui régit

(1) Massé, 761.
(2) Fœlix, 223-238. Schæffner, § 157. Bar, § 123. Massé, 763-775. Wharton, 752-782.

le rapport de droit *matériel* existant entre les parties, et non d'après la loi du *for* ou tribunal compétent.

La plupart des auteurs sont d'avis contraire (1); à tort, selon nous.

L'obligation de faire la preuve n'appartient pas à la procédure, mais au fond même du droit. Mon droit, que j'affirme, est reconnu tant que ma partie adverse n'aura pas prouvé certains faits : il vaut donc mieux, il est plus fort que s'il dépendait d'une preuve que je serais obligé de fournir.

79. — Quelles preuves sont recevables ?

Encore une matière qui n'est pas régie par la loi du tribunal.

Les moyens de preuve doivent être déterminés dès le principe, *à priori ;* ils ne sauraient dépendre du lieu plus ou moins fortuit où le procès s'intente. L'exercice d'un droit n'est assuré d'une manière complète que si l'on en peut prouver l'existence en cas de contestation. L'emploi des preuves est inséparable du droit même (2).

On allègue, en faveur de la *lex fori* (3), que la preuve a pour but de convaincre le juge et que la conviction du juge doit résulter exclusivement des moyens prescrits

---

(1) Ainsi Bar, au paragraphe cité, et dans l'*Encyclopédie*, p. 713.

(2) Résolution de l'Institut de droit international, prise à Zurich en 1877 (A. D. I., t. II, p. 154) :

« L'admissibilité des moyens de preuve (preuve littérale, testimoniale, serment, livres de commerce) et leur force probante seront déterminées par la loi du lieu où s'est passé le fait ou l'acte qu'il s'agit de prouver. »

(3) Ainsi Bar, § 123, Story, Burge.

par la loi de son pays. Ceci ne nous paraît pas concluant.

Sans doute, plusieurs législations attribuent, même en procédure civile, une certaine importance, plus ou moins considérable, à la conviction ou appréciation personnelle du juge (1) ; il n'en est pas moins vrai que dans la règle, en matière civile, on doit tenir pour prouvé ce qui est établi par les moyens que la loi déclare suffisants, alors même qu'en son for intérieur le juge ne serait point convaincu. Il existe donc un lien étroit entre le droit même et les moyens par lesquels son existence se prouve, et c'est ce lien que nos adversaires nous paraissent méconnaître (2).

80. — Il faut, cependant, mettre à notre principe une restriction importante :

Nous distinguons, dans chaque preuve, le moyen même et la forme dans laquelle il s'emploie. Les dispositions qui règlent cette forme appartiennent à la procédure et sont soumises à la loi du tribunal compétent.

D'où il résulte que, dans un procès donné, l'on ne pourra faire usage de preuves autres que celles qu'autorise et règle la loi du *for ;* car celles-ci seules ont leurs formes, prescrites par cette loi.

Mais les preuves qu'elle reconnaît et règle, seront admises même dans les cas auxquels elle ne les applique

______

(1) Ainsi, lorsqu'il s'agit du degré de créance que méritent les témoins.

(2) Conforme, l'article 10, alinéa 2, des *Disposizioni sulla pubblicazione* du Code italien : I mezzi di prova delle obbligazioni sono determinati dalle leggi del luogo in cui l'atto fu fatto.

pas, si ces preuves y sont applicables en vertu de la loi régissant le droit même qu'il faut prouver.

81. — L'examen des diverses preuves les plus usitées doit convaincre de la vérité de notre principe.

Que l'on songe aux règles de la preuve littérale, de la preuve testimoniale, du serment. Voici un pays où la preuve testimoniale n'est soumise à aucune restriction ; un contrat y est fait devant témoins ; puis il y a procès dans un autre pays, où la preuve écrite est seule reçue pour ce contrat, la preuve testimoniale étant d'ailleurs reçue en d'autres matières ; pourrait-on sans injustice appliquer à ce procès les restrictions de la *lex fori?* Entre la forme des actes et leur preuve, il existe une union intime, qui oblige à tenir compte de la loi du lieu de l'acte. Et même s'il était question, non d'un contrat, mais d'une obligation légale, née à l'étranger, on léserait des droits acquis en appliquant la loi du tribunal saisi au lieu d'appliquer celle du pays étranger où l'obligation s'est formée.

On voit que, sur ces points aussi, un accord international serait hautement désirable. Peut-être les difficultés pourraient-elles être atténuées, sinon complètement aplanies, par une extension du principe des commissions rogatoires (*infra*, § 22).

82. — La forme dans laquelle la preuve testimoniale doit être administrée, est régie par la loi du tribunal, conformément aux principes fondamentaux du droit international privé et à ce que nous avons dit au numéro 80 (1).

(1) Fœlix, 232-233.

Mais *quid* de la capacité des témoins, des dispenses, de la récusation ?

Évidemment, nous ne sommes plus en présence de formalités de procédure. Nous ne pouvons pas davantage admettre l'autorité exclusive de la loi qui gouverne le rapport juridique sur lequel il y a contestation (*supra*, n° 80).

Les questions de capacité ne concernent pas uniquement l'intérêt privé des parties ; la loi qui déclare certaines personnes incapables de témoigner en justice, indépendamment de la récusation, est d'intérêt public et doit être appliquée dans tout procès, sans distinction (1).

Il n'en est pas de même de la récusation. La loi l'abandonne à la volonté des parties. Les règles qui la concernent ne sont donc pas d'ordre public ; du moins, le fait d'entendre un témoin récusable ne serait pas contraire à l'ordre public. La loi qui décide si la preuve testimoniale est admissible ou non, doit décider aussi quels témoins peuvent être récusés.

La loi dispense certaines personnes de l'obligation de porter témoignage ; les motifs qui les empêchent de parler paraissent plus importants ou plus respectables que l'intérêt des parties litigantes. Ceci étant admis à l'égard de plaideurs dont le procès est jugé selon la loi natio-

____

(1) L'Institut de droit international a ajouté à la résolution transcrite en note au numéro 79 : « La même règle sera appliquée à la capacité des témoins, *sauf les exceptions que les États contractants jugeraient convenable de sanctionner dans les traités.*» A. D. I., t. II, p. 151 ; comparez p. 44 et 48.

nale, il n'y a pas lieu de protéger davantage les intérêts particuliers de ceux dont le procès est jugé selon une loi étrangère. Les dispenses sont donc régies par la loi du *for*.

83. — Les conditions *formelles* de la force probante d'un acte écrit dépendent de la loi du lieu où il a été passé : *Locus regit actum* (1).

Il en est de même en ce qui concerne l'intensité de la force probante. L'acte qui est authentique au lieu où il a été passé, fait même foi partout ailleurs, ce qui ne veut point dire que les autres effets de l'authenticité soient également reconnus partout (2).

Le droit d'exécution parée ne suit, en général, pas le titre à l'étranger (3).

84. — L'interrogatoire sur faits et articles n'est pas tant un moyen particulier de preuve qu'une forme de procédure employée dans l'intention de provoquer des aveux. C'est donc la loi du tribunal qui doit seule décider si l'interrogatoire est admissible et comment il y faut procéder.

(1) Fœlix, 224-231.
(2) Code civil, art. 47, 170, 999.
(3) Comparez, ci-dessous, § 23.

§ 22. — Des commissions rogatoires (1).

85. Principe de la commission rogatoire donnée de pays en pays. — 86.
Nécessité de traités internationaux réglant cette matière. — 87. Application des principes généraux.

85. — On nomme commission rogatoire la commission qu'un juge adresse à un autre juge pour l'inviter à
faire (ou à faire faire) quelque acte judiciaire, de procédure ou d'instruction, ou à donner quelque information,
dans l'intérêt de la justice. En procédure civile, la commission concerne principalement l'instruction, la signification d'assignations et l'exécution de jugements, lorsque
l'intervention du juge est nécessaire (2).

La plupart des législations règlent divers points concernant les commissions rogatoires adressées d'un ressort à l'autre dans le même pays, mais elles s'occupent
fort peu des commissions rogatoires adressées à un juge
étranger. Depuis longtemps cependant, ces commissions
sont admises, même en l'absence de dispositions législatives ; elles sont données, acceptées et exécutées.

On justifie cet usage en disant qu'il est fondé sur la

(1) Fœlix, 239-249. Schæffner, § 158. Bar, § 124. Massé, 776-785.
Wharton, 722-731.

(2) M. Massé donne une définition trop étroite lorsqu'il dit: « On
entend par commission rogatoire la réquisition adressée par un juge
à un autre juge, pour le prier de faire dans son ressort un acte
d'instruction nécessaire au jugement d'un procès, soit qu'il s'agisse
d'entendre des témoins, de vérifier un fait, de compulser des registres, ou de recevoir un serment. »

courtoisie internationale, *comitas gentium* (ci-dessus,
n° 8). Mais on confond habituellement deux choses qu'il
faut distinguer. Sans doute, lorsqu'un juge accepte et
exécute une commission rogatoire de l'étranger, sans y
être obligé par un traité international ni par la loi de
son pays, il fait ainsi quelque chose qu'il aurait pu refuser de faire ; il prend une peine, volontairement, pour
aider le juge étranger ; ceci est de la courtoisie, et nous
n'y trouvons rien à redire, — à moins, naturellement,
que les lois du pays n'interdisent au juge de faire des actes
qu'il n'est pas expressément chargé de faire. Toute autre
est la position du juge qui *donne* la commission, dans un
procès civil. Aucune difficulté ne se présentera lorsque la
loi du *for* le lui permet expressément. Aucune non plus
si, dans le silence de la loi, les deux parties y consentent.
Mais si l'une des parties s'y oppose ? La *lex fori* veut
que l'acte dont il s'agit, — audition de témoin, interrogatoire sur faits et articles, prestation de serment, — ait
lieu devant le juge compétent : évidemment, en pareil
cas, la commission léserait les droits acquis de la partie
opposante, et ne pourra par conséquent pas être donnée.

86. — Nous en concluons qu'il est nécessaire d'établir, par loi ou par traités internationaux ayant force
de loi, des règles concernant les commissions rogatoires,
et autorisant les juges à adresser des commissions rogatoires aux juges étrangers (1).

La coopération des autorités étrangères est souvent

(1) Art. 21 du traité franco-suisse de 1869 : Les deux gouvernements contractants s'engagent à faire exécuter dans leurs territoires

indispensable, surtout pour la preuve testimoniale et d'autres preuves ; chacun sait que la comparution de respectifs les commissions rogatoires décernées par les magistrats des deux pays pour l'instruction des affaires civiles et commerciales, et ce autant que les lois du pays où l'exécution devra avoir lieu ne s'y opposeront pas. La transmission desdites commissions rogatoires devra toujours être faite par la voie *diplomatique, et non autrement…..*

M. Asser a exposé dans son rapport, déjà cité, à l'Institut de droit international (R. D. I., t. VII, p. 383-384), quelques principes qu'il voudrait voir consacrés dans un règlement international de cette matière.

Dans sa séance du 10 septembre 1877, à Zurich, l'Institut a adopté les résolutions suivantes (A. D. I., t. II, p. 151) :

« Le juge saisi d'un procès pourra s'adresser par commission rogatoire à un juge étranger, pour le prier de faire dans son ressort, soit un acte d'instruction, soit d'autres actes judiciaires pour lesquels l'intervention du juge étranger serait indispensable ou utile.

« Le juge à qui l'on demande de délivrer une commission rogatoire, décide :

a) De sa propre compétence ;

b) De la légalité de la requête ;

c) De son opportunité, lorsqu'il s'agit d'un acte qui, légalement, peut aussi se faire devant le juge du procès, par exemple d'entendre des témoins, de faire prêter serment à l'une des parties, etc.

« La commission rogatoire sera adressée directement au tribunal étranger, sauf intervention ultérieure des gouvernements intéressés, s'il y a lieu.

« Le tribunal à qui la commission est adressée, sera obligé d'y satisfaire après s'être asssuré :

« 1° De l'authenticité du document ;

« 2° De sa propre compétence *ratione materiæ* d'après les lois du pays où il siège.

« En cas d'incompétence matérielle, le tribunal requis transmettra la commission rogatoire au tribunal compétent, après en avoir informé le requérant.

« Le tribunal qui procède à un acte judiciaire en vertu d'une commission rogatoire, applique les lois de son pays en ce qui concerne les formes de procès, y compris les formes des preuves et du serment. »

témoins habitant à l'étranger est fort coûteuse, et que l'on est impuissant vis-à-vis de ceux qui ne veulent pas venir. Il y a lieu, en conséquence, de recommander l'insertion dans les lois des divers pays d'une disposition analogue à celle de l'article 40 de la loi néerlandaise sur l'organisation judiciaire, de 1861, qui n'a pas été promulguée : « Les collèges ou fonctionnaires judiciaires sont réciproquement obligés de donner suite aux lettres réquisitoires qui leur sont adressées dans l'intérêt de la justice, même lorsqu'elles émanent de collèges ou de fonctionnaires de l'une des colonies ou possessions du royaume situés dans d'autres continents. Ils donnent suite également aux requêtes du même genre émanant de collèges ou de fonctionnaires étrangers, et ils adressent des requêtes à ceux-ci, conformément aux règles que nous poserons. »

87. — A défaut de règles expresses, les questions diverses qui peuvent se présenter seront résolues d'après les principes généraux.

Les éléments décisoires dépendront toujours, comme nous l'avons vu (n°s 72, 79) de la loi qui régit le rapport juridique en litige. La commission ne conférant aucun pouvoir sur la décision du procès, le juge requis n'aura pas à prononcer sur les différends qui pourront s'élever, par exemple, sur la récusation de témoins ; il renverra les parties devant le juge du procès (1).

En ce qui concerne leur forme, tous les actes du juge

(1) Code de procédure civile de l'empire allemand (1877), art. 334 : Si, lors de l'administration de la preuve, il s'élève un diffé-

requis, ou faits devant lui, sont gouvernés par la loi
de ce juge ; et cela pour les motifs qui ont fait
admettre ce principe à l'égard du juge du procès (ci-dessus, n° 72) (1).

§ 23. — De l'exécution des jugements étrangers (2).

88. Historique. La force exécutoire n'appartient qu'aux jugements des tribunaux nationaux. — 89. Aperçu de diverses législations. — 90. Ré-
formes effectuées ou proposées. Nécessité de conventions internationales.

88. — Le jugement a deux effets, de nature différente :

rend devant le juge commissaire ou le juge requis, et que la continuation de la preuve en dépend, la décision sera rendue par le
tribunal saisi du procès dans le cas où la solution de ce différend
ne serait pas de la compétence du juge.

(1) Faisons remarquer, toutefois, l'article 334 du Code allemand
de procédure civile : Si l'administration d'une preuve devant une
autorité étrangère a eu lieu conformément aux lois du pays où siège
le tribunal saisi du procès, on ne pourra se prévaloir de ce qu'elle
serait défectueuse d'après les lois du pays étranger.

(2) Fœlix, 314-470. Massé, 789-820. Bar, §§ 125-127. Bard, 234-251,
Westlake, §§ 292-321. R. D. I., t. XIV, p. 301-304. Wharton, 646-675.
— Asser, *De l'effet ou de l'exécution des jugements rendus à l'étranger
en matière civile et commerciale.* R. D. I., t. I, p. 82-99, 408-416, 473-
493 ; t. VII, p. 385-391. — Haas, *De effectu rei judicatæ in territorio
alieno.* Goettingue, 1791. — Freseman Victor, *De kracht van buiten-
landsche vonnissen,* 1865. (Mémoire couronné.) — P. Fiore, *Sulle
sentenze e sugli atti nei paesi stranieri.* 1874. — V. de Rossi, *La
esecuzione delle sentenze e degli atti delle autorità straniere secondo
il Codice di procedura italiano.* Livourne, 1876. — Piggott, *Foreign
judgments, their effect in the English courts.* Londres, 1879. R. D. I.,
t. XII, p. 247. — P. de Paepe, *De l'exécution des décisions rendues
en matière civile ou commerciale par les juges étrangers.* Gand, 1870.
— Moreau, *Effets internationaux des jugements en matière civile.*
Paris, 1884. (Ouvrage couronné.)

Il est exécutoire, au besoin *manu militari* ;

Devenu définitif, il procure l'exception de la chose jugée.

Dans quelle mesure ces effets peuvent-ils être reconnus aux jugements étrangers ? Question délicate, de tout temps fort discutée. Fondés, soit sur la courtoisie internationale, soit sur des raisons de droit, plusieurs jurisconsultes ont soutenu, dès le moyen âge, que les jugements étrangers doivent être exécutés et procurer l'exception (1). Mais la pratique ne les a pas suivis, et par le fait la force exécutoire n'appartient qu'aux jugements des tribunaux nationaux (2).

Ceci a été sanctionné par la législation ; en France, par l'ordonnance de 1629, dont l'article 121 laissait d'ailleurs un doute sur le point de savoir si l'invalidité, en

(1) Ainsi Balde et Barthélemy de Saliceto, qui s'appuyaient de textes du droit romain et avaient en vue l'unité de la justice occidentale, sous le pape et l'empereur. Huber et les Voet invoquaient *comitas* et *reciproca utilitas*. Bar, p. 463-464.

(2) Massé, 793 : « C'est une règle fondamentale du droit public de toutes les nations, qu'un jugement rendu dans un pays ne peut être de plein droit exécutoire dans un autre, en vertu du mandement seul du juge qui l'a rendu. Partout il faut, pour qu'un jugement étranger puisse être exécuté, qu'il soit présenté aux tribunaux du pays qui, en se l'appropriant, lui donnent en quelque sorte le baptême de la nationalité, dans lequel il puise sa force exécutoire. Cette règle trouve son fondement naturel dans cette considération, que la force exécutoire n'est communiquée au jugement que par le mandement du souverain en qui seul cette force réside, et que ce mandement n'ayant d'autorité que dans le territoire soumis au souverain dont il émane, doit nécessairement être remplacé par un autre mandement quand il s'agit d'exécuter le jugement dans un autre territoire. *Extra territorium jus dicenti impune non paretur.* »

France, des jugements étrangers était générale ou si elle était statuée uniquement en faveur des Français (1).

89. — On peut diviser, au point de vue de l'exécution des jugements étrangers, les législations actuelles en trois groupes :

Les unes refusent aux jugements étrangers la force exécutoire (2), ou ne la leur accordent qu'après revision (3).

(1) Ordonnance du 15 janvier 1629 (*Code Michaut*), article 121 : Les jugements rendus, contrats ou obligations reçus ès royaumes et souverainetés étrangères, pour quelque cause que ce soit, n'auront aucune hypothèque ni exécution en notre royaume..., et nonobstant les jugements, nos sujets contre lesquels ils ont été rendus pourront de nouveau débattre leurs droits comme entiers devant nos officiers. — « Il est généralement reconnu, ajoute Fœlix (348), que cet article a toujours force de loi. » *Contra*, Massé, 796, et la jurisprudence : les seuls textes à consulter pour déterminer le degré d'autorité qu'il convient d'accorder, en France, aux jugements étrangers, se trouvent dans les articles 2123 et 2128 du Code civil, et dans l'article 546 du Code de procédure.

(2) Droit espagnol jusqu'en 1855. — Suède et Norvège, Olivecrona, J. D. P., t. VII. R. D. I., t. I. p. 89. La Suède a un traité avec le Danemark, consacrant la réciprocité. — Droit danois, Goos, J. D. P., t. VII.

(3) R. D. I., t. I, p. 86 s. — Tel est le système suivi en France, d'après la jurisprudence en vigueur depuis l'arrêt du 19 avril 1819, et les art. 2123, 4° du Code civil, 546 du Code de procédure civile; en Belgique, après l'arrêt de la Cour de cassation du 19 juillet 1849 (voyez *infra*, n° 90) ; aux Pays-Bas (Code de procédure, art. 431); en Portugal. — Droit belge, article de M. Humblet, J. D. P., t. IV. — Droit suisse, article de M. E. Roguin, même recueil, t. X. M. Roguin distingue les groupes suivants :

Cantons dans lesquels l'exécution des jugements étrangers rentre dans la compétence des tribunaux, cantons dans lesquels l'exécution des jugements étrangers est du ressort administratif ou gouvernemental, cantons dans lesquels la compétence est partagée entre

D'autres permettent au juge national de donner l'exequatur sans revision, moyennant certaines conditions, telles en particulier que la réciprocité et la constatation de la compétence du juge étranger (1).

D'après un troisième système, enfin, l'exequatur est refusé contre les regnicoles et accordé contre les étrangers (2).

M. Fiore mentionne un quatrième système, qui distingue entre l'exécution, laquelle serait accordée sous certaines réserves, et la reconnaissance de la chose jugée. Il appelle ce système « certamente il più razionale e il più liberale. » Nous ne sachions pas que ce système soit

les pouvoirs administratif et judiciaire. Il étudie ensuite, spécialement, le droit conventionnel entre la France et la Suisse.

(1) R. D. I., t. I, p. 90 s. Codes allemand de procédure civile (§§ 660-661), autrichien, espagnol (procédure civile de 1855), italien (procédure civile, 941, Code civil, 10 et 12), roumain (procédure civile, 374), russe (procédure civile, 1273 et 1281). Ainsi encore le droit anglais et américain.

Droit allemand : Keyssner, J. D. P., t. IX et X, et Beschorner, t. XI (*De l'exécution des jugements étrangers et particulièrement des jugements russes en Allemagne*).

Droit autrichien : Lombard, J. D. P., t. IV.

Droit espagnol : Silvela, J. D. P., t. VIII.

Droit italien : Fiore, ouvrage cité, et J. D. P., t. V et VI (Discussion des controverses soulevées par l'art. 941).

Droit roumain : Petroni, J. D. P., t. VI.

Droit russe : Martens, J. D. P., t. V.

Droit anglais : Alexander, J. D. P., t. V et VI, et Piggott, même recueil, t. X.

Droit américain : Coudert, J. D. P., t. VI.

(2) R. D. I., t. I, p. 94. C'est le système de l'ordonnance de 1629, selon la plupart des jurisconsultes français. — En Grèce, l'exequatur est accordé sans revision entre étrangers, et après revision si l'une des parties est regnicole. Saripolos, J. D. P., t. VII.

admis par aucune législation actuellement en vigueur (1).

90. — Depuis longtemps une réforme est réclamée, surtout dans les pays où règne le système de l'exclusion plus ou moins absolue (2). A défaut de lois générales,

(1) On pourrait citer aussi le système en vigueur à Monaco, où tout dépend de la volonté du prince. J. D. P., t. IV, p. 123.

(2) L'Institut de droit international a formulé, sur cette matière, six résolutions, dont voici la teneur :

« 1. Une réforme complète à l'égard de l'exécution des jugements étrangers ne saurait être réalisée par le seul moyen de lois générales, uniformément applicables à tous les jugements étrangers. Il faut en attendre le complément, d'un système de conventions diplomatiques à conclure avec les États dont les tribunaux et l'organisation judiciaire paraîtront présenter des garanties suffisantes.

« 2. Ces lois et conventions doivent poser des règles uniformes sur la compétence relative des tribunaux (compétence *ratione personæ* ou *territorii*, par opposition à la compétence *ratione materiæ*, qui résulte de l'organisation judiciaire de chaque pays), et stipuler un minimum de garanties quant aux formalités de procédure (spécialement en ce qui concerne les formes de l'assignation et les délais de comparution).

« 3. Parmi les conditions sous lesquelles l'*exequatur* sera accordé aux jugements étrangers par les tribunaux du pays où l'exécution doit avoir lieu, sans revision du fond, — on doit stipuler que le demandeur aura à prouver que le jugement étranger est exécutoire dans l'État où il a été rendu, ce qui implique la preuve qu'il est passé en force de chose jugée, dans tous les cas où la législation du pays où le jugement a été rendu, ne considère comme exécutoires que les jugements contre lesquels il n'y a plus de recours.

« Si le jugement a été rendu par le tribunal d'un État dont la loi nationale n'a pas adopté les règles de compétence, mentionnées *sub* 2, d'une manière générale et applicable à tous les procès, le demandeur aura toujours à prouver que le jugement étranger a été rendu par un juge compétent d'après la convention entre les deux États.

« 4. Même quand les preuves mentionnées *sub* 3 ont été fournies, cette réforme doit se faire au moyen de traités internationaux, et ceci d'autant plus que, dans les pays du second groupe, la force exécutoire des jugements étrangers dépend le plus souvent de la réciprocité.

En fait de lois récentes, une mention est due à la loi belge du 25 mars 1876, contenant le titre premier du livre préliminaire du Code de procédure civile, article 10 (1),

l'exequatur ne serait pas accordé, si l'exécution des jugements impliquait l'accomplissement d'un acte contraire à l'ordre public ou défendu par une loi quelconque de l'État où *l'exequatur* est requis.

«5. Les voies ou modes d'exécution doivent être déterminées par la loi du pays où l'exécution a lieu. Toutefois la contrainte par corps ne doit être applicable nulle part, si elle n'a pas été prononcée par le tribunal qui a rendu le jugement étranger.

L'hypothèque judiciaire n'aura lieu que quand elle est accordée par les lois des deux pays.

« 6. L'adoption de règles uniformes, pour servir de base à la solution des conflits de législation civile et commerciale, désirable sous plusieurs rapports, servirait aussi à faciliter l'introduction du système de l'exécution internationale des jugements. »

A. D. I., t. III, p. 86-98. — Sur l'initiative prise ou projetée par le gouvernement des Pays-Bas, voyez J. D. P., t. I, p. 159-164.

(1) Art. 10. — Les tribunaux de première instance connaissent... les décisions rendues par les juges étrangers en matière civile et en matière commerciale.

S'il existe, entre la Belgique et le pays où la décision a été rendue, un traité conclu sur la base de la réciprocité, leur examen ne portera que sur les cinq points suivants :

1º Si la décision ne contient rien de contraire à l'ordre public ni aux principes du droit public belge ;

2º Si, d'après la loi du pays où la décision a été rendue, elle est passée en force de chose jugée ;

3º Si, d'après la même loi, l'expédition qui en est produite réunit les conditions nécessaires à son authenticité ;

4º Si les droits de la défense n'ont pas été respectés ;

5º Si le tribunal étranger n'est pas uniquement compétent à raison de la nationalité du demandeur.

et au Code de procédure civile de l'empire allemand,
de 1877, articles 660 et 661 (1). Parmi les traités, qui
sont en très petit nombre, il faut citer le traité franco-
suisse de 1869 (2).

Sur l'article 10, il faut consulter le remarquable discours de M. le
procureur général de Paepe, cité p. 176.

(1) § 660. Le jugement d'un tribunal étranger ne sera exécutoire que dans le cas où son exécution aura été déclarée admissible
par un jugement.....

§ 661. Le jugement d'exécution sera rendu sans examen préala-
ble de la décision.

Le jugement d'exécution ne sera pas rendu :

1° Si le jugement du tribunal étranger, d'après le droit qui le
régit , n'a pas encore acquis l'autorité de la chose jugée ;.....

5° Si la réciprocité n'a pas été garantie.

(2) Traité franco-suisse, articles 15-19. *Exécution des jugements.*

Art. 15. — Les jugements ou arrêts définitifs en matière civile et
commerciale, rendus soit par les tribunaux, soit par des arbitres,
dans l'un des deux États contractants, seront, lorsqu'ils auront
acquis force de chose jugée, exécutoires dans l'autre, suivant les
formes et sous les conditions indiquées dans l'article 16 ci-après....

Art. 17. — L'autorité saisie de la demande d'exécution n'entrera
point dans la discussion du fond de l'affaire ; elle ne pourra refuser
l'exécution que dans les cas suivants :

1° Si la décision émane d'une juridiction incompétente ;

2° Si elle a été rendue sans que les parties aient été dûment citées
et légalement représentées ou défaillantes ;

3° Si les règles de droit public ou les intérêts de l'ordre public du
pays où l'exécution est demandée, s'opposent à ce que la décision de
l'autorité étrangère y reçoive son exécution.

La décision qui accorde l'exécution et celle qui la refuse ne seront
point susceptibles d'opposition, mais elles pourront être l'objet d'un
recours devant l'autorité compétente, dans les délais et suivant
les formes déterminées par la loi du pays où elles auront été
rendues.

Art. 18. — Quand le jugement emportera contrainte par corps,
le tribunal ne pourra ordonner l'exécution en cette partie de la
décision, si la législation du pays ne l'admet pas dans le cas dont
il s'agit au jugement.

Cette mesure ne pourra, dans tous les cas, être exercée que dans les limites et suivant les formes prescrites par la loi du pays où l'on poursuit son exécution.

Art. 19. — Les difficultés relatives à l'exécution des jugements et arrêts ordonnés conformément aux articles 15, 16 et 17 seront portées devant l'autorité qui aura statué sur la demande d'exécution.

CHAPITRE III

———

CONFLIT

DES

LOIS COMMERCIALES

CHAPITRE III

———

CONFLIT

DES LOIS COMMERCIALES[1]

———

§ 24. — Des actes de commerce.

91. La nature commerciale de l'acte est déterminée par la loi du contrat. — 92. Les questions de compétence et de procédure dépendent de la loi du pays où la demande est formée.

91. — La question de savoir si un acte est acte de

(1) Massé, *Le droit commercial dans ses rapports avec le droit des gens et le droit civil;* ci-dessus, p. 21. — Goldschmidt, *Handbuch des Handelsrechts.* La première édition de cet ouvrage, qui est le meilleur traité moderne de droit commercial, a paru en 1864 et dans les années suivantes ; la seconde, remaniée et considérablement augmentée, est en voie de publication. Le tome 1er (Stuttgart, 1875), contient une introduction historique et littéraire, d'une très grande richesse, et les principes fondamentaux (*Grundlehren*). Le § 38 traite des principes généraux du droit commercial international : *die œrtliche Geltung der Handelsrechtssætze.* Le tome second (1883) n'est pas encore terminé. — M. Goldschmidt publie en outre, depuis 1858, une revue très estimée, *Zeitschrift für das gesammte Handelsrecht*, où l'on trouve diverses études concernant le droit international. — Lyon-Caen et Renault, *Précis de droit commercial, comprenant le commentaire du Code de commerce et des lois qui s'y rattachent...,* t. I, Paris, 1884. Ce premier volume traite, outre

commerce, se juge selon la loi qui régit la substance de l'acte (n°ˢ 33-35) (1).

Si, d'après cette loi, l'acte est commercial, il conserve cette nature et en sortit les effets constamment et partout. Ainsi en ce qui concerne la preuve ; la preuve spéciale aux actes de commerce, selon la loi de l'acte, sera admise partout, à moins toutefois que la loi du tribunal ne l'exclue absolument (n°ˢ 78 et suivants).

La loi qui régit la substance de l'acte s'applique aussi au taux légal de l'intérêt, car il est à présumer que les parties ont entendu s'y soumettre, et à la question de savoir s'il est dû des intérêts commerciaux.

Enfin la même loi détermine le montant de l'intérêt légal, lorsque créancier et débiteur sont domiciliés en pays différents. C'est à tort qu'on a voulu faire dominer, dans ce cas, la loi du domicile du créancier, sous prétexte que celui-ci doit être dédommagé de la privation de son capital dans le lieu de son domicile;

l'introduction, des actes de commerce et des commerçants, des sociétés commerciales ; des contrats commerciaux : vente, gage, magasins généraux et warrants, commission, transport, lettres de change, billets à ordre et chèques, opérations de banque et comptes courants, bourses de commerce et opérations de bourse. Les savants auteurs y tiennent compte du conflit des lois.

M. L. Oudin a présenté, en 1878, au Congrès international du commerce et de l'industrie, un mémoire sur la possibilité d'un *Code de commerce international* (Paris, Marescq aîné, 1881). M. Fick, recteur de l'Université de Zurich et le principal rédacteur du Code suisse des obligations, a pris l'*Unification internationale du droit commercial* pour sujet de son discours rectoral (avril 1884). Divers travaux de l'Institut de droit international seront mentionnés plus loin.

(1) Bar, *Encyclopédie*, p. 698.

les partisans de cette doctrine oublient que les éléments qui déterminent, dans un pays, le taux de l'intérêt, sont avant tout de nature locale, et correspondent au crédit fait dans ce pays, alors même que le créancier serait fixé ailleurs.

92. — La nature commerciale d'un acte entraîne souvent une juridiction et des formes de procéder spéciales. Ceci dépend exclusivement de la loi du *for* (n°s 67 et suivants, 72 et suivants).

Dirons-nous, à ce point de vue de la juridiction et de la procédure, que l'acte de commerce est celui qui est tel d'après la loi indiquée au numéro 91, ou devrons-nous dire plutôt que c'est celui qui est reconnu comme tel par la loi du *for ?* Cette question est délicate ; elle doit être résolue en faveur de la loi du *for*. Quand le législateur établit une compétence spéciale et des formes spéciales de procédure pour les actes de commerce, il entend par là les actes auxquels lui-même reconnaît ce caractère. Ces expressions, *acte de commerce*, *matière commerciale*, ne sont autre chose que des expressions abrégées, employées à la place des définitions et énumérations qui se trouvent en d'autres endroits de la loi (1). Ce qui domine ici, c'est l'intention du législateur, conjointe-

---

(1) Exemple : d'après le Code de procédure civile français, art. 632, les entreprises de spectacles publics sont actes de commerce ; aux Pays-Bas, elles ne le sont pas. S'il y a procès en Hollande concernant une entreprise de cette nature, et qu'il y ait lieu d'appliquer la loi française conformément à ce que nous avons dit au n° 91, le procès ne sera cependant pas jugé selon la compétence et la procédure commerciales. — Bar, *Encyclopédie*, p. 698.

ment avec le principe de l'unité sur la base de la *lex fori*.

§ 25. — Des commerçants et des livres de commerce.

93. La qualité de commerçant est déterminée par la loi du pays où l'acte est fait ou l'industrie exercée. La même loi règle les effets juridiques de cette qualité. — 94. Force probante des livres de commerce. — 95. De l'obligation de produire les livres de commerce.

93. — La question de savoir si une personne a ou n'a pas la qualité de commerçant, s'apprécie selon la loi du pays où cette personne a fait l'acte ou exerce l'industrie dont il s'agit (1). Si l'industrie est exercée dans plusieurs pays, la loi déterminante sera celle du pays où en est le siège principal.

La même loi régit les effets juridiques attachés à la qualité de commerçant.

Un de ces effets, qui est admis dans la plupart des pays, est l'obligation de tenir des livres de commerce, obligation à laquelle se rattache la force probante attribuée à ces livres.

94. — D'après quelle loi la force probante des livres de commerce sera-t-elle déterminée, en cas de conflit ? Nous l'avons dit plus haut (nᵒˢ 79, 80, 83) : d'après la loi qui gouverne l'acte même qu'il faut prouver, tandis que les

(1) M. de Bar distingue (*Encyclopédie*, p. 698) : En tant que la question de la qualité de commerçant appartient à la capacité, il y a lieu d'appliquer la loi du domicile ; lorsque cette question devra servir à résoudre celle de la nature commerciale d'un acte, elle sera résolue selon la *lex fori*.

questions de forme se résoudront d'après la loi du lieu où les livres de commerce sont tenus (1).

95. — Une partie a-t-elle le droit de contraindre l'autre à produire ou à communiquer ses livres (2) ? Question à décider d'après la loi qui gouverne le rapport juridique sur lequel la prétention se fonde.

Mais l'ordre même de représentation ou de communication, émané du juge au cours du procès, fait partie de l'instruction du procès et dépend de la loi du tribunal.

Les suites préjudiciables que la loi attache au refus de représentation ou de communication, lorsque celle-ci est ordonnée par le juge ou demandée par la partie adverse, laquelle déclare s'en rapporter aux livres, ne frapperaient pas un commerçant qui exercerait son commerce

(1) Fœlix, 238, estime qu'en ce qui concerne la foi due aux livres des commerçants, on doit s'attacher toujours « à la loi du lieu où ces livres ont été tenus, malgré l'opinion contraire de Hommel, de Meier et de MM. Mittermaier et Schœffner. » Il cite Paul Voet,Mevius, Hert, Story. Selon M. Massé (768), « on doit suivre la loi du lieu où ils ont été tenus, mais seulement dans le cas où cette loi concorde avec la loi du lieu où a pris naissance le contrat qui donne lieu au procès : alors, ces deux lois l'emportent sur celle du lieu où l'on plaide... En d'autres termes, c'est la loi du contrat qui décide... — Dans tous les cas, au surplus, où il ne s'agit que de la régularité des livres, on ne doit avoir égard qu'à la loi du lieu où ils ont été tenus. » M. de Bar, § 123, p. 426, pense qu'en général la force probante des livres de commerce est déterminée par la loi du tribunal, mais que si la loi du lieu du contrat leur accorde une foi plus grande, cette loi doit l'emporter. Il y a des arrêts en sens divers.

(2) Code de commerce français, art. 14, 15-17, loi belge du 15 décembre 1872, art. 21,22-24.

Code néerlandais, art. 11-13. Code fédéral des obligations, 879, 880.

ou son industrie dans un endroit où la loi ne prescrit pas, comme obligatoire, la tenue de livres ou du livre dont il s'agit. En effet, ces suites ne se conçoivent qu'à titre de peine infligée pour contravention aux dispositions légales concernant la tenue des livres, ou par la présomption d'un contenu défavorable à la partie qui ne produit pas ; or, s'il n'y a ni livres ni obligation d'en tenir, il n'y a lieu, évidemment, ni à la présomption susmentionnée ni à une pénalité quelconque.

§ 26. — Des fondés de procuration (1).

96. Système des lois allemandes et suisse. — 97. La loi allemande ou suisse doit régir les engagements du *fondé de procuration* à l'étranger.

96. — Le rapport entre un commerçant et ses employés subalternes, tels que teneurs de livres ou commis, n'offre aucune particularité au point de vue du droit international. Il en est autrement des *fondés de procuration*, en raison de certaines dispositions du Code de commerce allemand et du Code suisse des obligations. Ces lois, dans l'intérêt de la sécurité des relations commerciales et en dérogation aux principes généraux du mandat, recon-

______

(1) C'est ainsi que le Code suisse des obligations (422 s.) a rendu le mot allemand de *Procurist*, dont se servent MM. Asser et Cohn.

Code des obligations, 422 : Le fondé de procuration est la personne qui a reçu, expressément ou de fait, du chef d'une maison de commerce, d'une fabrique ou de tout autre établissement tenu en la forme commerciale, l'autorisation de gérer pour lui ses affaires et de signer par procuration en se servant de la signature de la maison...

naissent aux *fondés de procuration* des commerçants la capacité générale de représenter leur chef dans l'exercice de son commerce ou de son industrie, sans qu'une restriction de leurs pouvoirs soit opposable aux tiers (1). Ce système trouve sa justification dans la publicité que les lois allemande et suisse ont organisée au moyen du *registre du commerce;* institution inconnue dans la plupart des pays, où le *fondé de procuration* commercial est traité comme un mandataire civil, tant au point de vue de l'étendue de ses pouvoirs qu'à celui de leur révocation. Soit la procuration, soit la révocation doivent être inscrites sur ce registre, et publiées dans la forme légale. Tant que l'inscription et la publication de la révocation n'ont pas été faites, celle-ci n'est pas opposable aux tiers, à moins que le chef ne prouve qu'ils la connaissaient au moment où ils ont contracté avec le *fondé de procuration* (2).

(1) Même Code, 423 : Le fondé de procuration est réputé, à l'égard des tiers de bonne foi, avoir la faculté de souscrire des engagements de change pour le chef de la maison et de faire, au nom de celui-ci, tous les actes que comporte le but du commerce ou de l'entreprise. Le fondé de procuration ne peut aliéner ou grever des immeubles, s'il n'en a reçu le pouvoir spécial. Nulle autre restriction de ses pouvoirs n'est opposable aux tiers de bonne foi.

(2) Code fédéral, art. 859 et suivants : Il est tenu dans chaque canton un registre du commerce, sur lequel doivent être faites les inscriptions prescrites par le présent Code ou par d'autres lois fédérales. 861 : Toute modification se rapportant aux faits dont la loi ordonne l'inscription sur le registre du commerce, est également sujette à inscription... 862 : Les inscriptions sur le registre du commerce doivent être publiées intégralement et sans retard par la Feuille officielle du commerce. 863 : Les inscriptions sur le registre du commerce ne sont opposables aux tiers qu'à partir du moment où ils ont pu en avoir connaissance par la publication officielle

97. — Quelle loi gouvernera les engagements qu'un *fondé de procuration*, constitué en Allemagne ou en Suisse, conformément aux lois de ces pays, par un commerçant y domicilié, a contractés dans un pays où ce mandat commercial est inconnu, en France par exemple ?

Nous pensons que ce sera la loi allemande ou suisse.

Il est vrai que l'étendue des pouvoirs n'est pas déterminée uniquement par la volonté du chef, puisque leur restriction est sans effet, à l'égard des tiers ; mais ce dernier fait, comme le fait que la révocation ne met pas fin aux pouvoirs à l'égard des tiers tant qu'elle n'a pas été rendue publique, est bien, en un certain sens, une conséquence de l'acte du chef, lequel, en constituant un *fondé de procuration*, en faisant inscrire cette nomination sur le registre et en la rendant publique, a manifesté son intention de conférer un mandat de la portée et de l'étendue prévues par la loi allemande ou suisse, quel que soit d'ailleurs le pays où le *fondé de procuration* doit agir.

Sans doute, c'est surtout en Suisse ou en Allemagne que la publicité prescrite aura son effet pratique et immédiat ; le commerçant établi hors de ces pays en pro-

---

qui en a été faite. 422, al. 2 : Le chef de la maison doit pourvoir à l'inscription de la procuration sur le registre du commerce ; mais il est lié dès avant l'inscription par les actes du fondé de procuration. 423 : La révocation de la procuration doit être inscrite sur le registre du commerce, encore qu'il n'y ait point eu d'inscription quand la procuration a été conférée. Tant qu'elle n'a pas été inscrite et publiée, la révocation n'est pas opposable aux tiers de bonne foi.

Henri Le Fort, *Le registre du commerce et les raisons de commerce.* Genève, 1884. (Thèse de doctorat.)

filtera moins. Mais cette circonstance de fait ne saurait influer sur la question de droit. D'ailleurs, la personne qui contracte avec une maison suisse ou allemande par l'entremise d'un *fondé de procuration*, sait qu'elle doit consulter les lois de ces pays et les registres et feuilles du commerce que ces lois ont organisés (1).

§ 27. — **Des sociétés commerciales** (2).

98. *Sociétés en nom collectif.* Forme ; renvoi.· — 99. Publicité : renvoi. — 100. Le caractère juridique de la société en nom collectif est déterminé par la loi du pays où est le siège social. Personnalité civile. Droit d'ester en justice. — 101. *Sociétés en commandite.* — 102. *Sociétés anonymes.*

98. — *Sociétés en nom collectif.* — En ce qui concerne la forme en laquelle la société en nom collectif doit être contractée, il y a lieu d'appliquer le principe du § 9.

(1) Bar, *Encyclopédie*, p. 698.

(2) Laurent, t. IV, 154-160 ; t. VIII, 180-183. M. Laurent insiste sur le caractère particulier de la société commerciale, qu'il traite avec faveur, tandis qu'il est hostile à la personnification civile en général. — Lyon-Caen et Renault, 538-546, *Des sociétés étran gères.* — Namur, *Le Code de commerce belge*, t. II, 1363-1375. — Lyon-Caen, *De la condition légale des sociétés étrangères en France, et de leurs rapports avec leurs actionnaires, porteurs d'obligations et autres créanciers.* Paris, 1870. Études de M. Vavasseur, J. D. P., t. II, sur les *Droits des sociétés étrangères en France* et sur les *sociétés constituées à l'étranger et fonctionnant en France.* — Namur, *De la situation légale des sociétés étrangères en Belgique*, J. D. P., t. IV, p. 381-388. Guillery, *De la condition légale des sociétés étrangères en Belgique*, même recueil, t. X, p. 225-239. — En Danemark, Hindenburgh, même recueil, t. XI, p. 35-39 ; — Sociétés étrangères en Italie, Clunet, même recueil, tome X, p. 26-28. Norsa, R. D. I., t. XIV, p. 442. On trouve R. D. I., t. XII et XIII, une étude approfondie de M. Sacerdoti sur les sociétés d'après le Code de commerce italien.

99. — Quant aux effets des publications prescrites par la loi et de l'omission de ces publications, aussi à l'égard des tiers, nous croyons pouvoir renvoyer à ce que nous venons de dire (n° 97) à propos des *fondés de procuration* allemands et suisses.

100. — Les législations déterminent très diversement la nature juridique de la société en nom collectif.

Dans plusieurs pays (1), cette société est reconnue comme personne civile, indépendante, ayant son patrimoine particulier, distinct de celui des associés.

Ailleurs (2), elle n'a qu'une personnalité purement *formelle*, sans autre effet que de lui permettre d'être partie indépendante dans les actes juridiques et dans les procès. C'est une association de personnes qui sont, dans

---

(1) Loi belge du 18 mai 1873, art. 2 : La loi reconnaît cinq espèces de sociétés commerciales : la société en nom collectif ; la société en commandite simple ; la société anonyme ; la société en commandite par actions ; la société coopérative. Chacune d'elles constitue une individualité juridique distincte de celles des associés.

Code fédéral des obligations, 559 : La société en nom collectif peut, sous sa raison sociale, devenir créancière et débitrice, ester en jugement, et acquérir des droits de propriété et autres droits réels, même sur des immeubles.

Le Code de commerce français ne proclame pas la personnalité des sociétés commerciales, mais la tradition l'a consacrée dès le moyen âge, et des articles de loi la présupposent. Lyon-Caen et Renault, 280-289.

(2) Ainsi aux Pays-Bas et en Allemagne. La Cour suprême de commerce de l'Empire s'est prononcée d'une manière constante contre la personnalité. Schneider, dans le *Rechtslexicon* de Holtzendorff, au mot *Handelsgesellschaft*. Il est à remarquer que le projet prussien du Code de commerce allemand considérait toutes les sociétés commerciales comme personnes morales ; la doctrine est encore aujourd'hui fort partagée.

la règle, solidaires envers les tiers pour les engagements contractés par l'une d'elles dans les affaires sociales, et créanciers solidaires des tiers dans les mêmes affaires. Le nom collectif, ou raison sociale, n'est autre chose qu'une manière abrégée de désigner tous les associés ; l'établissement, le siège de la société constitue le domicile commun des associés pour les affaires sociales.

On pourrait enfin concevoir une législation qui ne reconnaîtrait même pas cette personnalité purement formelle.

Quoi qu'il en soit, le caractère juridique de la société doit toujours être déterminé par la loi du lieu où elle a son établissement, son siège social. Il est vrai que dans les pays de la dernière catégorie on ne pourrait guère parler de siège social au point de vue juridique ; mais il existerait bien un siège de fait, qu'il serait possible de reconnaître (1).

---

(1) Une société est *étrangère* quand c'est à l'étranger qu'elle a son principal établissement, c'est-à-dire le centre de son exploitation, et non ses bureaux ou la plupart de ses actionnaires. « Les tribunaux français doivent donc refuser la qualification de sociétés étrangères aux sociétés qui vont se constituer en pays étranger pour échapper aux lois françaises. » Lyon-Caen et Renault, 546.

Crédit foncier suisse. J. D. P., t. I, p. 95-100, 154-159 ; t. II, p. 80-83. (Arrêté du Conseil fédéral du 21 janvier 1875.)— « La liquidation doit être maintenue dans celui des deux pays où les intérêts les plus importants sont engagés, et où la société faillie avait le centre et le foyer principal de ses affaires et de ses opérations. Il en doit être ainsi, notamment, à l'égard d'une société par actions, qui ne s'est placée sous l'empire des lois suisses que pour échapper aux prescriptions de sa loi nationale. » — Étude de M. Vavasseur, déjà citée, même tome, p. 345-354. — Voyez plus loin l'article 129 de la loi belge de 1873.

La règle que nous venons de poser est générale, et doit être observée partout. Ainsi la société qui a la personnalité civile d'après la loi de son siège social, conservera ce caractère en tout autre pays ; ceci découle d'un véritable droit coutumier concernant les personnes civiles, qui est admis dans une grande partie de l'Europe, et que l'on ferait peut-être bien de transformer en droit écrit. Et inversement, les sociétés auxquelles la loi du siège social dénie ce caractère, ne l'auront, en vertu du même droit coutumier, nulle part (1).

Les dispositions relatives à l'unité *formelle* de la société sont également applicables partout, indépendamment de la loi du *for*. En ce qui concerne le droit d'ester en justice, ceci n'est point contraire au principe énoncé plus haut, aux numéros 72 et suivants, à propos des formes de procédure. En effet, le droit des associés de s'obliger envers les tiers sous un nom collectif et d'être considérés comme ayant un domicile collectif, n'appartient point à la procédure, lors même qu'en suite de ce droit les associés peuvent être désignés sous leur nom collectif comme demandeurs ou défendeurs et cités en justice dans le lieu du domicile collectif.

---

(1) Bar, § 41. Voyez ci-dessus, n° 18, note, p. 46. Ce droit coutumier, que M. Laurent combat, n'existe pas aux États-Unis ni en Angleterre : « Les sociétés anonymes, corporations et autres établissements, jouissant de la personnalité juridique en vertu d'une législation ou d'une autorité étrangère, peuvent ester en justice en Angleterre ; et ils y jouissent *au moins de tous les droits qui n'impliquent pas l'autorisation d'agir en Angleterre avec le caractère de personnes juridiques*, comme par exemple du droit de voir protéger leurs marques de fabrique. » Westlake, R. D. I., t. XIV, p. 300. *Private international Law*, §§ 282-291.

Si la société n'a pas le droit d'ester en justice au lieu où est le siège social, ce droit ne lui sera reconnu nulle part ; le seul effet que le contrat qui l'a constituée aura à l'égard des tiers, c'est que la loi du siège social gouvernera les engagements de la société envers les tiers e des tiers envers la société.

La nature et l'étendue de ces engagements dépendra le plus souvent de l'observation ou de l'inobservation des prescriptions légales qui doivent assurer la publicité. Il convient d'appliquer ici ce que nous avons dit à propos des registres du commerce et des *fondés de procuration* (n° 97).

101. — *Sociétés en commandite* (1). — Il n'y a rien de particulier à dire, au point de vue du droit international, touchant les relations entre les commanditaires et les associés indéfiniment responsables. Si, d'après la loi du pays où la société en commandite a son siège, les commanditaires sont directement tenus envers les créanciers qui ont contracté avec les associés indéfiniment responsables, ce rapport doit être reconnu à l'étranger, pour les motifs qui viennent d'être exposés.

102. — *Sociétés anonymes.* — Il y a controverse, d'ancienne date et dans la plupart des pays, au sujet de la situation juridique des sociétés anonymes étrangères (2).

(1) Loi belge, ci-dessus, p. 196. Code suisse, art. 597 : La société en commandite peut, sous sa raison sociale, devenir créancière et débitrice, ester en jugement et acquérir des droits de propriété et d'autres droits réels, même sur des immeubles.

(2) C'est surtout la société anonyme que M. Laurent a en vue au t. IV, 154-160. — La nature juridique de la société anonyme est

La société anonyme, constituée conformément à la loi
du pays où elle a son siège, sera-t-elle reconnue et pourra-
t-elle exercer des droits comme telle dans un autre pays,
lors même qu'elle n'aurait pas satisfait aux conditions
qui y sont requises pour l'obtention du caractère de société anonyme? Les opinions sont ici fort divergentes;
elles l'étaient encore plus autrefois, quand il fallait dans
la plupart des pays l'autorisation du gouvernement (1).
Cependant la jurisprudence s'est prononcée, en général,
pour l'affirmative (2).

---

fort controversée en Allemagne, notamment en ce qui concerne la
personnalité. — Code suisse, art. 623 : La société anonyme n'acquiert
la personnalité civile que par l'inscription sur le registre du commerce... Loi belge, art. 2, ci-dessus, p. 196.

Le projet de loi français sur les sociétés par actions contient un
titre *Des sociétés étrangères*. L'article premier (90) de ce titre est
conçu en ces termes : Les sociétés étrangères par actions, constituées conformément aux lois de leur pays, peuvent exercer en
France tous les droits accordés aux étrangers, lorsqu'un décret
rendu en la forme de règlement d'administration publique aura,
par mesure générale, autorisé les sociétés de ce pays à exercer tous
leurs droits et à ester en justice en France. — J. D. P., t. X, p.
102-103.

Buchère, *Des actions judiciaires exercées en France par les sociétés
anonymes étrangères*, J. D. P., t. IX, p. 37-54. Le même, même recueil,
t. X, p. 479-494 : *De la condition des sociétés étrangères en France
dans le projet de loi sur les sociétés par actions*. — Ch. Kauffmann,
même recueil, t. IX et X : *De la condition juridique des sociétés anonymes françaises en Alsace-Lorraine*. — Belgique. Ancien droit : Dissertation de MM. Arntz, Bastiné et Bartels, *Belgique judiciaire*, t. IV.
Droit nouveau, Namur, aux endroits cités.

(1) Code de commerce français, art. 37, abrogé par la loi du 24
juillet 1867, art. 21.

(2) Ainsi, en particulier, aux Pays-Bas, après beaucoup de jugements en sens divers, par l'arrêt de la Haute Cour du 22 mars 1866.
Magazijn van Handelsregt, t. VIII, 94. — *Contra*, Cassation belge.

Aujourd'hui, dans la plupart des pays, la législation est intervenue, ainsi que des traités ; soit pour reconnaître simplement, avec ou sans réserve de réciprocité, les sociétés anonymes légalement formées en pays étrangers (1) ; soit pour soumettre à des conditions particulières les sociétés étrangères qui exercent leur industrie dans le territoire au moyen d'agences permanentes ou autrement, tout en reconnaissant d'ailleurs, sans restriction, leur caractère de société anonyme et leur droit d'ester en justice (2). Nous approuvons la distinction con-

8 février 1849 (*Pasicrisie*, 1849, I, 221), 30 janvier 1851 (*Pasicrisie*, 1851, I, 307).

(1) Loi belge du 14 mars 1855, abrogée par l'art. 128 de la loi de 1873, cité ci-après. Loi française du 30 mai 1857. Historique, Lyon-Caen et Renault, 539, et Buchère, J. D. P., t. IX, article cité plus haut. L'article premier de cette loi « habilite à exercer leurs droits en France et à y ester en justice les sociétés qui sont soumises à l'autorisation du gouvernement belge et qui l'ont obtenue. » Le second établit qu'un décret rendu, après avis du conseil d'État, pourra autoriser à agir en France les sociétés des autres pays. Cette autorisation a été donnée aux sociétés d'un grand nombre de pays : ainsi aux sociétés anonymes sardes le 8 septembre 1860 ; aux sociétés anonymes luxembourgeoises et aux portugaises, le 27 février 1861 ; aux suisses le 11 mai 1861 ; aux sociétés prussiennes le 16 décembre 1866 ; aux sociétés saxonnes le 30 mai 1868 ; aux sociétés des États-Unis le 6 août 1883. — Décret impérial relatif à la Suisse, article premier (unique) : Les sociétés anonymes et les autres associations commerciales, industrielles ou financières qui sont soumises, dans la Confédération suisse, à l'autorisation du gouvernement, et qui l'ont obtenue, peuvent ester en justice en France, en se conformant aux lois de l'Empire.

(2) Le traité franco-anglais du 30 avril 1862 a conféré à toutes les sociétés anglaises le droit d'agir en France, et à toutes les sociétés françaises le droit d'agir en Grande-Bretagne. — Art. 1er : Les Hautes Parties contractantes déclarent reconnaître mutuellement à toutes les compagnies et autres associations commerciales,

sacrée par ce second système ; nous admettons que la
société qui a légalement acquis la qualité de société
anonyme dans le pays où elle a son siège, doit être considérée comme telle partout ; nous voyons là un véritable
droit coutumier moderne (n° 100) ; mais il nous semble
juste et équitable que le législateur, qui impose dans
l'intérêt de la sécurité du commerce certaines prescriptions aux sociétés nationales, soumette également à
des prescriptions analogues les sociétés étrangères qui
exercent leur industrie dans le territoire (1).

industrielles et financières, constituées ou autorisées suivant les lois
particulières des deux pays, la faculté d'exercer tous leurs droits
et d'ester en justice devant les tribunaux, soit pour intenter une
action, soit pour y défendre, dans toute l'étendue des États et possessions de l'autre Puissance, sans autre condition que de se conformer aux lois desdits États et possessions.

Traité anglo-belge du 13 novembre 1862.

(1) La loi belge du 18 mai 1873 nous paraît avoir bien résolu la
question de principe :

Art. 128. Les sociétés anonymes et les autres associations commerciales, industrielles ou financières, constituées et ayant leur
siège en pays étranger, pourront faire leurs opérations et ester en
justice en Belgique.

129. Toute société dont le principal établissement est en Belgique, est soumise à la loi belge, bien que l'acte constitutif ait été
passé en pays étranger.

130. Les articles relatifs à la publication des actes et des bilans
et l'article 66 sont applicables aux sociétés étrangères qui fonderont
en Belgique une succursale ou un siège quelconque d'opération.

Les personnes préposées à la gestion de l'établissement belge
sont soumises à la même responsabilité envers les tiers que si elles
géraient une société belge.

L'article 66 prescrit de faire suivre dans tous les actes,
annonces, etc., le nom de la société des mots : *Société anonyme*.

Un essai de règlement législatif, fait en Hollande en 1859, n'a
pas abouti ; après rejet de l'article premier, le projet a été retiré
par le gouvernement. — La convention entre les Pays-Bas et l'Italie,

§ 28. — De la lettre de change (1).

103. Difficultés et importance de la matière. — 104. Qui est capable de
s'engager par lettre de change. — 105. Forme des engagements. *Locus
regit actum*. De l'influence exercée par une inscription fautive sur les
inscriptions suivantes. Engagements entre personnes de même nationalité à l'étranger; lois allemande, scandinave, suisse. — 106. La substance
de la lettre de change est régie par la *lex loci contractus*. Du délai de
grâce accordé en pays étranger (loi moratoire française du 13 août 1870).
— 107. De la solidarité. — 108. Du rapport qui existe entre les diverses
inscriptions d'une lettre de change.

103. — Les questions de droit international privé se
présentent constamment dans cette matière, par suite de

du 11 avril 1868 (*Staatsblad*, 1869, n° 71) a le tort de renoncer
complètement, en faveur des sociétés étrangères, même lorsqu'elles
ont dans le territoire des agences permanentes et même leur siège
de fait, aux garanties qui sont exigées des sociétés formées dans le
territoire. Asser, *Handelsregtelijke Aanteekeningen*, 2. Amsterdam,
1868. — Van Nierop, *Het Tractaat tusschen Nederland en Italië*. —
Magazijn van Handelsregt, t. XI.

Les sociétés étrangères non autorisées, dont le pays n'est pas au
bénéfice d'un décret rendu en vertu de la loi de 1857, n'ont pas
d'existence légale en France ; elles ne peuvent y exercer de droits,
ni opérer, ni agir en justice ; mais elle ne pourraient se prévaloir
du défaut d'autorisation pour se soustraire aux obligations contractées. En ce sens, Cassation, 19 mai 1863 (Dalloz, 1863, I, 218).
Contra, Paris, 15 mai 1863 (Dalloz, 1863, II, 84). Lyon-Caen et
Renault, 545. — L'art. 96 du projet de loi sur les sociétés par actions
(1883) porte : Les opérations faites illégalement en France par des
sociétés étrangères sont nulles à l'égard des tiers ; ces sociétés ne
peuvent se prévaloir de cette nullité.

(1) Vidari, *La lettera di cambio*. Florence, 1869. — Esperson,
Diritto cambiario internazionale. Florence, 1870. — Chrétien, *Étude
sur la lettre de change en droit international privé*. Paris, 1881. R. D.
I., t. XIII, p. 666. — Ch. Brocher, *Étude sur la lettre de change dans
ses rapports avec le droit international privé*, R. D. I., t. VI. Le même,
*Notice sur le Code de commerce italien et plus spécialement sur le titre
se rapportant à la lettre de change*. Paris, 1879. (Extrait de la *Nou-

la nature de la lettre de change, laquelle circule souvent
de pays en pays et sert à règler des opérations commerciales intervenues entre des individus habitant les con-
trées les plus éloignées(1); ces questions naissent soit de
divergences radicales sur l'essence même de la lettre de
change, que la loi française conçoit autrement que la loi
allemande, soit d'une réglementation différente de plusieurs points de détail (2).

velle Revue historique de droit français et étranger.) — Brackenhœft,
Archiv für Deutsches Wechselrecht, t. II, cité par M. de Bar. — Hovy,
De Beginselen van het internationaal Wisselregt, 1858. — Schæffner,
§§ 93-96. Bar, §§ 84-86. Fiore, 343-360. Brocher, 239-255. —
Lyon-Caen et Renault, 1010, 1310-1321 : *Du conflit des lois en matière
de lettres de change.*

(1) Lyon-Caen et Renault, 1310.

(2) La loi allemande de 1848 a consacré législativement la théorie
que Ch. Einert (1777-1855) avait développée scientifiquement en 1839,
dans son livre intitulé *Das Wechselrecht nach dem Bedürfnisse des
Wechselgeschæftes im neunzehnten Jahrhundert ;* théorie que la pratique avait d'ailleurs préparée depuis longtemps en Angleterre et aux
États-Unis. Il s'opère actuellement, dans toute l'Europe, un mouvement tendant à l'uniformité des lois sur la lettre de change. Dans un
rapport présenté à l'Institut de droit international, à Turin, en 1882,
M. Asser a signalé comme les matières « à l'égard desquelles l'uniformité est la plus désirable, » les *lettres de change et autres papiers
négociables*, le *contrat de transport*, et les *principales parties du droit
maritime.* « Une législation uniforme, dit M. Asser, ne serait pas si
difficile à réaliser. Le système de la loi allemande a été adopté,
sauf des modifications de détail, par les législateurs de l'Autriche,
de la Hongrie, de la Suisse, de l'Italie, des trois royaumes scandi-
naves ; le nouveau projet russe de 1882 repose sur la même base.
Les Pays-Bas suivront probablement l'exemple de tous ces États, et
la loi belge de 1872 se rapproche à plusieurs égards du système
allemand. » La loi belge forme, en quelque sorte, le trait d'union
entre le système du Code français et celui de la loi allemande. Les
Codes de commerce de l'Espagne et du Portugal suivent le système
français, comme le Code actuel des Pays-Bas et les lois turque,
grecque, roumaine. Le Code serbe, en revanche, est calqué sur la

Nous ne pouvons nous occuper, dans ces *Éléments*, que des points principaux ; nous traiterons successivement de la capacité des souscripteurs, de la forme des obligations de change, enfin de leur substance, en y comprenant les actions récursoires.

104. — Au sujet de la capacité des parties. il y a lieu d'appliquer le principe général posé aux numéros 18 et 22. C'est donc la loi nationale (1) de la personne qui signe sur la lettre de change, qui décide si cette personne est capable de s'engager par lettre de change ; et il en est ainsi même lorsque cette capacité est subordonnée à des conditions particulières de telle sorte qu'une personne en général capable de s'obliger ne l'est pas pour s'obliger par lettre de change (2).

loi allemande. — Sur le projet russe, pour lequel on a fait appel aux lumières de jurisconsultes étrangers et qui a été remis plus d'une fois sur le métier : Georg Cohn, *Der Entwurf einer Wechsel-ordnung für das Russische Reich, und die neuen Wechselgesetze Bel-giens, Ungarns, Skandinaviens, der Schweiz, Italiens und Grossbri-tanniens,* dans la Revue de MM. Bernhœft et Cohn (*Zeitschrift für vergleichende Rechtswissenschaft*), t. IV (1883). M. Georges Cohn a publié, en 1880, de précieuses études sur la théorie d'un droit uni-forme des lettres de change, *Beitræge zur Lehre vom einheitlichen Wechselrecht.* — Recueil général : Borchardt, *Vollstændige Sammlung der geltenden Wechsel- und Handelsgesetze aller Lænder.* Berlin, 1871.

L'Institut de droit international a chargé une commission, dont MM. Norsa et Renault sont rapporteurs, d'étudier le conflit des lois en matière de lettre de change, et les bases possibles d'une loi uni-forme.

(1) Rappelons que, pour beaucoup d'auteurs, c'est la loi du domi-cile, mais que le principe de la loi nationale est expressément consacré par les lois allemande, suisse, scandinave. Ci-dessus, n°s 20, 21, 23.

(2) Exemples : Code de commerce français, 113. — Incapacité

Peu importe, au point de vue de la capacité, le lieu où l'obligation est contractée.

La loi allemande (article 84, alinéa 2), la loi suisse (article 822), et la loi scandinave (article 84), dérogent au principe énoncé ci-dessus, en statuant que l'étranger qui d'après la loi allemande, ou scandinave, ou suisse, serait capable de s'obliger par une lettre de change, s'oblige valablement de cette façon, en Allemagne, ou en Suède, Norvège et Danemark, ou en Suisse, encore qu'il soit incapable d'après la loi de son pays (1). Cette dérogation, que l'on motive par les intérêts du commerce, nous paraît difficile à justifier ; il est à remarquer que la commission allemande ne l'a votée qu'à la majorité d'une voix, par dix voix contre neuf (2).

des membres de familles souveraines ; arrêt Jeannisset contre Delamarre, 26 novembre 1850. Dalloz, 1851, II, 43. Brocher, t. II, p. 329. — Les auteurs sont partagés. Savigny, § 364, p. 149-159. Bar, § 55, et *Encyclopédie*, p. 691. On ne saurait nier que la reconnaissance internationale des incapacités spéciales peut offrir des dangers sérieux.

(1) Code fédéral des obligations, 822 : La capacité de s'obliger par lettre de change est déterminée pour les étrangers par la loi du pays auquel ils appartiennént.

Toutefois l'étranger qui, d'après le droit suisse, serait capable de s'obliger par lettre de change, s'oblige valablement de cette façon en Suisse, encore qu'il en soit incapable d'après le droit de son pays.

Quant à la capacité des Suisses, elle est réglée par le présent Code ; peu importe qu'ils résident dans le pays ou à l'étranger.

720 : Toute personne capable de s'obliger par contrat peut s'obliger par lettre de change.

Au sujet des mots *de son pays*, au deuxième alinéa de l'art. 822, M. Brocher remarque qu'ils doivent s'entendre de la loi du domicile ou de celle de la patrie, suivant le système consacré dans la localité dont la loi doit servir de règle (251).

(2) *Protocolle der Leipziger Wechselconferenz*, n° 34 ; 17 novembre 1847.

105. — Pour toutes les obligations exprimées sur la lettre de change, du tireur, des endosseurs, de l'accepteur, on applique généralement la règle *Locus regit actum*. Chaque inscription doit être conforme à la loi du pays où elle est faite (1).

Jusqu'à quel point la nullité d'une inscription, pour vice de forme, influera-t-elle sur la validité des autres inscriptions qui sont faites correctement? Cette question sera résolue diversement, selon que la loi du pays où l'inscription a été faite suivra le système français ou le système allemand.

Dans le système du *contrat de change*, où l'endossement est considéré surtout comme preuve du transport d'une créance, les endossements qui suivent un endossement nul ne sauraient être valables comme tels. Dans le système allemand, au contraire, le caractère prédominant de toute obligation de change est celui d'une promesse de payement faite sous certaines réserves ; de là la disposition du § 85, alinéa 2, de la loi allemande, d'après laquelle on ne peut contester la validité d'énonciations inscrites postérieurement dans le territoire, en se fondant sur le fait que des énonciations antérieures, inscrites à l'étranger, sont fautives, alors que la forme de

____

(1) La lettre de change doit être considérée comme régulière partout, dès qu'elle est conforme à la loi du pays où elle est créée. Lyon-Caen et Renault, 1313.

Cassation française, 18 août 1856, Wieldon contre Hébert. Dalloz, 1857, I, p. 39. — Code fédéral, 823, al. 1 : Les conditions essentielles de la lettre de change tirée d'un pays étranger, ainsi que de tout autre engagement de change signé en pays étranger, sont déterminées par la loi du lieu où l'acte a été fait.

ces dernières est correcte d'après la loi allemande (1).

La disposition du 3ᵉ alinéa du § 85 de la même loi allemande ne paraît pas tout à fait d'accord avec les principes d'ailleurs en vigueur en Allemagne. D'après cet alinéa les énonciations par lesquelles un regnicole s'engage envers un autre regnicole en pays étranger, produisent l'effet prévu par la loi allemande si elles sont conformes aux prescriptions de cette loi (2). Nous avons dit, au numéro 30, que plusieurs auteurs admettent une exception à la règle *Locus regit actum*, dans le cas où deux ou plusieurs citoyens d'un même pays contractent en pays étranger, ou que tout au moins, en pareil cas, ces auteurs tiennent l'acte pour valable quant à sa forme, si celle-ci est régulière selon la loi des contractants. Nous avons combattu cette théorie; elle nous paraît particulièrement inacceptable en matière de lettre de change. L'engagement de change n'est pas pris envers une personne déterminée, partie contractante, et ses cessionnaires, mais envers

(1) Code fédéral, 823, al. 2 et 3 : Si toutefois les engagements signés en pays étrangers sont conformes aux dispositions de la loi suisse, la circonstance qu'ils seraient irréguliers d'après la loi étrangère n'infirme point la valeur légale des engagements subséquents inscrits en Suisse sur la lettre de change.

(2) Loi sur les lettres de change, § 85, al. 3 : Ebenso haben Wechselerklærungen, wodurch sich ein Inlænder einem anderen Inlænder im Auslande verpflichtet, Wechselkraft, wenn sie auch nur den Anforderungen der inlændischen Gesetzgebung entsprechen. — Cette disposition a passé dans la loi scandinave (§ 85) et dans le Code suisse, art. 823, al. 3 : De même les engagements de change signés à l'étranger par un Suisse en faveur d'un autre Suisse engendrent les diverses obligations spéciales en matière de lettre de change, pourvu qu'ils soient conformes aux dispositions de la loi suisse.

tout porteur légitime. La question de savoir qui était le porteur au moment où l'engagement a été pris, est indiffé-rente ; il n'est donc pas permis de déroger à la règle *Locus regit actum* en raison de la nationalité de ce porteur, laquelle s'est trouvée être aussi celle du débiteur. On allègue l'intention présumée des parties ; mais quelle que soit la valeur que l'on accorde en général à l'intention présumée, nous demandons si l'on en peut raisonnable-ment tenir compte, alors qu'il s'agit de l'effet de l'obliga-tion de change ? Surtout il nous semble que l'alinéa 3 de l'article 85 est en désaccord avec le caractère essentielle-ment formel que le législateur a donné à cette obligation.

106. — En règle générale, chacune des obligations exprimées sur la lettre de change est régie, quant à sa substance, par la loi du lieu où elle est contractée, en vertu des principes exposés ci-dessus, aux numéros 33 et suivants.

Divers auteurs appliquent aux principales obligations de change la proposition mentionnée au numéro 33 (page 73), d'après laquelle on statue une exception à la règle de la *lex loci contractus* lorsque l'obligation doit être exécutée ailleurs que là où elle a été contractée. Ils pensent, en conséquence, que l'étendue des obligations du tireur, de l'endosseur, de l'accepteur, dépend de la loi du lieu sur lequel la lettre est tirée, parce que c'est en ce lieu que doit se faire le payement, et que doit par consé-quent être exécutée l'obligation des débiteurs susnom-més, laquelle serait destinée à procurer au porteur le paye-ment audit lieu. Nous avons reconnu, au numéro 33, que

14

ce qui concerne l'exécution d'une obligation est régi par la loi du lieu de l'exécution. Mais l'application qu'on veut faire ici de cette proposition juste, est erronée. A quoi s'obligent, en effet, le tireur et les endosseurs? Uniquement à rembourser le porteur si la lettre n'est pas payée, ou à le garantir si elle n'est pas acceptée. Or, ces obligations doivent être exécutées par eux dans le lieu de leur domicile.

Le tireur et l'endosseur s'engagent sous certaines conditions, lesquelles, nous l'avons dit, sont régies par la loi du lieu où l'engagement est pris; c'est donc d'après la loi de chacun de ces débiteurs que se résoudra la question de savoir si le porteur, pour avoir son recours contre lui, doit faire dresser protêt, si le protêt doit être notifié, etc. Mais en ce qui concerne les formalités du protêt et de la notification, et aussi, d'après la plupart des auteurs, en ce qui concerne les délais fixés pour ces actes, on doit appliquer la loi du lieu où ces actes sont faits (1).

Toujours en vertu de la règle posée ci-dessus, nous disons que l'obligation de l'accepteur est soumise à la loi du lieu de l'acceptation. Ceci s'applique à tout ce qui concerne le jour de l'échéance, le mode de payement, etc.

Il se peut que, par suite de circonstances exceptionnelles,

______

(1) Ainsi la loi allemande, art. 86, la loi scandinave, art. 86, le Code suisse, art. 824 : Quant à la forme des actes requis pour l'exercice et la conservation sur une place étrangère des droits qui dérivent du contrat de change, elle est déterminée par la loi en vigueur sur cette place. — Le Code espagnol (486) et le Code brésilien (424) contiennent des dispositions analogues, mais d'une teneur plus générale et comprenant sans doute aussi les délais. L'article 63 de la loi sur les lettres de change du canton d'Argovie mentionnait les délais expressément.

le législateur ait pris des mesures destinées à soulager
l'accepteur, qu'il lui ait accordé, par exemple, un délai de
grâce. L'accepteur étant au bénéfice d'une telle mesure
prise par loi ou décret, le porteur, qui n'a pas fait dresser protêt et n'a pas exercé son recours en temps utile,
pourra-t-il s'en prévaloir contre le tireur et l'endosseur
domiciliés dans un autre pays ? Question difficile, fort
débattue pendant et après la dernière guerre franco-alle-
mande (1). La Cour suprême de commerce de Leipzig,
par arrêt du 21 février 1871, a écarté l'action récursoire
qu'intentait contre un débiteur allemand le porteur d'une
lettre de change payable en France, lequel invoquait
la loi moratoire française du 13 août 1870. La Cour
de Leipzig a jugé que, quels que fussent les termes de
ladite loi, son intention était d'accorder un délai de
grâce aux débiteurs français, et qu'aucun principe reconnu du droit international n'autorisait le porteur à se
prévaloir de cette loi pour se justifier de n'avoir pas rem-
pli les conditions auxquelles les débiteurs allemands
avaient subordonné leur obligation en cas de recours ; le
porteur, dit encore l'arrêt de Leipzig, ne peut non plus
invoquer la force majeure ; car, en premier lieu, la force
majeure ne saurait justifier l'inaccomplissement des conditions du recours, et, en second lieu, la loi, tout en pro-
rogeant le délai de protêt, n'a point interdit de faire dresser protêt plus tôt: elle a seulement voulu empêcher de
recourir sur protêt antérieur contre les débiteurs fran-

____

(1) Arrêts : J. D. P., t. I, p. 100, 126, 139 s., 149 s., 185-191,
209-214.

çais (1). L'arrêt de Leipzig a été défendu par plusieurs auteurs (2) et combattu par d'autres (3) ; de part et d'autre on est remonté jusqu'aux principes essentiels du conflit des lois en matière de lettres de change (4).

(1) J. D. P., t. I, p. 185-191.

(2) Entre autres par M. Fick, professeur à Zurich, *Ueber internationales Wechselrecht in Beziehung auf Fristbestimmungen* (*Central-organ für Deutsches Handelsrecht*, t. VII, et à part, Elberfeld, 1872); par M. Hovy, dans le *Magazijn van Handelsregt*, XIII ; par M. César Norsa, avocat à Milan, *Sul conflitto internazionale delli leggi cambiali* (*Monitore dei Tribunali*, 1871, et à part, Milan, 1871 ; voyez R. D. I., t. III, p. 503-505). — Le principe a été consacré législativement par le Code fédéral des obligations, art. 813 : Les obligations dérivant de la lettre de change s'éteignent par la prescription, ou par l'inobservation de l'une des formalités ou de l'un des délais auxquels la loi en a subordonné l'existence, encore que la prescription ou la déchéance résulte d'un événement de force majeure ou qu'aucune faute ne soit imputable au créancier. — Voyez aussi Jaques, *Die durch das franzœsische Moratoriengesetz hervorgerufenen Regress-fragen.* Vienne, 1872.

(3) Entre autres par M. Lebano (*Temi Italica*, 1871) ; par M. van Raalte, *De schorsing van het Wisselprotest in Frankrijk*, Rotterdam, 1871 ; par MM. Munzinger et Niggeler, avocats à Berne, dans une consultation. — La théorie opposée à celle de la Cour de Leipzig a été consacrée par un arrêt amplement motivé de la Cour d'appel de Genève du 25 mars 1872 (*Journal de Genève* du 10 avril 1872), et par un arrêt de la Cour de cassation de Turin du 6 mars de la même année. — Voyez sur toute cette question, Goldschmidt, *Zeitschrift für Handelsrecht*, t. XVII et XVIII, et Salpius, même Revue, t. XIX.

(4) En lisant les diverses études mentionnées dans les notes précédentes, on ne peut s'empêcher de trouver que le rapporteur de la loi du 13 août 1870 a traité un peu trop légèrement les difficultés internationales, lorsqu'il a dit : « La loi française règle et réglera, même pour l'étranger, la matière commerciale. *C'est une règle du droit des gens.* La loi nouvelle est obligatoire ; elle constitue un cas de force majeure, elle est une force majeure, un fait imprévu, opposable devant tous les tribunaux étrangers, reconnu par le droit des gens. Aucun tribunal du monde ne déclarera le recours perdu devant un pareil fait. »

107. — La règle que l'obligation de chacun des débiteurs est gouvernée par la loi du lieu où il s'est engagé, avec la réserve que nous avons faite au sujet de l'accomplissement des conditions requises au domicile du tiré, s'applique encore à la responsabilité solidaire des débiteurs, que les législateurs ont réglée fort diversement. Tantôt le porteur est libre d'actionner celui des débiteurs qu'il veut, sans avoir à suivre un ordre déterminé, et peut même les poursuivre tous à la fois ; tantôt il a le choix entre l'action individuelle et l'action collective, mais s'il actionne le tireur, il renonce à actionner les endosseurs, et s'il attaque un endosseur, il renonce à poursuivre les endosseurs subséquents. Telle est en particulier la disposition de la loi hollandaise (Code de commerce, 186), tandis que la loi allemande n'a pas cette restriction : l'endosseur hollandais d'une lettre de change allemande pourrait s'en prévaloir, si le porteur voulait exercer son recours contre lui après avoir poursuivi le tireur.

Même la question de savoir si l'obligation est solidaire, doit être résolue pour chaque débiteur selon la loi du lieu où il s'est engagé.

On a soutenu le contraire. M. Massé, se plaçant au point de vue de l'ancienne loi autrichienne, qui rejetait la solidarité, dit que les obligations inscrites dans un pays de solidarité sur une lettre de change autrichienne ne sont pas solidaires, et inversement il tient pour solidaire l'engagement signé en Autriche sur une lettre créée dans un pays de solidarité. M. Fiore admet ce second point et rejette le premier, en faisant une distinction qui certainement n'est pas juste (1). Selon M. Massé, « le preneur de la lettre de change, qui l'a reçue sans action solidaire contre le tireur, l'a transmise à son tour sans action solidaire, puisqu'il n'a pu transmettre plus de droit qu'il n'en avait lui-même, de telle sorte, que les endossements passés en France n'ont pu donner aux endosseurs et au porteur français d'autres droits que ceux qui résultaient de l'obligation principale. » Et pour le cas inverse: « L'obligation solidaire à son origine ne cesserait pas de l'être en passant sur le territoire autrichien, parce que les endosseurs et le porteur autrichien, qui l'auraient reçue avec ce bénéfice, seraient présumés l'avoir acceptée dans ces termes par cela seul qu'il n'y auraient pas expressément renoncé. »

Toute cette doctrine doit être rejetée. Elle est en désaccord avec le principe d'après lequel l'obligation de change est régie quant à sa substance par la loi du lieu où elle est contractée. C'est méconnaître la nature de la transmission de la créance de change que de la concevoir comme une cession, et cela même d'après le droit français. Il n'est point vrai, en matière de lettre de change, que nul ne puisse transférer à autrui plus de droit qu'il n'en a lui-même.

La notion de la solidarité n'oblige nullement à statuer des exceptions à notre règle : on peut parfaitement tenir pour débiteur solidaire celui qui s'est obligé dans un pays de solidarité, et pour non solidaire celui qui s'est obligé

(1) M. Massé, 623, oublie que la loi autrichienne de 1816 est remplacée par la loi générale allemande. M. Fiore, 358, partage cette erreur.

dans un pays où règne le système contraire. La question n'est d'ailleurs plus de première importance, en pratique, parce que les lois actuelles consacrent généralement la solidarité.

Enfin, la règle que nous avons posée s'applique également aux effets de la solidarité.

108.—Le rapport qui existe entre les diverses mentions inscrites sur la lettre de change, n'est pas réglé d'une manière uniforme. Selon la loi allemande, elles sont indépendantes les unes des autres ; ainsi d'après les articles 75 et 76, l'acceptation, l'endos, la signature même du tireur peuvent être faux et, toutes les autres inscriptions étant vraies, constituer des engagements parfaitement valables ; ces dispositions de la loi allemande seront applicables même lorsque le faux a été fait à l'étranger et dans un pays où règne un système tout différent (1).

(1) Code fédéral des obligations, 801 : Lorsqu'une lettre de change porte des signatures fausses ou falsifiées, les signatures véritables n'en produisent pas moins les effets spéciaux attachés aux titres de cette nature. Loi du Danemark, § 88 : S'il se trouve sur une lettre de change des signatures fausses ou qui ont été données par des personnes incapables de s'engager par lettre de change, ou qu'il s'y trouve des signatures qui par une autre raison ne lient pas les personnes au nom desquelles elles sont données, ces faits ne changeront en rien la responsabilité des autres débiteurs par lettre de change.

§ 29. — Droit maritime (1).

109. Des navires et de la transmission de la propriété des navires. — 110.
Des propriétaires de navires, et de leur responsablité relativement aux
actes du capitaine. — 111. De l'affrètement. — 112. De l'abordage fluvial
et de l'abordage dans les eaux territoriales. — 113. De l'abordage en
pleine mer. — 114. Du naufrage, de l'échouement et des épaves. Droit de
sauvetage. — 115. Traités internationaux concernant les naufrages. —
116. De l'assurance. — 117. Des avaries communes ou avaries grosses. —
118. Du règlement d'avaries, lorsque, le navire étant arrêté par fortune
de mer, la cargaison arrive à destination. — 119. Loi du règlement, de
la *dispache*. — 120. Clause confiant le règlement d'avaries aux consuls.

109. — Les navires sont meubles, et néanmoins, d'a-
près la plupart des législations. la propriété n'en est
transférée que moyennant transcription sur les registres
publics. De là naît une grave difficulté.

(1) Lyon-Caen, *Études de droit international privé maritime.* Paris,
1883 (Extrait du J. D. P.). — M. Lyon-Caen a voulu surtout démon-
trer, dans ces Études, qu'il y a lieu souvent, en présence des divergences des législations, de ne pas tenir compte des principes ordinaires pour s'attacher à la loi du pavillon. — Dans son rapport
présenté à l'Institut de droit international en 1882, M. Asser s'exprime en ces termes, spécialement à propos de la propriété des
navires, des hypothèques et privilèges maritimes et des contrats à
la grosse : « Par rapport aux navires, la substitution de la loi nationale à la *lex rei sitæ* se recommande en théorie. Mais dans la pratique, l'application de ce principe ne suffit pas pour écarter tout
conflit, car d'abord les conditions de la nationalité des navires ne
sont pas les mêmes d'après toutes les législations ; ensuite, le principe exige souvent l'application des lois d'un pays éloigné, peu
connues dans le lieu où l'acte concernant le navire doit être accompli ; enfin, la nature mixte des privilèges sur les navires rend souvent impossible d'y appliquer les lois du pays étranger auquel
appartient le navire pour lequel la dette a été contractée. » — Esperson, *Giurisdizione internazionale marittima.* Milan, 1877. — Labbé,
dans le recueil de Sirey, 1871. — A. de Courcy, *Questions de droit
maritime.* Paris, 1878.

La transmission des immeubles étant régie par la loi de la situation, toutes les transcriptions sur les registres publics, relatives aux immeubles, sont soumises à la loi d'un seul et même pays. S'il était possible d'appliquer le principe de la loi de la situation aux navires, le résultat serait tout différent : les registres perdraient leur unité et cesseraient de répondre à leur destination, qui est de donner pleine certitude concernant le nom des propriétaires des navires de l'espèce à laquelle est consacré le registre (1).

Il faut dire, en conséquence, que dans les pays où existent des registres maritimes, aucune transmission de navires inscrits, même de ceux qui se trouvent à l'étranger, ne sera reconnue si la transcription n'en est faite sur ces registres. Cette règle n'est que l'application par analogie de ce qui a été dit au sujet des immeubles (*supra* n° 29) (2).

110. — Il règne une grande diversité, dans les législations, en ce qui concerne la responsabilité personnelle des propriétaires de navires relativement aux engagements contractés par le capitaine ou ses employés (3).

(1) Et aussi concernant les hypothèques grevant les navires, d'après la législation de divers pays.

(2) Cette règle est consacrée implicitement par l'article 310 du Code de commerce néerlandais, qui déclare applicable la loi du lieu étranger où le navire est livré, lorsque la tradition est faite à un étranger, ou plus exactement *à une personne non établie* (*ingezetenen*) *aux Pays-Bas* : il en résulte que si l'acquéreur est établi dans le royaume des Pays-Bas, on appliquera la loi hollandaise.

(3) Lyon-Caen, 40 s. — Courcy, *La responsabilité des propriétaires de navires en Angleterre et en France.*

L'étendue de cette responsabilité est déterminée par la loi du lieu où est l'établissement d'armement et où le capitaine ou l'employé a reçu ses pouvoirs. C'est la loi du pavillon, et, sous ce rapport, elle est applicable partout. On est d'accord sur ce point.

La loi du pavillon doit déterminer aussi les conditions sous lesquelles, dans certains cas, la responsabilité des propriétaires est restreinte ou cesse ; par exemple, le délaissement du navire et du fret.

Le délaissement n'est pas toujours exigé pour la libération totale ou partielle des propriétaires de navires ; le droit anglais, par exemple, dans la plupart des cas et lorsqu'aucune faute ni négligence ne leur est imputable, limite leur responsabilité personnelle au payement d'une certaine somme proportionnelle au tonnage, et le *Merchant shipping Act* étend expressément cette règle aux navires étrangers. Que fera le juge anglais, en présence de propriétaires français ? Appliquera-t-il à leur égard la loi française en matière d'abandon ? On voit qu'il y a conflit, sur ce point, entre une disposition du droit positif et le droit tel qu'il semble devoir résulter des principes généraux (1).

111. — Conformément à la nature des choses et aux principes que nous avons exposés plus haut (numéro 33, p. 74), le contrat d'affrètement est gouverné principale-

______

(1) La libération par abandon du navire et du fret, consacrée par l'art. 216 du Code de commerce français, l'est aussi par les Codes allemand (452-454), italien, hollandais, et par la loi belge du 21 août 1879.

ment par la loi du lieu de destination des marchandises. C'est là, en effet, que la cargaison doit être livrée et le fret payé ; c'est là que doivent, régulièrement, être exécutées les principales obligations de part et d'autre (1).

C'est donc la loi de la destination, comme *lex loci executionis*, qui déterminera si un fret est dû, et dans l'affirmative, si c'est un fret total ou un fret de distance ; l'étendue de la responsabilité pour livraison des marchandises ; l'obligation en dommages-intérêts ; les conditions du recours contre le capitaine, etc. (2).

Quid, s'il y a doute sur la destination ? Supposons que le capitaine en doit être informé dans un port d'ordre, par exemple « dans un port du Royaume-Uni, » ou « dans un port du continent entre Bordeaux et Hambourg, entre le Havre et Hambourg, » et que le voyage se trouve interrompu pour innavigabilité avant l'arrivée au port d'ordre.

(1) Molengraaff, *Étude sur le contrat d'affrètement. Principes fondamentaux d'une loi uniforme internationale*. R. D. I., t. XIV, p. 39 s., 260 s.

(2) Le Code de commerce hollandais applique d'une manière précise et générale la règle de la *lex loci executionis* aux navires étrangers à destination des Pays-Bas, à l'article 498, qui est du reste mal rédigé. Cet article, dans sa rédaction hollandaise, contient une faute d'inadvertance qui en dénature le sens. Le texte vrai est donné par le texte français authentique du Code des Pays-Bas, de 1830, article 388 : « Pour ce qui concerne le déchargement *et* tout autre acte, etc. »
L'art. 498 ne parle pas des navires à destination de l'étranger. Il est permis cependant d'admettre que le législateur n'a pas entendu leur appliquer un principe différent ; nous voyons en effet, par les articles 457 et 458 du même Code, qu'en tant que l'exécution du contrat doit avoir lieu à l'étranger, il en fait dépendre les effets de la loi étrangère. Asser, *Magazijn van Handelsregt*, XI (1869).

D'après la jurisprudence hollandaise, on cherchera à reconnaître, par les circonstances, quel port de destination devait être indiqué au port d'ordre.

On considérera en première ligne la destination effective donnée à la cargaison, après que l'on aura pris au port de nécessité un autre navire pour le transport ultérieur (1).

112. — L'abordage en mer dans les eaux territoriales est jugé, comme l'abordage fluvial, selon la loi du lieu où le fait s'est produit, conformément à la règle des obligations *ex delicto* et *quasi ex delicto* (n° 40) (2).

On a soutenu, et la jurisprudence anglaise l'a sanctionné, qu'en cas de choc entre navires de même pavillon dans des eaux étrangères, il faut appliquer la loi du pavillon ; qu'au moins le juge du même pays doit l'appliquer. Cette doctrine nous paraît difficile à motiver.

113. — Lorsque l'abordage a eu lieu en pleine mer, il ne saurait être question d'une *lex loci* ; mais il paraît équitable et naturel, à défaut d'une loi générale internationale, d'appliquer la loi du tribunal saisi (*lex fori*). En effet, puisqu'aucune loi étrangère n'est applicable, le juge doit juger selon sa propre loi (3).

(1) Conformément à l'article 478 du Code de commerce néerlandais.

(2) Sur l'abordage : Lyon-Caen, 60-62. — Deloynes, *Questions pratiques d'abordage maritime*. Paris, 1878. — Twiss, *Collisions on sea.*

(3) M. Asser a signalé à l'Institut de droit international la néces-

114. — Tout ce qui concerne les objets et biens, débris, varechs, gréements, etc., que la mer a rejetés sur la côte ou qui y sont apportés après avoir été sauvés ou repêchés, est régi, en vertu du principe posé au n° 40 touchant les quasi-contrats, par la loi du lieu où ces objets sont échoués ou sauvés : ainsi, notamment, le sauvetage, les droits et obligations des sauveteurs, la conservation des biens sauvés, les réclamations des propriétaires ou soi-disant tels, les droits subsidiaires de l'État (1).

Il n'est plus question des anciens droits de bris ou de naufrage, d'épave, de varech, ni d'autres droits analogues (2).

La loi du lieu régit en particulier ce qui concerne les secours portés aux navires en détresse et amenés en un port, et le règlement du droit de sauvetage. Quant à ce droit, quelques lois ont des dispositions particulières,

sité d'un règlement international uniforme sur les *Collisions de navires en pleine mer*. A. D. I., t. VI, p. 81-82.

Arrêts français et étrangers en matière d'abordage, notamment au point de vue de la compétence, J. D. P., t. I, p. 24-30, 36-39. — Jurisprudence belge, J. D. P., t. II, p. 292-293.

A quelle distance de la côte commence la pleine mer? Question de droit public, à laquelle on a répondu de façons très différentes. L'opinion la plus générale aujourd'hui, c'est que le domaine de l'État riverain s'étend jusqu'à cinq kilomètres (trois milles marins anglais) de la côte.

(1) Les droits réels ou de rétention dont les objets échoués ou sauvés peuvent être affectés, sont régis, en vertu des principes généraux, par la loi de la situation. Bar, *Encyclopédie* de Holtzendorff, p. 698.

(2) Les anciennes monographies sur ces divers droits n'ont donc plus qu'une valeur historique. Une des meilleures est celle de Jacques Schuback, *Commentarius de jure littoris, vom Strandrechte.* Hambourg, 1751.

dérogatoires aux principes généraux. Le droit anglais reconnaît un droit de sauvetage ou salvage pour les vies humaines sauvées ; le *Merchant shipping Act* de 1854 (section 458) ne l'accordait que pour sauvetage de vies humaines sur le rivage de la mer ou d'eaux où il y a flux et reflux, dans les limites du Royaume-Uni (*on the shore of any sea or tidal water within the limits of the United Kingdom*), mais l'*Admiralty court Act* de 1861, section 9, l'a étendu à tout sauvetage de la vie de personnes qui se trouvaient à bord d'un bâtiment anglais, n'importe où, et à tout sauvetage de vies humaines de personnes à bord de bâtiments de n'importe quel pavillon, opéré en tout ou en partie dans les eaux anglaises : *the salvage of life from any British ship or boat, wheresoever the services may have been rendered, either wholly or partly in British waters* (1).

(1) Il faut donc, pour que le droit de sauvetage pour vies humaines soit dû, ou bien que la personne sauvetée ait été à bord d'un navire anglais, auquel cas le lieu du sauvetage est indifférent, — ou que le sauvetage ait eu lieu en tout ou en partie dans les eaux anglaises, auquel cas le pavillon est indifférent.

On a prétendu, il est vrai, que le principe anglais est applicable aussi au sauvetage, opéré dans des eaux non anglaises, de personnes qui se trouvaient à bord de navires non anglais, pourvu que plus tard les sauvetés aient été conduits en Angleterre par le navire qui les a recueillis. Mais cette théorie n'est pas juste. D'abord, on ne peut dire que dans ce cas les services aient été rendus dans des eaux anglaises, puisque le sauvetage est accompli aussitôt que les naufragés sont mis en sûreté à bord d'un navire. Et la question de la destination de ce navire, de savoir s'il va en un port anglais ou ailleurs, quelque importante qu'elle puisse être pour les naufragés, est indifférente au point de vue du salut de leur vie. Un autre argument est fourni par les dispositions du *Merchant shipping Act* de 1862, qui règle spécialement le cas où des personnes sont

115. — Il a été dérogé fréquemment, en ces dernières années, au principe de la *lex loci* en matière de naufrage, par divers actes internationaux, au nombre desquels il faut citer, en première ligne, le traité de commerce hollandais du 7 juillet 1865.

En vertu de ce traité, les consuls respectifs doivent faire toutes leurs diligences pour le sauvetage des bâtiments français ou hollandais qui font naufrage sur les côtes des **Pays-Bas** ou de France ; les autorités locales pouvant seules d'ailleurs prendre les mesures nécessaires au maintien de l'ordre, à la garantie des intérêts des sauveteurs, si ceux-ci ne font pas partie de l'équipage du navire naufragé, et en vue de l'observation des règlements d'entrée et de sortie des biens des sauvetés ; les autorités locales, ont en outre, à pourvoir aux me-

sauvées par un navire étranger qui se trouve hors de la juridiction anglaise ; la section 59 est conçue en ces termes : « Whenever it is made to appear to Her Majesty, that the government of any foreign country is willing that salvage shall be awarded by British Courts for services rendered in saving life from any ship belonging to such country, when such ship is beyond the limits of British jurisdiction, Her Majesty may, by Order in council, direct that the provisions of the principal Act, and of this Act, with respect to salvage for services rendered in saving life from British ships, shall in all British courts be held to apply to services rendered in saving lifes from the ships of such foreign country, wether such services are rendered within British jurisdiction or not. » Il résulte claire-ment de cette disposition que le sauvetage de naufragés par un navire étranger, lequel se trouve au moment du sauvetage hors des limites du territoire anglais, ne tombe pas sous la loi anglaise en vertu de la loi de 1861 seule, quand même les naufragés ont été conduits en Angleterre et la cause soumise à la connaissance d'un juge anglais.

sures nécessaires en cas d'absence et jusqu'à l'arrivée des fonctionnaires consulaires.

Des dispositions semblables ont été insérées dès lors dans d'autres traités, ainsi dans le traité hispano-hollandais du 18 novembre 1871 (article 14), à l'occasion duquel on les a critiquées, et non sans raison. La clause qui charge les consuls de diriger les sauvetages doit être envisagée comme un reste des conventions internationales de l'ancien temps, qui devaient protéger les nationaux des États contractants contre certains principes illibéraux datant du moyen âge. Ces anciens traités s'occupent de l'assistance à prêter aux naufragés, de renonciations de la part d'un État, pour ses ressortissants, à un droit de sauvetage plus élevé que celui qui était payé aux sujets de l'autre État, de la restitution des objets qui n'étaient pas réclamés dans l'an et jour par un propriétaire légitime, et d'autres questions du même genre; à cette catégorie de traités appartiennent ceux de 1776 entre la France et les États-Unis de l'Amérique du Nord, de 1782 entre la Russie et le Danemark, de 1786 entre la France et la Russie, de 1787 entre la Russie et le Portugal. Quelques conventions du siècle dernier ont la même clause que l'article 14 du traité hispano-hollandais de 1871. Le motif qui a dicté cette clause, c'est la méfiance envers l'étranger au sujet des épaves maritimes, et ce motif n'existe plus.

Les conventions à venir devraient simplement enjoindre aux autorités locales d'informer du naufrage le consulat le plus proche, et poser les principes suivants, qui sont consacrés par l'article 16 du traité du 11 décembre 1871, entre l'Allemagne et les États-Unis :

Application de la *lex loci* aux mesures de sauvetage ;

Action des consuls, limitée à la surveillance des répa-
rations et ravitaillements et, s'il y a lieu, de la vente du
navire naufragé ;

Fixation d'un maximum des frais à payer par le navire
étranger, lesquels ne doivent, en aucun cas, excéder ceux
qu'aurait à payer un navire indigène.

On pourrait ajouter que les consuls seront considérés
comme les représentants des propriétaires des navires ou
des cargaisons, si ceux-ci n'ont pas d'autres représentants
sur le lieu du sinistre (1).

(1) Les conventions consulaires françaises contiennent généralement des dispositions plus ou moins détaillées concernant les
attributions des consuls en matière de sauvetage. Nous transcrivons,
comme étant de date récente, celles de la convention franco-belge
de navigation du 31 octobre 1881 :

Art. 10. Toutes les opérations relatives au sauvetage des navires
français naufragés sur les côtes de Belgique seront dirigées par les
consuls généraux, consuls et vice-consuls de France, et réciproquement les consuls généraux, les consuls et vice-consuls belges diri-
geront les opérations relatives au sauvetage des navires de leur
nation naufragés ou échoués sur les côtes de France. — L'intervention des autorités locales aura lieu seulement, dans les deux
pays, pour maintenir l'ordre, garantir les intérêts des sauveteurs,
s'ils sont étrangers aux équipages naufragés, et assurer l'exécution
des dispositions à observer pour l'entrée et la sortie des marchandises sauvées. En l'absence et jusqu'à l'arrivée des consuls généraux, consuls ou vice-consuls, les autorités locales devront d'ailleurs
prendre toutes les mesures nécessaires pour la protection des individus et la conservation des effets naufragés. — Il est, de plus,
convenu que les marchandises sauvées ne seront tenues à aucun
droit de douane, à moins qu'elles ne soient admises à la consom-
mation intérieure.

Pour la Belgique, Arntz, *Précis méthodique des règlements consu-*

116. — On doit appliquer au contrat d'assurance (1) les principes posés pour les conventions en général, aux numéros 33 et suivants.

La question de savoir si certaines avaries, et lesquelles, sont comprises dans l'assurance, sera donc résolue d'après la loi du lieu où le contrat a été conclu (2).

117. — Les avaries communes ou avaries grosses se règlent de façons fort différentes dans les divers pays

---

laires en Belgique (Bruxelles, 1876), § 43 : *De l'administration des naufrages.* Aux termes de l'article 13 de la loi du 31 décembre 1851, le consul fait, dans les limites des usages et des conventions diplomatiques, tous les actes conservatoires en cas de naufrage d'un navire belge. M. Arntz examine successivement les trois hypothèses : la direction du sauvetage est dévolue aux autorités locales, — les usages ou les traités réservent aux consuls le droit d'intervenir, — les autorités locales ne sont pas chargées du sauvetage et les intéressés ne sont pas en mesure.

(1) La matière des assurances maritimes a été mise à l'étude par l'Institut de droit international dans sa session de Turin (1882).

M. le professeur Sacerdoti, de Padoue, chargé du rapport, a publié un questionnaire tendant à recueillir, sur un grand nombre de points, les avis des personnes compétentes, en vue d'un projet de loi uniforme sur les assurances maritimes. R. D. I., t. XV, p. 174-180 ; il a présenté ses conclusions à la session de Munich (1883), et quelques principes directeurs ont été votés. La commission composée, outre M. Sacerdoti, de MM. Goldschmidt, Lyon-Caen, Pierantoni et sir Travers Twiss, a, comme celle des lettres de change, une tâche double : elle doit s'occuper, soit de l'unification, dans la mesure du possible, des lois sur les assurances, soit des moyens de résoudre les conflits législatifs, et c'est M. Lyon-Caen qui est chargé plus spécialement de cette partie du travail.

(2) Une disposition de la loi hollandaise a fait l'objet d'une interprétation erronée que la jurisprudence a rejetée, mais qui, néanmoins, trouve encore des défenseurs. L'article 711 du Code de commerce des Pays-Bas dit que si le dommage doit être évalué en un

d'Europe et d'Amérique (1). On est d'accord cependant sur ces deux questions essentielles au point de vue international : où doit se faire l'évaluation du dommage et quelle loi est applicable dans un cas donné ?

Partout, en effet, on reconnaît que le règlement doit avoir lieu au port de destination, si le navire et la cargaison l'atteignent ; au port de départ si le voyage est rompu avant le départ. La pratique l'admet dans les pays où la loi ne le prescrit pas (2).

Si le voyage est interrompu complètement dans son cours, de telle sorte que ni le navire ni la cargaison n'arrivent à destination, on reconnaît aussi, généralement,

---

lieu étranger, on suivra les lois et coutumes de ce lieu (*de aldaar bestaande wetten of plaatselijke gebruiken*). Cela signifie-t-il que si l'avarie doit être réglée en pays étranger, la loi étrangère détermine l'étendue de la responsabilité de l'assureur ? Il y aurait là, assurément, une grave dérogation aux principes généraux. Car l'exécution du contrat d'assurance ne consiste pas dans le calcul du dommage, mais dans le payement, et la loi du pays où le calcul se fait ne saurait, en conséquence, influer sur l'étendue de l'obligation de l'assureur. Mais telle n'est point la portée de l'article 711. Cet article n'a trait qu'aux *moyens de constater le dommage* et sa valeur, et il contient une application de la règle *Locus regit actum*.

(1) Lyon-Caen, 55-59. Courcy, ouvrage cité, et au tome XII, N. S. de la *Revue critique de législation et de jurisprudence: Une doctrine fantaisiste en matière d'avarie commune* (1883). — Lowndes, *The law of general average (english and foreign)*, 3ᵉ édition, 1878. — R. Ulrich, *Grosse Haverei. Die Gesetze und Ordnungen der wichtigsten Staaten über Havarie-Grosse, in Original-Text und in Uebersetzung, nebst Commentar und einer vergleichenden Zusammenstellung der darin enthaltenen Einzelbestimmungen.* Berlin, 1884. Recueil très utile des dispositions légales des divers pays en matière d'avarie grosse, dû à un spécialiste reconnu.

(2) Code de commerce, 402. Code de commerce hollandais, 722, 723.

que le règlement doit avoir lieu au port où le navire s'est
arrêté (1).

118. — Les avis sont partagés lorsque le navire a été
empêché par fortune de mer de continuer son voyage,
tandis que le chargement est arrivé à destination. Le règlement se fera-t-il au port de destination, ou se fera-t-il
au lieu où le navire est arrêté? A proprement parler, cette
question n'appartient pas au droit international ; elle ne
naît pas d'un conflit de législation. Les auteurs d'un
même pays, par exemple les Anglais, ont émis des
opinions contradictoires. Nous pensons que l'on pourrait
s'entendre, en adoptant les bases suivantes : le règlement se fera au lieu de destination si la cargaison y arrive pour compte du premier navire, par conséquent en
vertu de l'affrètement primitif, tandis qu'il se fera au lieu
où le premier navire est arrêté, si la cargaison y a été
transbordée dans des conditions nouvelles (conventionnelles ou légales) d'affrètement, et qu'ainsi la communauté
entre navire et cargaison y ait été dissoute de fait et de
droit.

Il semble, en somme, qu'il ne serait pas difficile de se
mettre d'accord au sujet des cas exceptionnels et peu fréquents où le règlement doit se faire ailleurs qu'au port de
destination (2).

(1) Code de commerce hollandais, 725.
(2) M. Lowndes, p. xxvi-xxxix, a dressé un tableau comparatif où
sont brièvement indiqués les principes des diverses législations en
matière d'avarie grosse ; voyez, quant au lieu, p. xxiv. — Voyez aussi
l'étude de M. Asser. R. D. I., t. X, p. 101 s. ; A. D. I, t. VI, p. 82 s.

119. — Le règlement est gouverné par la loi du lieu où il se fait. Ce principe est admis généralement (1).

La détermination du lieu de règlement implique reconnaissance de la compétence des autorités judiciaires ou autres qui sont chargées, en ce lieu, de l'homologation

—Dès 1860, l'Association anglaise *for the promotion of social science* a formulé un ensemble de règles destinées à être universellement adoptées comme loi des avaries grosses. Ces règles, revisées par l'Association pour la réforme et la codification du droit des gens, ont acquis une certaine notoriété sous le nom de *règles d'York et d'Anvers.* M. Asser ne pense pas qu'une loi séparée sur les avaries grosses soit désirable. « En effet, dit-il, le droit international ayant admis que, sauf quelques cas exceptionnels, c'est la loi du lieu de la destination du navire qui règle les rapports entre les propriétaires du navire et ceux de la cargaison, la diversité des lois n'est donc pas un obstacle : toutes les parties intéressées savent d'avance quelle est la loi qui régit ces rapports : il n'y a pas de *conflit* de lois proprement dit. — D'un autre côté, les principes sur lesquels repose le droit des avaries grosses sont fort différents dans les différents pays. Le système anglais est beaucoup plus restreint que celui des lois continentales à cet égard. Pourquoi tâcherait-on d'engager l'Angleterre à abandonner sa doctrine (bien plus pratique sur ce point que celles des lois du continent), afin d'obtenir une uniformité de législation dont la nécessité n'est nullement démontrée et qui, limitée aux avaries grosses, n'en laisserait pas moins subsister une grande diversité de lois à l'égard d'autres rapports bien plus importants entre les mêmes intéressés (navire, cargaison et fret) ? »

L'Association a fait droit à l'observation de M. Asser, en mettant sur son programme, d'abord pour le congrès de Cologne (1881) et ensuite pour celui de Liverpool (1882), l'importante matière des chartes parties, connaissements, etc.

(1) On a soutenu qu'en droit hollandais la *dispache* étrangère devait être faite selon la loi étrangère quant à sa forme seulement, et que son contenu devait être fait selon la loi hollandaise: théorie singulière, que le tribunal de la Haye a repoussée avec raison par jugement du 11 février 1878. *Weekblad van het Regt*, n° 4209.

M. Lyon-Caen propose l'application de la loi du pavillon au lieu de celle du port de reste (56).

du règlement d'avaries (de la *dispache*), après discussion. Aucune autre loi n'étant applicable ici, en vertu des principes généraux, c'est la loi du *for* qui régit la *dispache*, et ceci est conforme, en général, aux principes internationaux, en matière de contrat d'affrètement (n° 111). De là l'importance considérable de la désignation du lieu où doit se faire le règlement.

Ceci ne s'applique d'ailleurs qu'à l'avarie grosse.

Les *dispaches* contiennent souvent des règlements d'avaries particulières ; elles sont alors, dans ces parties, de simples comptes des dommages subis, et l'homologation par les autorités judiciaires ou autres ne saurait leur donner un autre caractère.

120. — On insère souvent dans les conventions consulaires une clause portant que le règlement des avaries sera confié aux consuls respectifs des parties (1).

(1) Cette clause se trouve insérée pour la première fois, en ce qui concerne les Pays-Bas, dans la convention mentionnée au n° 115, entre les Pays-Bas et l'Espagne, art. 13 ; cet article a passé dans d'autres conventions internationales.

Pour les conventions consulaires conclues par la France avec divers pays, voyez Durand, CCLXIV, p. 536-537. « Les traités conclus avec Costa-Rica, l'Équateur, le Guatémala et le Nicaragua attribuent dans tous les cas aux consuls la connaissance des contestations qui pourraient être soulevées relativement aux avaries souffertes par des navires de leurs nations. — Les traités avec la Bolivie, le Brésil, Saint-Domingue et le Vénézuela leur attribuent la même compétence, sauf dans le cas où des sujets du pays où résident les consuls seraient intéressés dans les avaries. Dans cette hypothèse, les avaries sont réglées, d'après le traité bolivien (art. 27), conjointement par le consul et les autorités locales et d'après les trois autres traités par l'autorité locale seule. — Les traités avec le Chili, l'Espagne, les États-Unis, la Grèce, le Pérou, le Portugal, la Russie et le Salvador ne reconnaissent cette compé-

§ 30. — De la faillite et des sursis.

121. — Les conflits auxquels donne lieu la faillite sont
de nature complexe. Les législations n'ayant fait que fort

tence aux consuls que dans les cas où tous les intéressés appar-
tiendraient à l'État qui nomme le consul. Dans tout autre cas, les
autorités locales sont seules compétentes. Néanmoins, les traités
avec la Grèce, le Pérou et le Salvador chargent toujours le consul
de nommer les experts. — Le traité avec les îles Sandwich attribue
aux consuls compétence en matières d'avaries toutes les fois que
les armateurs, chargeurs et assureurs n'y feront point d'objection..... » — Le traité avec la Colombie assimile les consuls aux
agents de la nation la plus favorisée, « tant au point de vue des
privilèges qu'au point de vue des fonctions qu'ils auraient à remplir. » — Convention consulaire austro-française de 1866, art. 13.
Plusieurs conventions consulaires conclues par la Belgique
consacrent le règlement des avaries par les consuls, en ces termes :
A moins de stipulations contraires entre les armateurs, chargeurs
et assureurs, toutes avaries essuyées à la mer par les navires des
deux pays, soit qu'ils abordent volontairement au port, soit qu'ils
se trouvent en relâche forcée, seront réglées par les consuls généraux, consuls, vice-consuls ou agents consulaires des pays respectifs.
Si cependant des habitants du pays ou des citoyens d'une tierce
nation se trouvaient intéressés dans lesdites avaries et que les
parties ne pussent s'entendre à l'amiable, le recours à l'autorité
locale compétente serait de droit. Arntz, *Précis méthodique des
règlements consulaires de Belgique*, § 37.

peu, jusqu'à présent, pour les résoudre ou les prévenir, les auteurs sont obligés de se placer au point de vue général de la science, et on ne distingue pas toujours nettement, en les lisant, ce qui, à défaut de prescriptions légales ou conventionnelles, peut être considéré comme droit en vigueur de ce qui paraît simplement désirable (1).

(1) Carle, *La dottrina giuridica del fallimento nel diritto privato internazionale*. Naples, 1872. Mémoire couronné. Traduit et annoté par M. Ernest Dubois : *La faillite dans le droit international privé*, 1875. M. Carle a présenté au deuxième congrès juridique italien (Turin, 1880) un rapport sur le même sujet : *Il fallimento nei rapporti internazionali*. — Fiore, *Del fallimento secondo il diritto privato internazionale*. Pise, 1873. — Ripert, *Quelques questions sur la faillite dans le droit international privé*. *Revue critique*, 1877. — Ch. Brocher, *Commentaire pratique et théorique du traité franco-suisse*, p. 58-73. — Humblet, *Des effets de la faillite déclarée à l'étranger d'après la jurisprudence belge*, J. D. P., t. VII, p. 87-94. *De la vente des immeubles dépendant d'une faillite déclarée en pays étranger*. Même recueil, t. X, p. 462-479. — J. Jitta, *Het vonnis van faillietverklaring in het internationaal privaatrecht*. Leyde, 1880. — Léonce Thomas, *Études sur la faillite. De la faillite dans le droit français et dans le droit étranger*. Paris, 1880. R. D. I., t. XII, p. 678. — Le droit international n'est point oublié par M. Ernest Quesada dans ses Études sur la faillite, *Estudios sobre quiebras*, Buenos-Ayres, 1882.

Savigny, § 374. Bar, §§ 78, 128, et dans l'*Encyclopédie* de Holtzendorff, p. 715-718. Fiore, 361-378. Massé, 1143-1250. Bard, 252-256. Westlake, §§ 119-139 (Bankruptcy) ; R. D. I., t. XIV, p. 285-287. Wharton, 794-809.

Peut-être le temps n'est-il pas éloigné où la théorie de la faillite ne devra plus être considérée comme faisant partie exclusivement du droit commercial ; le Code des faillites de l'empire allemand, du 10 février 1877, contient nombre de dispositions de procédure et de droit privé ; les législateurs suisses n'ont pas eu à insérer la matière des faillites dans le Code des obligations, qui est en même temps un Code de commerce. Toutefois, vu l'état actuel de la plupart des législations, nous croyons devoir placer encore ici, dans le droit commercial, l'exposé fort bref des éléments de cette matière.

Si nous jetons un coup d'œil sur le développement historique du droit en matière de faillite, nous constatons que, dans le principe, les créanciers étrangers étaient loin d'être traités sur le même pied que les regnicoles ; ils ne venaient point concurremment avec ceux-ci, et leur exclusion a trouvé, particulièrement en France, des défenseurs jusqu'à une époque relativement récente.

Cependant, il est permis de dire que la distinction, à ce point de vue, entre regnicoles et étrangers est abandonnée aujourd'hui.

En revanche, la jurisprudence, fondée sur le droit positif actuel, limite encore généralement les effets juridiques de la déclaration de faillite au territoire du pays où elle est prononcée. Ces effets se résument dans le fait que le failli est dessaisi de l'administration de ses biens, et que celle-ci est confiée à des syndics nommés par le juge, lesquels font argent de l'actif au profit de la masse des créanciers, à moins qu'un concordat judiciaire ne soit intervenu. Tout ceci conformément aux prescriptions de forme et de fond statuées par la loi du pays où la faillite est déclarée (*lex loci concursus, lex fori*), pour assurer l'égalité entre tous les créanciers.

Selon le système actuellement en vigueur, une faillite ouverte à l'étranger ne doit point produire ces effets dans le territoire : les reconnaître, serait, pense-t-on, exécuter le jugement étranger déclaratif de faillite. Les créanciers du failli continuent donc à exercer leurs droits individuellement et d'une manière indépendante, comme si la faillite n'avait pas été prononcée. Les syndics nommés à l'étranger ne sont pas reconnus comme tels, et l'on ne saurait invoquer, contre ce fait, les règles du statut personnel ni celles qui concernent la forme des actes, car la qualité des syndics pour administrer la faillite, pour intenter des actions en son nom, etc., ne peut être reconnue sans que l'on reconnaisse en même temps que le failli a perdu l'administration de ses biens, ou, ce qui revient au même, sans que l'on admette l'efficacité, dans le territoire, de la faillite étrangère tout entière, et c'est précisément ce que l'on ne veut pas.

122. — Les auteurs, et particulièrement les auteurs français, se sont appliqués à tempérer la rigueur de ce système au moyen de diverses distinctions.

On a voulu accorder un caractère spécial à la faillite provoquée par le débiteur lui-même, ou par les créanciers sans opposition du débiteur ; on envisage, dans ce cas, les syndics comme fondés de pouvoir du failli, et on dit que les effets de leurs pouvoirs doivent être reconnus partout. Mais les partisans de cette doctrine oublient que la déclaration de cessation de payements est souvent imposée au débiteur par la loi ; ils oublient surtout que les pouvoirs des syndics découlent dans chaque cas du jugement déclaratif de faillite, et que ce jugement a toujours le même caractère, qu'il soit rendu après procès ou sans procès.

D'autres auteurs distinguent entre la situation juridique des débiteurs du failli et celle de ses créanciers. Ils estiment que les syndics étrangers ont qualité pour poursuivre les débiteurs, mais que les créanciers peuvent continuer d'exercer leurs droits individuels, nonobstant la faillite. Il ne nous semble pas que cette distinction soit justifiée.

La jurisprudence anglaise en fait une autre. Elle admet l'effet extraterritorial du jugement déclaratif de faillite, mais seulement en ce qui concerne les meubles. Les tribunaux anglais appliquent ce principe aussi bien aux faillites déclarées à l'étranger qu'à celles qui sont déclarées en Angleterre.

La loi autrichienne sur les faillites, de 1868, distingue aussi (§ 61) entre les biens mobiliers et les biens immobiliers du débiteur mis en faillite à l'étranger ; sauf dérogation par traités ou dispositions particulières, les biens mobiliers doivent être délivrés, sur demande, à la faillite étrangère, tandis que les immeubles ne peuvent être affectés qu'aux faillites ouvertes dans le territoire.

Dans les pays dont la législation ne permet pas de distinguer, on a coutume d'apprécier les effets de la faillite étrangère selon les principes des jugements étrangers. On arrive généralement, ainsi, à ce résultat que, malgré la déclaration de faillite, les biens situés dans un autre pays peuvent être soustraits à la masse. Il en peut résulter de véritables injustices. Tel est pourtant le système que consacre le Code des faillites de l'empire allemand du 10 février 1877, dont l'article 207 est conçu en ces termes :

« Si un débiteur, sur le patrimoine duquel une procédure de faillite a été ouverte à l'étranger, possède des biens en Allemagne, l'exécution forcée sur ces biens peut avoir lieu.

« Des exceptions à cette règle pourront être établies

par ordre du chancelier de l'empire avec l'assentiment du
conseil fédéral. »

123. — Étant donné l'état de choses que nous venons
de décrire, on ne peut que trouver légitimes et naturels
les efforts qui sont faits de divers côtés pour faire prévaloir une doctrine à la fois plus juridique et plus équitable.

Cette doctrine proclame, comme principe fondamental,
l'unité et l'universalité de la faillite (1). Il faut que le ju-

---

(1) M. de Bar (*Encyclopédie*, p. 716), tout en reconnaissant les
avantages de l'unité de la faillite, montre la faiblesse des dé-
ductions juridiques sur lesquelles on prétend la fonder. A défaut
de conventions internationales, statuant l'unité et l'universalité,
c'est le système du Code allemand (§§ 207, 208) qui, malgré la critique de M. Asser, paraît le plus juridique. « La déclaration de faillite,
dit M. de Bar, n'a pas d'effet extraterritorial ; la saisie des biens du
failli, mesure directe de coercition, ne peut être opérée que dans
le territoire où elle est ordonnée. Quant aux biens situés hors du
territoire, le débiteur n'en est pas dessaisi, mais la faillite peut
être déclarée aussi dans le pays étranger où ils sont situés, conformément au droit de ce pays ; les créanciers du premier pays où la
faillite a été déclarée peuvent d'ailleurs aussi les faire saisir-arrê-
ter, et lorsque le débiteur ne fait pas opposition à la déclaration de
faillite, les syndics peuvent se mettre en possession des biens étrangers... » Il faut voir aussi, sur la doctrine nouvelle, les observations
judicieuses de M. Bard, 254. — De toute façon, la conclusion de
traités s'impose, en cette matière comme en d'autres.

Droit français. Code civil, 14. J. D. P., t. V, p. 608 : « La jurisprudence française paraît aujourd'hui fixée en ce sens que le jugement
(déclaratif de faillite) étranger qui ne doit être produit que comme
titre pour constater un fait ou déterminer un acte, n'a pas besoin
d'être déclaré exécutoire. L'exequatur n'est nécessaire que lorsqu'il
s'agit de procéder à un acte d'exécution proprement dit. » 376 :
« L'exequatur est exigé lorsque la déclaration de faillite et la nomination des syndics sont contestées devant les tribunaux français. » —
Cour de Bordeaux, 2 juin 1874. Cour de Paris, 14 décembre 1875

gement déclaratif de faillite, rendu par le juge compétent,
soit reconnu partout; que les effets de la déclaration de
faillite s'étendent à tous les biens du débiteur, où qu'ils
soient et quels qu'ils soient, meubles et immeubles, comme

(J. D. P., t. IV, p. 144). Même Cour, 13 août 1875 (J. D. P., t. IV,
p. 40 s.). Tribunal de la Seine, 26 juillet 1877, confirmé par la Cour
de Paris, 7 mars 1878. J. D. P., t. V, p. 606-609 : « Les créanciers
français d'un commerçant étranger, qui a son établissement principal à l'étranger et une simple succursale en France, peuvent
demander la mise en faillite de ce commerçant, alors même
qu'une déclaration de faillite antérieure a été prononcée par un
tribunal étranger. Pour qu'un syndic de faillite, nommé par jugement d'un tribunal étranger, soit recevable à former tierce opposition contre une décision d'un tribunal français qui, d'après lui,
préjudicie aux intérêts des créanciers, il n'est pas nécessaire que le
jugement étranger ait été déclaré exécutoire en France : il suffit
que le syndic justifie de sa qualité. »

Comparez le jugement du tribunal de commerce de la Seine, du
29 juin 1881, J. D. P., t. X, p. 50 ; et d'autre part le jugement
du tribunal de commerce de Castres, du 21 mai 1882, confirmé
par la Cour de Toulouse, le 17 avril 1883, J. D. P., même tome,
p. 161.

Jurisprudence belge. Humblet, J. D. P., t. VII, p. 87 : « Nos tribunaux ont constamment, et depuis longtemps, consacré les principes les plus larges et les plus libéraux relativement à l'unité, à
l'universalité des faillites, à la compétence du tribunal du domicile,
à l'autorité des jugements déclaratifs prononcés à l'étranger. »

Jurisprudence italienne. Cour de Milan, 15 décembre 1876, J. D.
P., t. VI, p. 77-82. Note de M. Dubois : « Prenant pour point de
départ l'universalité de la faillite, la Cour de Milan en déduit la
règle que le dessaisissement du failli, effet du jugement déclaratif
de faillite, s'étend à tous les biens du failli, dans quelque pays que
ces biens se trouvent, et cela par le seul fait de la déclaration régulière de faillite, avant même que le jugement déclaratif ait été
rendu exécutoire dans les pays étrangers où se trouvent les biens.
C'est seulement lorsqu'il s'agit d'une *exécution* proprement dite que
l'exequatur est nécessaire, mais non lorsqu'il s'agit de *refuser effet*
aux actes dont le maintien est contraire à l'existence même de la
faillite et au dessaisissement qui en résulte. »

à tous ses débiteurs et à tous ses créanciers, tant étrangers que regnicoles (1).

(1) On lira avec intérêt les résolutions prises en septembre 1880, à Turin, par le Congrès juridique italien, où des jurisconsultes notables de divers pays avaient été invités et que présidait M. Mancini. M. Asser faisait partie de la commission qui a rédigé et proposé ces résolutions. Nous les transcrivons d'après la traduction qu'en donne M. Bard, p. 342-344 :

« Considérant que l'intérêt du commerce exige que les effets de l'état de faillite ne soient pas restreints au territoire d'un seul pays, mais qu'ils soient étendus au plus grand nombre possible de pays civilisés ; que la diversité actuelle des législations sur la faillite rend difficile la formation d'une loi unique internationale sur les faillites ; le Congrès est d'avis, tout en faisant des vœux pour une législation commune sur la matière, qu'il convient, quant à présent, de se borner au système d'une ou plusieurs conventions internationales.

« Les bases essentielles de ces conventions seraient les suivantes :

« I. Le tribunal compétent pour déclarer la faillite et en continuer la procédure jusqu'à son terme, sera celui du lieu où le commerçant a son principal établissement commercial.

« II. Le jugement déclaratif de faillite et les autres jugements à intervenir pendant la procédure de faillite auront, sur le territoire des États contractants, la même autorité de chose jugée que dans l'État où ils ont été rendus, et ils pourront donner lieu à des mesures conservatoires, d'urgence et d'administration, à la condition d'être rendus publics conformément à l'article 5, lettre *a*. — Quand, en vertu de ces jugements, il y a lieu de procéder à quelque acte d'exécution forcée dans un autre État, on devra d'abord obtenir une ordonnance de *parcatis* de l'autorité de l'État, si on veut procéder à l'exécution. — Cette autorité sera désignée dans le traité ; elle prononcera sur simple requête des intéressés et sans qu'il soit besoin d'un débat contradictoire ; elle ne pourra refuser le *parcatis* que dans les deux cas suivants :

a. Quand le jugement aura été rendu par un tribunal incompétent d'après la règle de l'article 1er ;

b. Quand le jugement ne sera pas encore exécutoire dans le pays où il a été rendu.

Cette ordonnance sera susceptible d'opposition par la voie contentieuse, mais l'opposition n'aura pas d'effet suspensif.

124. — Le juge compétent en matière de faillite doit être le juge du domicile du failli, et nous prenons ce mot dans le sens consacré par le droit civil.

Lorsque le débiteur a un domicile commercial, différent du domicile civil, au lieu où se trouve son établissement commercial ou industriel, la plupart des auteurs pensent que c'est le juge de ce domicile commercial qui est compétent pour prononcer la faillite (1). Mais la loi ne reconnaît pas toujours un pareil domicile commercial, distinct du domicile civil. On ne peut l'admettre d'une manière générale que pour

« III. Les restrictions à la capacité commerciale du failli, la nomination et les pouvoirs des administrateurs de la faillite, les formes à suivre dans la procédure de faillite, l'admissibilité, la formation de l'actif entre les créanciers nationaux ou étrangers, seront réglés par la loi du lieu où la faillite a été déclarée.

« IV. Les droits réels, les raisons de préférence par hypothèque, privilège et gage, les droits de revendication, distraction et rétention sur les biens mobiliers et immobiliers du failli, seront réglés par la loi du lieu de la situation matérielle des biens à l'époque de l'acquisition des droits. — Il appartiendra au traité international de déterminer d'une manière précise quel doit être le tribunal compétent pour juger les procès relatifs à ces droits.

« V. Des dispositions spéciales seront introduites dans le traité :

a. Pour régler les mesures à prendre afin que les jugements rendus en matière de faillite dans l'un des États contractants puissent être connus dans les autres États;

b. Pour déterminer les rapports respectifs des autorités judiciaires des divers États contractants, en ce qui touche l'exécution du traité.

« VI. Le traité pourra se restreindre, quant à présent, à la faillite des commerçants, et les lois des divers États relativement à l'insolvabilité des non-commerçants resteront en pleine vigueur. Pareillement, aucune dérogation ne sera apportée aux règles sur l'action pénale en cas de banqueroute, et aux dispositions des traités d'extradition. »

(1) Ainsi a fait le Congrès italien de Turin.

les sociétés commerciales, dont le domicile est au siège
social, à l'établissement commun.

Et si l'on admet la compétence du juge du domicile
commercial, une difficulté peut naître du fait que le débiteur a souvent plus d'un établissement ; il faudra toujours
alors rechercher où est son domicile civil, et si c'est une
société qui est débitrice, où en est l'établissement principal. Quant aux sociétés par actions, elles ont leur siège
légal, qui est seul pris en considération.

C'est la loi du siège social qui décidera si la société
commerciale peut être mise en faillite comme telle, indépendamment des associés.

Si le débiteur qui cesse ses payements est participant
dans plusieurs sociétés différentes, ayant des établissements en différents pays, le juge compétent pour chacune
de ces sociétés sera le juge du lieu où elle a son établissement.

125. — Il est clair que si la faillite déclarée en pays
étranger n'est pas reconnue (n° 121), le concordat judiciaire intervenu dans cette faillite ne le sera pas non plus,
comme tel (1), mais il aura, pour les créanciers qui y ont
adhéré, la même force juridique que toute autre convention faite en pays étranger en bonne et due forme. On
s'est demandé s'il pourrait être rendu obligatoire pour les
créanciers qui n'ont pas adhéré, au moyen d'homologation par le juge national ? Cette question paraît
oiseuse, car une homologation ne se concevrait que fondée

____

(1) Voyez entre autres l'arrêt de Bordeaux du 2 juin 1874, J. D.
P., t. II, p. 269.

sur une loi régissant la faillite dans son ensemble et de la part du juge qui a rendu le jugement déclaratif de faillite.

Autre question. Supposons que la faillite étrangère est rendue exécutoire, par exemple en suite de l'exequatur donné au jugement déclaratif; le concordat judiciaire, accepté et homologué dans cette faillite, sera-t-il opposable à tous les créanciers lors même que le jugement d'homologation n'aurait pas reçu l'exequatur? La réponse à cette question dépendra de la manière dont on envisage le caractère juridique du concordat. Si l'on y voit une convention où la masse des créanciers est représentée par la majorité légale, il ne saurait être question d'exiger l'exequatur. Mais si l'on considère le jugement d'homologation comme le fondement de la force obligatoire du concordat, il y aura lieu sans doute d'y appliquer les règles concernant les jugements rendus à l'étranger.

126. — Quel sera l'effet du jugement de réhabilitation prononcé à l'étranger? Cette question nous paraît se résoudre d'elle-même : tout dépendra de la doctrine admise pour le jugement déclaratif de la faillite; si celui-ci n'est pas reconnu, le fait de la réhabilitation est sans aucune importance.

127. — Selon la plupart des législations, la déclaration de faillite produit, entre autres, cet effet, que certains actes faits antérieurement peuvent ou doivent être annulés. Supposons que le failli a contracté dans un pays étranger une obligation qui est régie par la loi étrangère.

Quelle loi sera déterminante ici? Celle qui régit cette obligation, ou celle du pays où la faillite est déclarée, *lex loci concursus, lex fori?*

Bien qu'en vertu des principes exposés ci-dessus, aux numéros 33 et suivants, la loi qui régit un acte dans son ensemble soit aussi celle d'où dépend le droit de l'annuler ou de l'attaquer, nous pensons qu'il faut donner la préférence à la loi du pays où la faillite est déclarée. En effet, le droit de provoquer l'annulation se fonde sur une rétroaction du jugement déclaratif de faillite à l'égard de l'acte en question; on admet qu'à l'époque où il a fait cet acte, le futur failli connaissait déjà le mauvais état de ses affaires et voulait, en vue précisément de cet état, favoriser l'un de ses créanciers aux dépens des autres; le jugement déclaratif de faillite, qui rend impossible pareilles faveurs dans l'avenir, possède ainsi, à certains égards, le même pouvoir pour le passé. Cela étant, comme, de l'avis de tout le monde, les effets de la déclaration de faillite pour le temps qui suit le jugement sont exclusivement déterminés par la *lex fori*, cette même loi doit gouverner aussi les effets concernant les actes antérieurs qu'il s'agit d'annuler.

Dans tout ceci, nous avons supposé que la mise en faillite à l'étranger est reconnue, ainsi que ses effets. Il va sans dire que si tel n'est pas le cas, les actes antérieurs ne sauraient être attaqués.

128. — Toutes les formalités de la faillite sont gouvernées par la *lex fori* (ci-dessus n° 73).

Ceci s'applique en particulier au mode de vérification

des créances, tandis que, pour son existence même, chaque créance dépend de la loi à laquelle est soumise la relation juridique d'où elle est née.

129. — Sauf dispositions contraires de la loi, il n'y a pas lieu de prendre en considération la nationalité des créanciers dans l'appréciation des droits qu'ils ont vis-à-vis de la faillite. Les exceptions à ce principe sont rares, et il est permis de dire qu'elles le seront de plus en plus.

La loi autrichienne de 1868 consacre la réciprocité (§§ 51 et 52), conformément au principe général du Code civil autrichien (ci-dessus, n° 16); à défaut de traités, l'étranger jouit dans les faillites autrichiennes des mêmes droits que les Autrichiens, pourvu que dans le pays de l'étranger les Autrichiens jouissent des mêmes droits que les regnicoles. La loi de 1868 s'écarte de l'article 33 du Code civil autrichien dans la matière de la preuve; tandis que cet article impose à l'étranger la preuve que, dans son pays, Autrichiens et regnicoles sont traités sur le pied d'égalité, la loi de 1868 admet une présomption d'égalité et n'oblige l'étranger à en fournir la preuve, par documents publics, que si le juge a des raisons particulières de douter de la justesse de cette présomption.

Le Code des faillites de l'empire allemand, de 1877, § 4, pose en règle que les créanciers étrangers ont les mêmes droits que les créanciers allemands. Mais l'alinéa 2 de cet article ajoute :

« Le chancelier de l'empire pourra, avec l'assentiment du conseil fédéral, ordonner l'application d'un système

de représailles envers les personnes de nationalité étrangère ou envers leurs successeurs à titre universel ou
particulier. »

130. — Les questions concernant les droits réels cons-
titués, sur les biens mobiliers ou immobiliers, en pays
étranger se résoudront selon les règles posées au § 13.
Il y a lieu de mentionner ici, outre le gage et l'hypothèque, les privilèges que la loi a munis d'un droit de
suite et qui sont ainsi attachés sous certaines conditions
à la chose même, de manière à revêtir un caractère réel ;
tels sont, par exemple, les privilèges sur les navires.

Il est clair, toutefois, qu'à défaut d'une reconnaissance
générale, internationale de la faillite, les règles susmen-
tionnées ne seront guère applicables hors des limites de
l'État où la faillite est déclarée. Et dans les pays où la
faillite étrangère est reconnue, la divergence des législations, concernant l'effet du gage, de l'hypothèque, des privilèges, et concernant l'ordre des créanciers, donnera
évidemment naissance à des difficultés, lesquelles devront être résolues par des lois ou par des traités internationaux (1).

(1) Nous signalerons en particulier, comme dignes d'attention,
les dispositions des §§ 13-18 de la loi allemande de 1869, concernant
l'exécution réciproque des décisions judiciaires, *betreffend Gewæh-
rung der Rechtshilfe*, et surtout les articles 6-9 du traité franco-
suisse de la même année, que nous transcrivons :

Art. 6. — « La faillite d'un Français ayant un établissement de
commerce en Suisse pourra être prononcée par le tribunal de sa
résidence en Suisse, et réciproquement celle d'un Suisse ayant un
établissement de commerce en France, pourra être prononcée par
le tribunal de sa résidence en France.

131. — D'après l'opinion reçue presque universellement, le sursis de payement, qui, dans quelques pays, en raison de certaines circonstances, peut être accordé au débiteur par une autorité judiciaire ou autre, ne produit aucun effet hors du pays ou il est accordé.

Le sursis, en effet, constitue une exception, autorisée

La production du jugement de faillite dans l'autre pays donnera au syndic ou représentant de la masse, après toutefois que le jugement de faillite aura été déclaré exécutoire, conformément aux règles établies en l'art. 16 ci-après, le droit de réclamer l'application de la faillite aux biens, meubles et immeubles, que le failli possède dans ce pays.

En ce cas, le syndic pourra poursuivre contre les débiteurs le remboursement des créances dues au failli ; il poursuivra également, en se conformant aux lois du pays de leur situation, la vente des biens, meubles et immeubles, appartenant au failli.

Le prix des biens meubles et les sommes et créances recouvrées par le syndic dans le pays d'origine du failli, sera joint à l'actif de la masse chirographaire du lieu de la faillite, et partagé avec cet actif, sans distinction de nationalité, entre tous les créanciers, conformément à la loi du pays de la faillite.

Quant au prix des immeubles, la distribution entre les ayants droit sera réglée par la loi du pays de leur situation : en conséquence, les créanciers français ou suisses qui se seront conformés aux lois du pays de la situation des immeubles pour la conservation de leurs droits de privilège ou d'hypothèque sur lesdits immeubles, seront, sans distinction de nationalité, colloqués sur le prix des biens au rang qui leur appartiendra, d'après la loi du pays de la situation desdits immeubles.

Art. 7. — Les actions en dommages, restitution, rapport, nullité et autres qui, par suite d'un jugement déclaratif de faillite, ou d'un jugement reportant l'ouverture de la faillite à une époque autre que celle primitivement fixée, ou pour toute autre cause, viendraient à être exercées contre des créanciers ou des tiers, seront portées devant le tribunal du domicile du défendeur, à moins que la contestation ne porte sur un immeuble ou sur un droit réel et immobilier.

Art. 8. — En cas de concordat, l'abandon fait par le débiteur

par la loi, à la règle que tout débiteur est obligé d'exécuter l'obligation dans le temps voulu. Évidemment,
cette exception ne peut avoir de valeur que dans le territoire soumis à la loi qui l'autorise ; partout ailleurs, le
droit créé par l'obligation doit être respecté.

Ajoutons que l'on ne saurait prévoir une reconnaissance internationale des sursis, en vertu de lois ou de conventions. Ils sont absolument inconnus aux législations
de divers États, et là où ils sont encore admis, des voix
compétentes s'élèvent pour en réclamer la suppression.

failli des biens situés dans son pays d'origine et toutes les stipulations du concordat produiront, par la production du jugement
d'homologation, déclaré exécutoire conformément à l'art. 16, tous
les effets qu'il aurait dans le pays de la faillite.

Art. 9. — La faillite d'un étranger établi soit en France, soit en
Suisse, et qui aura des créanciers français et suisses et des biens
situés en France ou en Suisse, sera, si elle est déclarée dans l'un
des deux pays, soumise aux dispositions des articles 7 et 8. »

Le Conseil fédéral a maintenu le principe de l'unité de la faillite
et d'une liquidation unique, dans son arrêté du 21 janvier 1875, sur
la faillite du Crédit foncier suisse ; ci-dessus, p. 197 note. — Application de l'art. 6 à la liquidation judiciaire d'une succession :
arrêt du Tribunal fédéral du 30 juin 1877 (Lagorrée), J. D. P., t. V,
p. 71.

Bernard, *Des effets du traité franco-suisse du 15 juin 1869 en
matière de faillite.* J. D. P., t. IX, p. 369-380. — Brocher, *Commentaire*,
p. 65-73.

FIN.

TABLES

TABLES

I. — Principales conventions internationales récentes, relatives au droit international privé.

On verra par les listes suivantes, qui n'ont pas la prétention d'être absolument complètes, que si les conventions entre États se sont multipliées beaucoup dans les derniers temps, elles sont encore bien loin d'embrasser toutes les matières où l'entente est désirable et réalisable (1).

On trouvera, dans ces listes, les conventions consulaires, de commerce et d'établissement récentes, qui règlent plusieurs points de droit privé, concernant les droits civils, la caution *judicatum solvi*, les tutelles, les successions et testaments, les sauvetages, les avaries, les faillites, etc. On n'y trouvera pas, en revanche, les nombreux traités d'extradition, qui appartiennent au droit pénal; nous n'y avons pas non plus inséré les conventions particulières, générales ou *universelles* concernant la poste, le télégraphe, les chemins de fer, le régime fluvial, le régime monétaire, le *phylloxera*, les secours aux marins délaissés, aux indigents, aux enfants, aux malades, ni divers autres traités du même genre, qui

---

(1) Nous regrettons de n'y pouvoir mettre encore la convention concernant le *droit international de transport des marchandises par chemin de fer*. Il y a lieu de croire, cependant, que l'Allemagne donnera très prochainement, après tous les autres Etats participants, son approbation au projet élaboré par la conférence de Berne (septembre-octobre 1881), en suite de l'initiative si honorable prise en 1874 par MM. Christ et de Seigneux. R. D. I., t. VII, p. 143-145, t. X, p. 83-100, 101-103, t. XIII, p. 631-632.

font de plus en plus partie du droit public commun des États civilisés et, par l'extension graduelle de leur action bienfaisante, peuvent contribuer mieux que les discours des philanthropes à nous acheminer vers cet idéal d'une *Civitas gentium maxima*, dont l'image splendide doit être présente sans cesse aux hommes *de bonne volonté*.

1. — CONVENTIONS CONCLUES PAR LA FRANCE (1).

Allemagne. Traité de paix du 10 mai 1871, art. 11. Convention additionnelle au traité de paix, du 11 décembre 1871, art. 10. — Article 18 de ladite convention, et procès-verbal d'échange du 11 janvier 1872.

Déclaration relative aux marques de fabrique et de commerce, 8 octobre 1873.

Convention relative à l'assistance judiciaire, 20 février 1880.

Convention pour la protection des œuvres littéraires et artistiques, 19 avril 1883. Promulguée par décret du 21 août 1883. — J. D. P., t. X, p. 652-660. R. D. I., t. XV, p. 406-407.

Bade. Convention relative à l'exécution des jugements, 16 avril 1846. (Étendue à l'*Alsace-Lorraine*.)

Convention pour la garantie des timbres et marques de fabrique, 2 juillet 1857.

Annam. Traité de commerce, 31 août 1874. Convention additionnelle, 23 novembre, même année.

Autriche-Hongrie. Convention de navigation, convention consulaire, convention relative au règlement des successions, convention destinée à garantir la propriété des œuvres d'esprit et d'art; toutes du 11 décembre 1866, prorogées indéfiniment par convention du 18 février 1884.

Convention relative à l'assistance judiciaire, 14 mai 1879.

(1) Les noms mis en *italiques* sont ceux des Etats cocontractants. Les dates sont, sauf exception, celles de la conclusion des conventions. On sait que les termes de *traité, convention, arrangement, déclaration*, ne sont pas toujours pris dans un sens technique précis.

M. Clunet a attiré l'attention sur le *défaut de validité de plusieurs traités diplomatiques conclus par la France*, dans la première décade du régime républicain. J. D. P., t. VII, p. 5-55.

On peut consulter sur les droits et privilèges concédés par les traités, l'ouvrage de M. Durand, mentionné p. 22; p. 514-540 : *Des principaux privilèges résultant des traités*. (Droits civils et commerciaux, successions, propriété littéraire, artistique et industrielle, juridiction, privilèges divers.)

Convention de commerce, 18 février 1884.

Belgique. Convention relative à l'assistance judiciaire, 22 mars 1870.

Convention relative à l'échange des actes de l'état civil, 25 août 1876.

Déclaration concernant la légalisation des actes à produire pour contracter mariage, 18 octobre 1879.

Traité de commerce, 31 octobre 1881.

Convention de navigation, 31 octobre 1881.

Convention relative aux œuvres de littérature ou d'art, modèles ou dessins de fabrique, 31 octobre 1881. Déclaration interprétative, 4 janvier 1882. R. D. I., t. XIV, p. 85-87. J. D. P., t. IX, p. 663-667.

Convention additionnelle aux trois précédentes, 31 janvier 1882.

Union pour la protection de la *propriété industrielle*, signée le 20 mars 1883 par la *France*, la *Belgique*, le *Brésil*, l'*Espagne*, le *Guatémala*, l'*Italie*, les *Pays-Bas*, le *Portugal*, le *Salvador*, la *Serbie* et la *Suisse*. Loi du 25 janvier 1884, autorisant le gouvernement français à ratifier. R. D. I., t. XV, p. 272-277. Renault, même recueil, t. XVI, p. 207.

Birmanie. Convention d'amitié et de commerce, 24 janvier 1873.

Bolivie. Traité d'amitié, de commerce et de navigation, 9 décembre 1834.

Brésil. Traité d'amitié, de commerce et de navigation, 7 juin 1826. Article additionnel, 21 août 1828.

Convention consulaire, 10 décembre 1860. Déclaration interprétative, 21 juillet 1866.

Déclaration relative à la protection réciproque des marques de fabrique et de commerce, 12 avril 1876.

Chili. Traité d'amitié, de commerce et de navigation, 15 septembre 1846.

Chine. Traité de commerce et de navigation, 27 juin 1858. Convention additionnelle, 25 octobre 1860.

Colombie (Nouvelle-Grenade). Traité d'amitié, de commerce et de navigation, 15 mai 1856.

Costa-Rica. Voyez *Guatémala.*

Danemark. Déclaration concernant les marques de fabrique et de commerce, 7 avril 1880.

Équateur. Traité d'amitié, de commerce et de navigation, 6 juin 1843.

Espagne. Convention consulaire, 7 janvier 1862.

Convention relative à la protection réciproque des œuvres d'esprit et d'art, 16 juin 1880.

Traité de commerce et de navigation, 6 février 1882. (Marques de fabrique ou de commerce, dessins ou modèles industriels, art. 7.)

États-Unis de l'Amérique du Nord. Convention consulaire, 23 février 1853.

Convention relative aux marques de fabrique, 16 avril 1869.

Grande-Bretagne. Convention relative aux œuvres de littérature et d'art, 3 novembre 1851. Déclaration concernant les œuvres dramatiques, 11 août 1875.

Convention relative aux sociétés commerciales, industrielles et financières, 30 avril 1862.

Convention pour régler les questions relatives à la liquidation des sauvetages des navires naufragés, 16 juin 1879.

Convention concernant les relations commerciales et maritimes, 28 février 1882.

Grèce. Convention consulaire, 7 janvier 1876.

Guatémala. Traité d'amitié, de commerce et de navigation, 8 mars 1848. (*Costa-Rica* y a accédé le 12 mars de la même année.)

Iles Hawaï. Traité d'amitié, de commerce et de navigation, 29 octobre 1857.

Honduras. Traité d'amitié, de commerce et de navigation, 22 février 1856.

Italie. Traité franco-sarde, concernant les limites et la juridiction, 24 mars 1760. Déclaration du 11 septembre 1860. J. D. P., t. IX, p. 389-401.

Convention pour la protection des œuvres de littérature ou d'art, 29 juin 1862.

Convention consulaire, 26 juillet 1862.

Convention relative à l'assistance judiciaire, 19 février 1870.

Déclaration concernant les marques de fabrique, 10 juin 1874.

Notes échangées pour régler la nationalité des mineurs nés en Savoie et à Nice, de pères originaires des provinces italiennes, 22 juillet, 7 novembre 1874.

Convention relative à la communication des actes de l'état civil, 13 janvier 1875.

Traité de commerce, 3 novembre 1881.

Convention de navigation, 13 juin 1882.

Japon. Convention pour l'établissement d'un nouveau tarif d'importation et d'exportation, 25 juin 1866. (Cette convention a été conclue entre le *Japon* d'une part, et la *France*, la *Grande-Bretagne*, les *Pays-Bas* et les *États-Unis* d'autre part.)

Libéria. Traité de commerce et de navigation, 17, 20 avril 1852.

Luxembourg. Convention relative à la protection des œuvres de littérature ou d'art, 16 décembre 1865. (Convention des 4 et 6 juillet 1856.)

Convention relative à la légalisation des actes à produire pour contracter mariage, 24 décembre 1867.

Convention relative à l'assistance judiciaire, 22 mars 1870.

Convention relative à la communication des actes de l'état civil, 14 juin 1875.

Déclaration concernant les marques de fabrique et de commerce, 27 mars 1880.

Madagascar. Traité d'amitié, de commerce et de navigation, 8 août 1868.

Mascate. Traité de commerce, 17 novembre 1844.

Monaco. Convention relative à la communication réciproque des actes de l'état civil, 24 mai 1881.

Nicaragua. Traité d'amitié, de commerce et de navigation, 11 avril 1859.

Paraguay. Traité d'amitié, de commerce et de navigation, 4 mars 1853, renouvelé le 9 août 1862.

Pays-Bas. Traité de commerce et de navigation, 7 juillet 1865. Prorogé par convention du 30 octobre 1880.

Pérou. Traité d'amitié, de commerce et de navigation, 9 mars 1861.

Perse. Traité d'amitié, de commerce et de navigation, 12 juillet 1855.

Portugal. Convention consulaire, 11 juillet 1866.

Convention relative à la protection des ouvrages de littérature ou d'art, même date.

Traité de commerce et de navigation, 19 décembre 1881. Convention additionnelle, 6 mai 1882.

Roumanie. Déclaration commerciale provisoire, 5 novembre 1876.

Russie. Convention relative à la protection des œuvres d'esprit ou d'art, 6 avril 1861.

Traité de commerce et de navigation 1er avril 1874.

Convention consulaire, même date.

Convention relative au règlement des successions, même date.

Saint-Domingue. Traité d'amitié, de commerce et de navigation, 8 mai 1852.

Salvador. Traité d'amitié, de commerce et de navigation, 2 janvier 1858.

Convention consulaire, 5 juin 1878.

Convention pour la garantie des œuvres d'esprit et d'art, 9 juin 1880.

Serbie. Traité d'amitié, de commerce et de navigation, 18 janvier 1883.

Siam. Traité d'amitié, de commerce et de navigation, 15 août 1856.

Suède et Norvège. Traité de commerce, 30 décembre 1881.

Traité de navigation, même date.

Suisse. Traité sur la compétence judiciaire et l'exécution des jugements en matière civile, 15 juin 1869. Ci-dessus, p. 129.

Convention relative à la nationalité et au service militaire des enfants de Français naturalisés en Suisse, 23 juillet 1879.

Traité de commerce, 23 février 1882.

Traité d'établissement, même date.

Convention pour la garantie réciproque des droits d'auteur d'œuvres littéraires et artistiques, même date.

Convention pour la garantie réciproque des marques de fabrique et de commerce, des noms commerciaux, des dessins et des modèles industriels, même date.

Turquie. Traité de commerce et de navigation, 29 avril 1861. Protocole concernant le droit de propriété immobilière des Français en Turquie, 9 juin 1868.

Uruguay. Arrangement concernant les relations de commerce et de navigation, 19 août 1873.

Vénézuela. Convention consulaire, 24 octobre 1856.

Déclaration concernant les marques de fabrique et de commerce, 3 mai 1879.

2. — CONVENTIONS CONCLUES PAR LA BELGIQUE.

Pour les conventions entre la Belgique et la *France*, voyez les conventions conclues par la France.

Allemagne. Traité de commerce avec le Zollverein, 22 mai 1865. Convention pour régler les relations commerciales, 30 mai 1881.

Convention concernant la reconnaissance réciproque des sociétés anonymes, 26 novembre 1873.

Déclaration pour faciliter les mariages des sujets respectifs sur le territoire de l'autre État, 8 octobre 1875.

Déclaration relative à l'assistance judiciaire, 18 octobre 1878.

Convention relative aux œuvres de littérature et d'art, 12 décembre 1883.

Convention relative aux marques de commerce, même date.

Autriche-Hongrie. Traité de commerce et de navigation, 15 février 1867.

Déclarations concernant la communication réciproque des actes de décès, 30 avril 1871.

Arrangement concernant la protection réciproque des marques de fabrique et de commerce, 12 janvier 1880.

Convention relative à l'assistance judiciaire, 19 juillet 1880.

Bolivie. Traité d'amitié, de commerce et de navigation, 31 octobre 1850.

Brésil. Déclaration concernant les marques de fabrique et de commerce, 2 septembre 1876.

Convention consulaire, 8 mars 1880.

Chili. Traité de commerce, 31 août 1858. Acte additionnel, concernant la protection des marques de fabrique, 5 juin 1875.

Chine. Traité d'amitié, de commerce et de navigation, 2 novembre 1865.

Costa-Rica. Traité d'amitié, de commerce et de navigation, 31 octobre 1858.

Danemark. Convention réglant le droit de succéder et d'acquérir, 21 mai 1834.

Traité de commerce et de navigation, 17 août 1863.

Déclaration pour la protection réciproque des marques de fabrique et de commerce, 15-17 novembre 1879.

Espagne. Convention consulaire, 19 mars 1870.

Déclaration concernant la communication réciproque des actes de décès, 27 janvier 1872.

Convention relative à l'assistance judiciaire, 31 mai 1872.

Traité de commerce, 4 mai 1878.

Convention littéraire, 26 juin 1880.

États-Unis. Convention de naturalisation, 16 novembre 1868.

Traité de commerce et de navigation, 8 mars 1875.

Convention consulaire, 9 mars 1880.

Grande-Bretagne. Convention garantissant la protection réciproque des œuvres artistiques et littéraires, 12 août 1854.

Traité de commerce, 23 juillet 1862.

Convention relative aux sociétés commerciales, 13 novembre 1862.

Grèce. Traité de commerce, 25 septembre 1840. Convention additionnelle, 5 juin 1856.

Déclaration concernant la reconnaissance réciproque des sociétés anonymes, 2 et 20 avril 1881.

Guatémala. Convention réglant le droit de succéder et d'acquérir, 19 juillet 1843.

Traité d'amitié, de commerce et de navigation, 12 avril 1849.

Haïti. Traité d'amitié et de commerce, 28 juillet 1841.

Iles Hawaï. Traité d'amitié, de commerce et de navigation, 4 octobre 1862.

Italie. Convention relative à l'assistance judiciaire, 30 juillet 1870.

Déclaration concernant la communication des actes de l'état civil, 17 juillet 1876.

Convention consulaire, 22 juillet 1878.

Traité de commerce et de navigation, 11 décembre 1882.

Japon. Traité d'amitié, de commerce et de navigation, 1er août 1866. Convention additionnelle, 24 octobre, même année.

Libéria. Traité d'amitié, de commerce et de navigation, 29 mars 1858.

Liechtenstein. Convention réglant le droit de succéder et d'acquérir, 20 décembre 1852.

Luxembourg. Convention relative aux sociétés anonymes, 28 novembre-7 décembre 1864.

Convention relative à l'assistance judiciaire, 5 août 1870.

Déclaration concernant la communication des actes de l'état civil, 21 mars 1879.

Maroc. Traité de commerce et de navigation, 4 janvier 1862.

Mexique. Traité de commerce et de navigation, 20 juillet 1861.

Monaco. Déclaration concernant la communication des actes de l'état civil, 25 novembre 1876.

Nicaragua. Traité d'amitié et de commerce, 8 mai 1858.

Orange. Traité d'amitié, d'établissement et de commerce, 1er avril 1874.

Pays-Bas. Traité de commerce et de navigation, 12 mai 1863. Convention additionnelle, 7 décembre 1865.

Convention relative aux marques de commerce et de fabrique, 22 octobre 1880.

Pérou. Traité d'amitié, de commerce et de navigation, 14 août 1874. Convention réglant le droit de succéder et d'acquérir, même date.

Convention consulaire, même date.

Perse. Traité d'amitié et de commerce, 31 juillet 1857.

Portugal. Convention pour la garantie réciproque des droits d'auteur en matière artistique et industrielle, 11 octobre 1866. Convention additionnelle, 7 janvier 1880.

Traité de commerce et de navigation, 23 février 1874.

Convention relative à la protection des marques de fabrique, 2 avril 1880.

République Argentine. Traité d'amitié, de commerce et de navigation, 3 mars 1860.

Roumanie. Déclaration concernant les produits d'origine ou de provenance de chacun des deux pays, 20 mars 1877.

Traité de commerce et de navigation, 14 août 1880.

Convention consulaire, 12 janvier 1881.

Déclaration concernant la communication d'actes de l'état civil, 4 mars 1881.

Convention relative aux marques de commerce, 8 mars 1881.

Convention relative à la protection des œuvres industrielles, 11 juin 1881.

Convention relative à l'assistance judiciaire, 1881.

Russie. Traité de commerce et de navigation, 9 juin 1858.

Convention pour la garantie réciproque des œuvres artistiques et littéraires, 30 juillet 1862.

Convention assurant aux sociétés anonymes belges et russes la faculté réciproque d'exercer leurs droits et d'ester en justice, 30 novembre 1865.

Déclaration concernant les marques de commerce, 29 janvier 1881.

Salvador. Traité d'amitié, de commerce et de navigation, 15 février 1858.

Serbie. Déclaration pour régler provisoirement les relations commerciales, 4 novembre 1879. Déclaration de prorogation, 3 novembre 1880.

Siam. Traité de commerce et de navigation, 29 août 1868.

Suède et Norvège. Convention réglant le droit de succéder et d'acquérir, 2 août 1838.

Traité de commerce et de navigation, 26 juin 1863.

Suisse. Traité de commerce et d'établissement, 11 décembre 1862.

Convention relative aux droits d'auteur, 25 avril 1867.

Déclaration relative aux formalités à accomplir par les Belges qui se marient en Suisse, 1er mai 1878.

Arrangement par lequel les deux États conviennent de se traiter réciproquement sur le pied de la nation la plus favorisée, 22 novembre 1879.

Convention pour la protection des marques de fabrique et de commerce, 11 février 1881.

Déclaration concernant la communication réciproque d'actes de l'état civil, 2 février 1882.

Transvaal. Traité d'amitié et de commerce, 3 février 1876.

Convention réglant le droit de succéder et d'acquérir, même date.

Tunis. Traité d'amitié, de commerce et de navigation, 14 octobre 1839.

Convention relative au droit accordé aux sujets belges de posséder des biens immeubles dans la régence de Tunis, 20 décembre 1880.

Turquie. Traité de commerce et de navigation, 10 octobre 1861.

Protocole réglant pour les Belges le droit d'acquérir des immeubles en Turquie, 14 juillet 1868.

Uruguay. Traité d'amitié, de commerce et de navigation, 15 septembre 1853.

Vénézuela. Déclaration réglant la situation légale des sociétés anonymes et autres associations commerciales, industrielles et financières, 25 mai 1882.

Arrangement concernant la protection réciproque des marques de commerce, même date.

3. — CONVENTIONS CONCLUES PAR LA SUISSE.

La Suisse a, dans ce moment, des traités de commerce (ratifications échangées) avec les États-Unis (1850), la Grande-Bretagne (1855), la Turquie (1861), la Belgique (1862), le Japon (1864), les îles Hawaï (1864), l'Autriche (1868), la Russie (1872), le Portugal (1873), la Perse (1873), la Danemark (1875), les Pays-Bas (1875), la Roumanie (1878), la Serbie (1880), l'Allemagne (1881), la France (1882), l'Espagne (1883), l'Italie (1883), et des conventions consulaires avec les Pays-Bas (1863), le Brésil (1878), la Roumanie (1880).

Elle a, en outre, plusieurs traités d'établissement, et quelques traités sur la compétence, l'exécution des jugements, les faillites, les successions, les mariages, les tutelles, les achats d'immeubles, etc. Le plus important de ces actes internationaux est sans doute le traité franco-suisse de 1869 (1).

Voici les principales conventions conclues par la Suisse depuis une dizaine d'années, outre celles avec la *France* et avec la *Belgique* qui ont été mentionnées ci-dessus :

Allemagne. Traité d'établissement, 27 avril 1876 ; protocole additionnel, 21 décembre 1881 (renvois par cause de police, solution des questions de nationalité).

Déclarations concernant la correspondance directe des autorités judiciaires des deux pays, 1er et 13 décembre 1878.

---

(1) Sur les conventions conclues par la Suisse en matière de *droits d'auteur*, il faut consulter le commentaire de M. A. d'Orelli sur la loi suisse du 23 avril 1883 : *Das schweizerische Bundesgesetz betreffend das Urheberrecht an Werken der Litteratur und Kunst, unter Berücksichtigung der bezüglichen Staatsverträge.* Zurich, 1884.

Nous devons des renseignements sur l'état actuel du droit conventionnel de la Suisse à l'obligeance de M. Henri Carrard, professeur à l'académie de Lausanne.

Traité de commerce, 23 mai 1881.

Arrangement concernant la garantie réciproque des œuvres littéraires et artistiques, même date.

Bavière. Convention relative à la communication réciproque, gratuite, des actes de l'état civil, 7 décembre 1874.

Autriche-Hongrie (1). Traité d'établissement, 7 décembre 1875.

Convention relative à l'assistance judiciaire (bénéfice du pauvre), 8 janvier 1884; approuvée par les chambres fédérales le 20 mars, par les chambres autrichiennes le 29 février et le 31 mars.

Brésil. Convention consulaire, 21 octobre 1878.

Danemark. Traité d'amitié, de commerce et d'établissement 10 février 1875.

Espagne. Traité d'établissement, 14 novembre 1879.

Traité de commerce, 14 mars 1883.

États-Unis (2). Arrangement relatif aux marques de fabrique et de commerce, 16 mai 1883.

Grande Bretagne (3). Déclaration concernant la protection réciproque des marques de fabrique et de commerce, 6 novembre 1880.

Italie (4). Prorogation, le 28 janvier 1879, du traité d'établissement conclu le 22 juillet 1868, et de la convention sur les droits d'auteur de la même date.

Convention relative à l'assistance judiciaire, 8 novembre 1882.

Traité de commerce, 22 mars 1883.

Liechtenstein. Convention d'établissement, 6 juillet 1874.

Pays-Bas (5). Traité d'amitié, de commerce et d'établissement, 19 août 1875; protocole additionnel, 24 avril 1877.

Portugal (6). Convention consulaire, 27 août 1883 (non encore ratifiée).

Roumanie. Traité de commerce, 30 mars 1878.

Convention consulaire, 14 février 1880.

---

(1) Traité de commerce austro-suisse du 14 juillet 1868.

(2) Le traité de commerce suisse-américain est du 25 novembre 1850.

(3) Traité de commerce du 6 septembre 1855. Une déclaration du 27 août 1872 concerne les droits de succession à lever sur la fortune personnelle des citoyens du canton de Vaud décédés en Grande-Bretagne, ou celle des sujets anglais décédés dans le canton de Vaud.

Des négociations ont eu lieu récemment en vue de la conclusion d'une convention relative aux droits d'auteur; elles n'ont pas abouti.

(4) Des négociations en vue de la conclusion d'un traité entre la Suisse et l'Italie sur l'exécution des jugements n'ont pas abouti.

(5) Convention consulaire, 19 janvier 1863.

(6) Traité de commerce, 6 décembre 1873.

Salvador. Traité d'amitié, de commerce et d'établissement, 30 octobre 1883 ; ratifié par les Chambres fédérales, le 20 mars 1884.

Serbie. Traité de commerce, 10 juin 1880.

La convention pour la protection de la propriété industrielle, du 20 mars 1883, a été ratifiée par les Chambres fédérales le 21 décembre 1883, sous la réserve expresse que par l'adhésion de la Suisse, surtout en ce qui concerne les articles 11 et 12, il ne serait apporté aucune atteinte aux compétences de la Confédération.

4. — CONVENTIONS DIVERSES ENTRE D'AUTRES ÉTATS.

I. Droits civils et commerciaux.

Les États-Unis ont conclu plusieurs conventions relatives à la naturalisation, avec divers États allemands (1868), la Suède (26 mai 1869), le Danemark (20 juillet 1872), l'Équateur (6 mai 1872), le Mexique (10 juillet 1868).

Divers arrangements ont pour but d'assurer aux sujets respectifs le *traitement de la nation la plus favorisée*, clause qui se trouve dans beaucoup de traités ; ainsi des arrangements de l'Italie avec la République Argentine (16-17 août 1871), avec la Russie (5 janvier 1876).

La capacité de succéder et d'acquérir, qui a fait jadis l'objet de conventions nombreuses, est comprise actuellement dans la plupart des traités généraux.

Plusieurs conventions ont été faites avec la Porte ottomane, pour l'admission des sujets des États contractants au *droit de propriété immobilière* en Turquie ; ainsi par l'Italie (23 mars 1873), les Pays-Bas (6 août 1873), les États-Unis (11 août 1874).

Des conventions relatives à la *protection réciproque des œuvres littéraires, scientifiques ou artistiques* (*droits d'auteur*) ont été conclues entre l'Espagne et la Grande-Bretagne (11 août 1880), l'Espagne et l'Italie (28 juin 1880), l'Espagne et le Portugal (9 août 1880).

Rappelons le traité d'union pour la protection de la *propriété industrielle*, signé à Paris le 20 mars 1883, outre la *France*, la *Belgique* et la *Suisse*, par le *Brésil*, l'*Espagne*, le *Guatémala*, l'*Italie*, les *Pays-Bas*, le *Portugal*, le *Salvador* et la *Serbie*.

De nombreuses conventions ont trait à la protection réciproque des *marques de fabrique* et *de commerce*, au sujet desquelles des clauses sont insérées dans les traités de commerce les plus récents :

Arrangements, conventions ou déclarations entre l'Allemagne et la Grande-Bretagne (déclaration du 14 avril 1875), le Luxembourg (convention promulguée en Allemagne le 14 juillet 1876), les Pays-Bas (28 décembre 1881), la Russie (23 juillet 1873), la Roumanie (27 janvier 1882), le Brésil (12 janvier 1877);

Entre l'Autriche-Hongrie et les États-Unis (25 novembre 1871), la Russie (5 février 1874);

Entre le Brésil et le Danemark (25 avril 1881), les États-Unis (24 septembre 1878), l'Italie (21 juillet 1877), les Pays-Bas (26 juillet 1878), le Portugal (29 octobre 1879);

Entre le Danemark et la Grande-Bretagne (28 novembre 1879), les Pays-Bas (14 janvier 1881);

Entre l'Espagne et les États-Unis (ratif. 19 avril 1883), la Grande-Bretagne (14 décembre 1875);

Entre les États-Unis de l'Amérique du Nord et la Grande-Bretagne (24 octobre 1877), l'Italie (1er juin 1882), la Russie (28 mars 1874);

Entre la Grande-Bretagne et le Portugal (6 janvier 1880), la Russie (11 juillet 1871);

Entre les Pays-Bas et la Russie (7 avril 1881).

Des conventions relatives à la reconnaissance réciproque et aux droits des *sociétés commerciales* (*anonymes*, etc.), ont été conclues par l'Italie avec l'Allemagne (8 août 1873), l'Autriche-Hongrie (déclarations des 24 janvier et 3 février 1877), la Grande-Bretagne, la Grèce (25 février, 13 mars 1871), les Pays-Bas (11 avril 1868).

II. — SUCCESSIONS, TUTELLES, MARIAGE.

L'Allemagne a conclu avec la Russie, le 12 novembre 1874, une convention concernant les *successions* laissées dans l'un des deux États par les nationaux de l'autre.

L'Autriche-Hongrie a conclu avec la Saxe, le 17 février 1881, une convention concernant les *charges imposées* aux *successions mobilières des étrangers*, et avec la Serbie, le 6 mai 1881, une convention sur les *successions, tutelles, curatelles et la communication des actes de l'état civil*.

Il a été conclu une convention relative aux *successions* entre l'Espagne et la Russie, le 26 juin 1876.

L'Italie a fait avec la Russie, le 28 avril 1875, une convention concernant le règlement des *successions* laissées dans l'un de ces États par les nationaux de l'autre; et avec la Suède-Norvège une déclaration concernant l'abolition réciproque des droits *d'aubaine et de détraction*, 7 juin 1877. Une convention relative aux mêmes droits était intervenue entre la Suède-Norvège et le Portugal, le 17 septembre 1863.

Des conventions relatives à la remise des *successions des marins*
russes, italiens ou danois décédés sur des navires anglais, et réciproquement, ont été conclues par la Grande-Bretagne avec la
Russie, le 9 août 1880, avec l'Italie le 17 avril 1877, avec le
Danemark le 11 avril 1877.

L'Allemagne a conclu avec l'Italie, le 3 décembre 1874, une
convention pour faciliter les *mariages* des sujets respectifs de
chacun de ces États sur le territoire de l'autre.

III. — Conventions judiciaires.

Allemagne, Russie, 4 février 1879. Convention réglant les *rapports
directs* des tribunaux du ressort de la Cour de Varsovie avec ceux
des provinces limitrophes du royaume de Prusse, en matière civile
et criminelle.

Autriche-Hongrie, Italie, 30 mai et 22 juillet 1872. Déclaration
réglant la *correspondance directe* entre les autorités judiciaires de
ces États. — 11 et 27 avril 1875. Déclaration réglant les *frais de
traduction* des *lettres rogatoires et autres pièces* échangées entre les
autorités judiciaires italiennes, autrichiennes et hongroises.

Autriche-Hongrie, Serbie, 6 mai 1881. *Convention judiciaire.*

Brésil, Italie. Convention relative à l'*exécution des jugements* en
matière de *successions et testaments*, 14 juin 1879 ; protocole du
14 avril 1880.

En fait de traités anciens concernant l'exécution des jugements,
une mention est due à la convention suédo-danoise du 25 avril
1861.

Assistance judiciaire. Convention entre l'Allemagne et le Luxembourg, 12 juin 1879 ; entre l'Allemagne et l'Italie, 28 juillet 1879 ; le
Danemark et l'Italie, le 25 juin 1883 ; l'Espagne et l'Italie, le 8 juillet
1882 ; entre l'Italie et Monaco, le 20 juillet 1871 ; l'Italie et Costa-
Rica, le 6 mai 1873.

Entre l'Italie et la Russie est intervenue, le 3 juillet 1874, une
déclaration concernant la *transmission des significations judiciaires*
et la mise en exécution des *commissions rogatoires.*

Le Brésil a conclu des arrangements ou des conventions pour
l'exécution des *commissions rogatoires* avec la Bolivie (22 décembre
1879), le Paraguay (5 novembre 1879), le Pérou (29 septembre 1879),
la République Argentine (14 février 1880), l'Uruguay (14 février
1879).

IV. — Actes de l'état civil, légalisations, publications.

Il y a des conventions, arrangements ou déclarations pour la communication réciproque d'*actes de l'état civil* entre l'Autriche-Hongrie et l'Italie (actes de décès, 25 avril et 17 mai 1873) ; pour la *légalisation* de certains actes, entre l'Allemagne et l'Autriche-Hongrie (25 février 1880), l'Autriche-Hongrie et l'Italie (7 février, 21 mars 1874) ; pour l'échange de *publications officielles* entre l'Italie et l'Uruguay (20 février 1875), entre l'Italie et la République Argentine (2 décembre 1876), entre l'Italie et le Chili (14 janvier 1873).

V. — Traités de commerce, de navigation, d'établissement ; conventions consulaires.

Les traités de commerce et de navigation conclus depuis une dizaine d'années, soit pour remplacer des traités anciens, soit entre États qui n'étaient pas encore en relation contractuelle, sont très nombreux ; il en est de même des conventions consulaires.

Allemagne. Mentionnons les traités de commerce avec l'Autriche-Hongrie (23 mai 1881), la Grande-Bretagne (traité entre la Grande-Bretagne et le Zollverein du 30 mai 1865, déclaration concernant l'extension de l'art. 6 à l'Empire allemand, 14 avril 1875), l'Italie (4 mai 1883), la Roumanie (14 avril 1877), la Serbie (6 janvier 1883), l'Espagne (12 juillet 1883), Costa-Rica (18 mai 1875), le Mexique (5 décembre 1882), la Chine (12 septembre 1861, convention additionnelle, 31 mars 1880), les îles Hawaï (25 mars et 19 septembre 1879, déclaration du 10 février 1880), — et les conventions consulaires avec l'Italie (10 janvier 1882), la Russie (8 décembre 1874), la Serbie (6 janvier 1883), la Grèce (26 novembre 1881), le Brésil (10 janvier 1882).

Autriche-Hongrie. Traités de commerce avec l'Allemagne (ci-dessus), l'Espagne (3 juin 1880), la Grande-Bretagne (5 décembre 1876), l'Italie (27 décembre 1878), le Portugal (13 janvier 1872), la Roumanie (22 juin 1875), la Serbie (24 juin 1878), la Suède et Norvège (3 novembre 1873), la Chine (2 septembre 1869), le Japon (18 octobre 1869), Siam (17 mai 1869), Hawaï (18 juin 1875). Conventions consulaires avec les États-Unis (11 juillet 1870), l'Italie (15 mai 1874), le Portugal (9 janvier 1873), la Serbie (6 mai 1881).

Grande-Bretagne. Traités de commerce avec l'Autriche-Hongrie, l'Italie (15 juin 1883), la Roumanie (5 avril 1880), la Serbie (7 février 1880, et déclaration du 4 juillet 1881 le Monténégro (21 janvier 1882), le Portugal (convention additionnelle au traité du 3 juillet 1842, du 22 mai 1882, et traité relatif aux possessions respectives dans les Indes, du 26 décembre 1878 avec articles additionnels). Convention consulaire avec le Brésil, 22 avril 1873.

Des traités de commerce ont été conclus par l'Italie avec l'Allemagne, l'Autriche-Hongrie, la Grande-Bretagne, l'Espagne (22 février 1870, déclaration du 4 avril et article additionnel du 30 juin de la même année), les États-Unis (26 février 1871), la Grèce (17 novembre 1877), le Portugal (15 juillet 1872), la Roumanie (23 mars 1878), la Serbie (déclaration provisoire du 8 mai 1879, prorogée le 10 mai 1880), le Monténégro (28 mars 1883), la Suède et la Norvège (déclaration d'interprétation du traité du 14 juin 1863, du 4 juillet 1877), le Mexique (14 décembre 1870), le Pérou (23 décembre 1874), Honduras (déclaration additionnelle au traité du 31 décembre 1868, du 14 juillet 1875), la Birmanie (3 mars 1871, notes explicatives, 19 et 23 décembre 1872). Des conventions consulaires avec l'Allemagne, l'Autriche-Hongrie, les États-Unis (8 mai 1878, complétées par les notes du 6 et du 11 septembre 1878 et par la convention du 24 février 1881), la Grèce (27 novembre 1880), les Pays-Bas (3 août 1875), le Portugal (déclaration additionnelle, du 16 juillet 1875, à la convention du 30 septembre 1868), la Russie (28 avril 1875), la Roumanie (17 août 1880), la Serbie (9 novembre 1879), le Brésil (6 août 1876), le Pérou (déclaration du 8 mai 1878), Salvador (25 janvier 1876), Guatémala (2 janvier 1873).

L'Espagne a conclu avec la Russie, le 23 février 1876, un traité de commerce et de navigation et une convention consulaire ; avec le Brésil, le 15 juin 1878, une convention consulaire ; avec la Suède et la Norvège, le 15 mars 1883, un traité de commerce et un traité de navigation ; elle avait conclu le 18 novembre 1871, avec les Pays-Bas, un traité de commerce et de navigation et une convention consulaire, à laquelle s'est ajouté un protocole additionnel du 10 février 1873.

Les Pays-Bas ont conclu avec le Portugal un traité de commerce (9 janvier 1875, déclaration du 24 avril, même année) et une convention consulaire (1er décembre 1880) ; avec la Roumanie, une convention commerciale provisoire (26 décembre 1876, protocole 12 mai 1877) ; avec la Serbie aussi une convention provisoire (17 octobre 1881) ; avec le Brésil une convention consulaire (29 septembre 1878) ; de même avec les États-Unis (23 mai 1878), avec la Russie (14 avril 1883), avec l'Espagne (18 novembre 1871).

Mentionnons encore la convention de commerce et de navigation du 27 mars 1876, entre la Russie et la Roumanie ; la convention consulaire du 14 octobre 1881, entre les États-Unis et la Serbie ; le traité de commerce du 19 mai 1882, entre la Grèce et la Serbie.

La plupart des conventions de commerce sont en même temps des traités de navigation.

Plusieurs conventions consulaires et quelques conventions de commerce sont aussi des traités d'établissement. Un traité d'établissement mérite une mention spéciale ; c'est celui du 25 janvier 1881, entre les États-Unis et la Chine, concernant en particulier l'immigration des travailleurs chinois.

On voit par ces quelques indications que les jeunes États, la Roumanie, la Serbie ont pris dignement leur place dans la famille des États souverains.

On voit aussi quelle heureuse activité l'Italie a déployée durant cette période pour faire prévaloir le principe du règlement conventionnel des questions de droit international privé.

II. — Auteurs de droit international privé.

La liste qui suit ne contient que les auteurs de quelque importance, soit au point de vue de la doctrine, soit au point de vue historique, quelquefois seulement par leur date, qui ont écrit sur l'ensemble du droit international privé, ou sur les principes fondamentaux et les notions générales de ce droit, ou dont les écrits ont une certaine valeur pour l'ensemble de la science. J'ai omis les auteurs qui n'ont publié que des études de peu d'étendue ou sur des sujets très spéciaux, ainsi que nombre d'auteurs d'ouvrages généraux où des questions relatives au conflit des lois sont traitées d'une façon plutôt incidente et comme accessoires. On ne trouvera donc pas, ci-dessous, maint écrivain recommandable qui est cité, même plus d'une fois, dans le cours du volume, non plus que divers auteurs célèbres, tant de droit des gens que de droit civil. Il est clair que tous les jurisconsultes qui ont écrit sur l'ensemble du Code Napoléon ou des Pandectes ou du droit autrichien ou prussien, pourraient être considérés comme auteurs de droit international privé.

Plusieurs auteurs, entre autres Wæchter et Schæffner, mentionnent certaines dissertations, notamment du dix-septième et du dix-huitième siècle, en ajoutant qu'elles sont dépourvues de valeur ; sauf exception, je ne les ai pas mentionnées. Je me borne à citer ici, comme exemples, les noms de Barilis, Hildebrand, J.-G. Meier, Mencken, Scheinemann, Wolff, Zoll.

ALBÉRIC DE ROSCIATE, *de Rosate*, Commentateur mort en 1356. Son traité *de statutis*, c'est-à-dire *des lois municipales*, a été imprimé plusieurs fois, notamment dans un recueil publié à Cologne en 1574 ; à Francfort en 1608, 1655.

ALEF (Franz), mort en 1763, professeur à Heidelberg et magistrat. — *Dissertatio de diversorum statutorum concursu eorumque conflictu.* Heidelberg, 1740.

Argentré (Bertrand d'), 1519-1590, président au présidial de Rennes, historien de la Bretagne, feudiste et civiliste excellent. — *Commentarii in patrias Britonum leges s. consuetudines generales ducatus Britanniæ.* Plusieurs éditions, 1608-1664. La matière du conflit des lois est exposée à propos de l'article 218 de la coutume de Bretagne.

Arntz (Égide-Rodolphe-Nicolas), professeur à l'Université de Bruxelles. *Cours de droit civil français*, 2e édition. Bruxelles, Paris, 1879-1880. Études et rapports dans la *Revue de droit international*, dont M. Arntz est l'un des directeurs, dans l'*Annuaire de l'Institut de droit international*, et dans d'autres recueils.

Asser (Tobie-Michel-Charles), professeur à l'Université d'Amsterdam, conseil du ministère néerlandais des affaires étrangères. Outre le *Schets* et diverses publications de droit commercial, nombreux articles et rapports dans la *Revue de droit international* et l'*Annuaire de l'Institut de droit international.* — *Droit international privé et Droit uniforme*, R. D. I., t. XII, p. 5-22.

Aubry (Charles), 1803-1879, professeur à Strasbourg, puis conseiller à la Cour de cassation. Voyez Zachariæ.

Azuni (Dominique-Antoine), 1760-1827, magistrat sarde et membre du Corps législatif français. Plusieurs ouvrages sur le droit maritime et commercial, en italien et en français.

Bacquet (Jean), mort en 1597, avocat du roi en la chambre du trésor. — *Du droit d'aubaine.* OEuvres souvent imprimées, en dernier lieu Lyon, 1744.

Balde, *Baldus de Ubaldis*, né vers 1327, mort en 1400, professeur dans diverses Universités italiennes. Les commentaires au Code se trouvent dans l'édition générale de ses commentaires, Venise, 1615, 1616.

Bar (Ludwig von), professeur à Breslau et actuellement à Gœttingue. — *Das Internationale Privat-und Strafrecht.* Hanovre, 1862. Traduction anglaise par M. Gillespie, 1883. — Ci-dessus, page 14.

Bard (Alphonse), substitut du procureur de la république près le Tribunal de la Seine. — *Précis de droit international. Droit pénal et privé.* Paris, 1883.

Barde (Louis), avocat à la Cour de Bordeaux. — Ci-dessus, p. 21.

Barrilliet (Théodore), mort en 1880, à 47 ans, président du Tribunal de Genève. — *Du conflit de la loi française avec les lois étrangères, résultant de l'absence de stipulations relatives au régime des biens entre époux.* Genève, 1861. En outre, des *Études de droit international privé* dans la *Revue pratique de droit français* et dans le *Journal du droit international privé.*

BARTOLE, de Sassoferrato, 1314-1357, professeur à Bologne, Pise, Pérouse, le plus grand jurisconsulte du moyen âge, Commentaires sur le Code, *Consilia*, etc. Surtout important pour le droit international privé, le commentaire sur la l. 1, au Code, *De Summa Trinitate* I, 1. Nombre d'éditions depuis 1470. Dernière édition des œuvres complètes, Venise 1615. M. Guthrie a eu l'heureuse idée de rééditer le commentaire à la l. 1 *De Summa Trinitate* en appendice à la traduction de Savigny. C'est un petit traité substantiel, en 51 articles, où les contemporains et prédécesseurs, entre autres plusieurs Glossateurs, sont constamment cités, de telle sorte qu'on est autorisé, par le fait, à ne pas remonter jusqu'à la Glose.

BERTAULD (Ch.-A.), 1812-1882, professeur à Caen, procureur général à la Cour de cassation. — *Conflit des lois françaises et des lois étrangères*, dans les *Questions pratiques et doctrinales du Code Napoléon.* Paris, 1867-1869.

BESELER (Georg), professeur à Berlin. — *System des gemeinen deutschen Privatrechts*. Nombre d'éditions depuis 1847. R. D. I., t. VI, p. 715. Les §§ 38-39 ont trait au droit international.

BLUNTSCHLI (Jean-Gaspard), 1808-1881, professeur à Zurich, Munich, Heidelberg. — *Droit international codifié*, traduit de l'allemand en diverses langues.

BŒHMER (Just-Henning), 1674-1749, professeur à Halle, chancelier du duché de Magdebourg. — *Exercitationes ad Pandectas*, 1745-1775. *Consultationes et decisiones*, 1748-1754.

BŒHMER (Johann-Samuel-Friedrich), 1704-1772, fils de Just-Henning; professeur à Halle et à Francfort s/O. — *De efficacia statuti personalis extra territorium.* Francfort, 1756.

BŒHMER (Georg-Ludwig), 1715-1797, frère du précédent; professeur à Gœttingue. — *Electa juris civilis*, 1767-1778. *Auserlesene Rechtsfælle*, 1799-1801.

BŒSCHEN. — *De vi legum civilium in subditos temporarios.* Leipzig, 1772 (Præside Schott).

BOUHIER (Jean, dit *le Président*), 1673-1746, président à mortier du parlement de Dijon dès 1704. — *Observations sur la coutume du duché de Bourgogne.* 1717, 1742-1746. Édition complète des œuvres juridiques, 1787-1789.

BOULLENOIS (Louis), 1680-1762, avocat au parlement de Paris. — *Questions sur les démissions des biens*, avec deux dissertations, l'une sur les statuts personnels, réels et mixtes... Paris, 1727. *Dissertation sur les questions qui naissent de la contrariété des lois et des coutumes...* Paris, 1732; sous le titre de *Traité de la personnalité et de la réalité des lois, coutumes et statuts*, Paris, 1766. Je cite d'après cette édition.

BOURGOIGNE (DE) OU VAN BOURGUINGNE (Nicolas), *Burgundius*, aussi *Burgundus*, 1586-1649 ; issu d'un des nombreux bâtards de Bourgogne; avocat à Gand, professeur à Ingolstadt. *Ad consuetudines Flandriæ*. Anvers, 1621; Leyde, 1634; Arnheim, 1670.

BRAAM. — *De legum nostrarum civilium cum legibus peregrinis conflictu*. Groningue, 1821.

BRETONNIER (Barthélemy-Joseph), 1656-1727, avocat au parlement de Paris; éditeur et annotateur d'Henrys et auteur du *Recueil par ordre alphabétique des principales questions de droit qui se jugent diversement dans les divers tribunaux du royaume, avec des réflexions pour concilier la diversité de la jurisprudence et la rendre conforme dans tous les tribunaux*. Cinq éditions de 1718 à 1782.

BRINCKMANN (Henri-Rodolphe), 1789-1878, professeur et conseiller d'État à Kiel. — *Wissenschaftlich-praktische Rechtskunde von dem Widerspruche der auslændischen und einheimischen Gesetze*. 1831.

BRINZ (Aloïs VON), professeur à Munich. Les §§ 22 et 23 de ses *Pandectes*, si originales et si riches d'idées, traitent du droit international privé, que M. Brinz considère comme étant essentiellement du droit international.— *Pandekten*, t. I, 2e éd., Erlangen 1873.

BROCHER (Charles), professeur à Genève. — *Théorie du droit international privé*, R. D. I., t. III et IV; Genève, 1873. *Nouveau traité de droit international privé*, R. D. I., t. IV,V. (IX). Paris et Genève,1876. *Étude sur la lettre de change dans ses rapports avec le droit international privé*, R. D. I., t. VI. *Cours de droit international privé suivant les principes consacrés par le droit positif français*. Genève, 1882-1883. — *De la crise qui s'opère actuellement dans le droit international privé* (à propos de Wharton), *Revue de législation ancienne et moderne*. 1875. — Voyez ci-dessus, p. 24.

BRUNI (Alberto), *Brunus*, né en 1467, mort à 74 ans, jurisconsulte piémontais, lieutenant du gouverneur (pour le roi de France) à Saluces, conseiller royal, puis impérial, sénateur, avocat fiscal du duc Emmanuel Philibert de Savoie. — *De statutis*.

BRUSA (Emilio), professeur à Turin. — Notes sur CASANOVA. — Ci-dessus, p. 23.

BURGE (William), mort à 63 ans le 12 novembre 1850. D. C. L. 1834; membre du parlement, attorney général pour la Jamaïque, juge des banqueroutes; F. R. S. — Ci-dessus, p. 17.

BUSCEMI. — *Corso di diritto internazionale privato*. Messine, 1872.

BYNKERSHOEK (Corneille VAN), 1673-1743, président de la Cour suprême de Hollande, Zélande, Frise. — *Quæstiones juris publici, Quæstiones juris privati.*

Calvo (Carlos), actuellement ministre de la République Argentine à Berlin. — *Droit international théorique et pratique.* 1ʳᵉ éd. 1868. 3ᵉ, Paris, 1880. R. D. I., t. I, p. 294, III, p. 684, V, p. 295, XIII, p. 653.

Carle (Giuseppe), professeur à Turin. — *La dottrina giuridica del fallimento.* Naples, 1872. *La faillite dans le droit international privé.* Traduit et annoté par E. Dubois, Paris, 1875.

Carpzow (Benedict), 1595-1666, professeur à Leipzig. De ses nombreux écrits, il y a lieu de mentionner ici : *De quæstione quatenus forenses obligentur statutis alienæ civitatis.* Leipzig 1638, 1685.

Casanova (Ludovico), 1799-1853, avocat et professeur à Gênes. — *Lezioni di diritto internazionale,* 3ᵉ édition, par M. Brusa. Florence, 1876. — Ci-dessus, p. 23.

Challines (Paul), annotateur de Loisel et de Lhommeau. — *Méthode générale pour l'intelligence des coutumes de France,* 1666.

Christynen (Paul van), *Christinæus,* 1553-1631, avocat au Grand Conseil de Malines, et secrétaire de la ville de Malines. — *Practicarum quæstionum rerumque in supremis Belgarum curiis actarum et observatarum decisiones.* Éd. par Sébastien van Christynen, Anvers, 1671. Erfurt, 1743. *Commentarii in leges municipales mechlinienses,* 1625. 4ᶜ édition, 1671.

Clunet (Édouard), avocat à la cour de Paris, auteur de diverses monographies, fondateur et directeur du *Journal du droit international privé.* — Ci-dessus p. 26.

Coccéji (Henri de), 1644-1719, professeur à Heidelberg, Utrecht, Francfort. — *Dissertatio de fundata in territorio jurisdictione.* Dans les *Exercitationes curiosæ,* I, et en résumé dans le *Jus civile controversum* (II, 1) de son fils Samuel de Coccéji (1679-1755), 1713 s., réédité 1791-1799.

Coquille (Gui), 1523-1603, procureur général fiscal à Nevers, député aux états d'Orléans et de Blois, excellent jurisconsulte, lettré, historien et publiciste. — *Annotations et commentaires sur la coutume du Nivernais,* 1605. Dernière édition, par Dupin, 1864. *Institution au droit français.* Paris, 1642. *Questions, réponses et méditations sur les coutumes.*

Daguesseau (Henri-François), 1668-1751, avocat général au parlement de Paris en 1690, procureur général en 1700, chancelier dès 1717, avec interruptions, jusqu'en 1750. Œuvres complètes, plusieurs éditions, entre autres par M. Pardessus, 1819.

DELISLE, professeur et doyen à Caen. — *Traité de l'interprétation juridique, en d'autres termes : Des questions auxquelles donne naissance l'application des lois.* Paris, 1849. 2ᵉ éd.. sous le titre : *Principes de l'interprétation des lois, des actes, des conventions entre les parties, et spécialement des législations françaises et étrangères concernant l'étranger en France, avec l'examen critique de la jurisprudence moderne.* Paris, 1852.

DEMOLOMBE (Charles), professeur à Caen depuis 1827, doyen de la faculté de Caen depuis 1853. Le chapitre III du titre préliminaire du *Cours de code civil* contient un traité du conflit des lois.

DEMANGEAT (Charles), professeur à la faculté de Paris, actuellement conseiller à la Cour de cassation, l'un des fondateurs et directeurs du *Journal du droit international privé.* — *Histoire de la condition civile des étrangers en France, dans l'ancien et le nouveau droit.* Paris, 1844. — Éditions annotées de Fœlix. — Ci-dessus, p. 20.

DE ROSSI (Vittorio), avocat à Livourne. — *La Esecuzione delle sentenze e degli atti delle Autorità Straniere.* Livourne, 1876. *Studi di diritto internazionale privato in relazione alla legge italiana.* Livourne, 1880.

DICEY (A. V.), professeur à Oxford. — *A Treatise on the law of domicil as a branch of the law of England.* Londres, 1879. R. D. I., t. XI, p. 466.

DOMIN-PETRUSHEVECZ (Alphonse DE), magistrat autrichien, mort en 1871. — *Précis d'un Code du droit international.* Leipzig, Brockhaus, 1861. Voyez p. 15. — M. de Domin-Petrushevecz est aussi l'auteur d'une *Histoire du droit autrichien, Neuere Œsterreichische Rechtsgeschichte,* publiée en 1869.

DUBOIS (Ernest), 1837-1882, professeur à Nancy. Voyez CARLE. -- Articles dans J. D. P. — A. D. I., t. VI, p. 72.

DUMOULIN (Charles), *Molinæus,* 1500-1566, avocat, professeur à Tubingue, Strasbourg, Dôle, Besançon ; l'un des plus grands jurisconsultes de France, le premier en droit coutumier. — *Commentarii in Codicem.* Hanau, 1603. *Conclusiones de statutis et consuetudinibus localibus.Commentarii in consuetudines Parisienses,* Paris 1539, réédités maintes fois ; les *Conclusiones* en dernier lieu par M. Guthrie, en appendice à Savigny.

DURAND (Louis), avocat près la Cour d'appel de Lyon. *Supra,* p. 22.

EICHHORN (Karl-Friedrich), 1781-1854, professeur à Gœttingue et à Berlin, membre de la Cour suprême et du conseil d'État, rénovateur de la science du droit germanique. — *Einleitung in das deutsche Privatrecht*. Gœttingue, 1823. 5ᵉ édit. 1845.

ÉMÉRIGON (Balthasar-Marie), 1714-1780, avocat au parlement d'Aix, commentateur de l'ordonnance de la marine. — *Traité des assurances et des contrats à la grosse*. Marseille, 1784. Nouvelle édition par Boulay-Paty, Paris, 1827.

ERNST. — *De statutis eorumque conflictu*. Mayence, 1732.

ESPERSON (Pietro), professeur à Pavie. — Diverses Études dans le *Journal du droit international privé*, la *Revue de droit international* et des périodiques italiens. *Il principio di nazionalila applicato alle relazioni civili intcrnazionali*, 1868. *Movimento giuridico in Italia e nel Belgio sul Diritto internazionale privato*. Florence, 1870. *Il secondo congresso giuridico italiano e il diritto privato internazionale*. Rome, 1880. *Diritto cambiario internazionale*, Florence, 1870. *De la juridiction internationale maritime*. Pavie, 1877.

FAVRE (Antoine, dit *le Président*), 1557-1624, avocat à Chambéry, président du Sénat de Savoie, doit être mentionné ici à raison de son Recueil des décisions du Sénat de Savoie, *Codex Fabrianus*, (1610... 1673).

FIELD (David Dudley), avocat à New-York. — Voyez p. 16.

FIORE (Pasquale), professeur à Urbin, Pise, Turin, actuellement à Naples. — *Diritto internazionale privato*. Florence, 1869. Traduit en français par M. Pradier-Fodéré (1875); en espagnol par M. Garcia Moreno (1878). Voyez page 23. — En outre, *Effetti internazionali delle sentenze e degli atti*, Pise, 1874, 1877. *Del fallimento secondo il diritto internazionale privato*. Pise, 1873.

FŒLIX (Jean-Jacques-Gaspard), 1791-1853, avocat à Coblence et dès 1826 à Paris, fondateur en 1833 de la *Revue Étrangère de législation et d'économie politique*. — Ci-dessus p. 11, 20.

FOLLEVILLE (Daniel DE), professeur à Douai. — *Traité de la naturalisation*, Paris, 1880. *Leçon d'ouverture du cours de droit international privé*. Paris, 1881. — Ci-dessus, p. 106.

FOOTE (John Alderson), barrister à Londres. — *A concise Treatise on Private International Jurisprudence, based on the decisions of the English Courts*. Londres, 1878. R. D. I., t. X, p. 683.

FROLAND (Louis) avocat au parlement de Normandie dans la première moitié du 18ᵉ siècle. — *Mémoires concernant la nature et la qualité des statuts*. Paris, 1729.

GABBA (Carlo-Francesco), professeur à Pise. — *Questioni di diritto*

civile. — Le second mariage de la princesse de Bauffremont.
Paris, 1876.

GAIL (André), 1526-1587, chancelier de l'archevêché de Cologne, conseiller impérial, référendaire au tribunal de la Chambre impériale ; le plus célèbre jurisconsulte *pratique* de son temps en Allemagne, avec Mynsinger. — *Practicarum observationum, tam ad processum judiciarium, præsertim imperialis cameræ, quam ad causarum decisiones pertinentium, libri* II. Cologne, 1578. Maintes fois réédité, en dernier lieu en 1771, commenté, annoté, traduit en allemand. Le livre II contient les contrats et la procédure. Ce sont les causes qui ont été soumises à la Cour impériale, pendant que Gail en faisait partie. Gail les examine, donne la décision intervenue et la motive.

GERBER (Karl-Friedrich-Wilhelm VON), professeur à Tubingue et à Leipzig, actuellement ministre des cultes et de l'instruction publique du royaume de Saxe. — *System des deutschen Privatrechts.* 1848. 11ᵉ éd. 1873. R. D. I., t. VI, p. 716. — Le § 32 est consacré au droit international.

GOLA (Ferrero), professeur à Parme. — *Corso di diritto internazionale pubblico, privato e marittimo.* 1866.

GOLDSCHMIDT (Lewin), professeur à Heidelberg, conseiller à la Cour suprême de commerce de Leipzig, membre du Reichstag, actuellement professeur à Berlin. — Ci-dessus p. 187.

GOORIS (Lambert), mort en 1651, professeur à Harderwijk, syndic de Neus. — *Adversariorum juris subcisivorum tractatus* IV, *quibus... accessere annotata perpetua quibus non solum consuetudines Gelriæ et Zutphaniæ, sed etiam Brabantiæ, Hollandiæ ac totius propemodum Belgii et Galliæ mores ac consuetudines illustrantur.* Arnheim, 1651. Bruxelles, 1687.

GROTIUS (Hugues DE GROOT), 1583-1645. On sait que la meilleure traduction française du *Jus Belli ac Pacis* est due à M. Pradier-Fodéré, 1865-1866. Grotius parle peu du droit privé ; voyez surtout le chapitre XI du livre deuxième, nᵒ V. (Westlake, R. D. I., t. XII, p. 40-44.)

GUENTHER (Karl-Friedrich), 1786-1864, professeur à Leipzig, a traité du conflit des lois (article *Gesetz*) dans le *Rechtslexicon* de Weiske, précieux et volumineux recueil publié à Leipzig, 1839-1862.

HAAS. — *De effectu exceptionis rei judicatæ in territorio alieno.* Gœttingue, 1791.

HAELSCHNER (Hugo), professeur à Bonn. — *Dissertatio juris gentium*

*de legum, quæ ad jus privatum pertinent, vi et auctoritate quam ob-
tinent extra civitatis fines.* 1851.

Hall (William Edward), M. A., barrister, Londres. — *International
Law.* Oxford, 1880. Ch. V: *Sovereignty in relation to the subjects of
the State.*

Hamaker (H. J.), professeur à Utrecht. — *Aard en Doel van het
internationaal Privaatrecht.* 1879.

Hamm (Justin-Ferdinand), avocat près la régence de Bareith. — *De
statutorum collisione et præferentia.* Erlangen, 1792.

Hartleben (Franz-Joseph), 1740-1808, professeur à Mayence
et syndic de cette ville. — *Meditationes ad Pandectas,* Francfort,
1778-1781. *Jurisdictio moguntina ordinaria civilis synoptice delineata.*
Mayence, 1784.

Haus (Edouard), 1828-1874, procureur du roi à Gand. — *Du droit
privé qui régit les étrangers en Belgique, ou du droit des gens privé
considéré dans ses principes fondamentaux et dans ses rapports avec
les lois civiles des Belges.* Gand, 1874.

Hauss (Aug.-Friedr.-Chr.-G.). — *De principiis à quibus pendet
legum sibi contrariarum auctoritas, si quæ variorum locorum constitutiones colliduntur, ob singularem causæ, de qua agitur, indolem et
naturam, imprimis de usu regulæ « Locus regit actum » recte deter-
minando.* Gœttingue, 1824.

Heffter (Auguste Guillaume), 1797-1880, professeur à Bonn,
Halle, Berlin, membre de la Cour suprême prussienne, syndic de la
couronne à la Chambre des Seigneurs. Son *Droit des gens, Das Europæische Vælkerrecht der Gegenwart,* est toujours le meilleur traité
systématique et complet de droit international. Berlin, 1844. Dernière édition, par M. Geffcken, 1881. Dernière édition française,
traduction de Bergson, aussi par M. Geffcken, 1883. Les §§ 34-39,
58-63, traitent du droit international privé.

Henry (Jabez), mort en 1840 ou peu après ; barrister at law de
Middle Temple ; « president of Demerara et Essequibo ; senior com-
missioner of legal Inquiry into the administration of Justice in the
west-indian and south-american colonies ; conveyancer for the
Dutch Colonies ; » auteur de plusieurs ouvrages, entre autres : *The
judgment of the court of Demerara in the case of Odwin v. Forbes,
on the plea of the English certificate of Bankruptcy in Bar, in a foreign
jurisdiction, to the suit of a foreign creditor, as confirmed in appeal,
with the authorities, and foreign and English cases. To which is
prefixed a Treatise on the difference between personal and real statutes
and its effect on foreign judgments and contracts, marriages and wills.
With an appendix of the present law of France respecting foreigners.*

Londres, 1823. Henry, qu'on a trop oublié, a précédé Burge, comme Livermore a précédé Story. Les traités du commencement de ce siècle ayant confirmé la Grande-Bretagne dans la possession de nombreuses colonies régies par divers droits étrangers, les conflits de législation devaient se multiplier; de là l'essor que prit, en Angleterre, la science du droit international privé. Henry rapporte que dans ses fonctions officielles il a dû « administer Dutch Law at Demerara, and Venetian Law at Corfu and the Ionian Islands, both of which are founded on the Civil Law. »

HENRYS (Claude), 1615-1662, avocat du roi au bailliage de Forez. — *Œuvres*, plusieurs fois éditées de 1639 à 1772, annotées par Bretonnier et par Terrasson.

HERT (Johann-Nicolaus), *Hertius*, 1652-1710, professeur et chancelier de l'université de Giessen. — *De collisione legum*, 1688. (Au tome premier des *Opuscula*.)

HOFACKER (Karl-Christoph), 1749-1793, professeur à Tubingue. *De efficacia statutorum in res extra territorium sitas* (*Opuscula*, 1804).

HOLLAND (Thomas Erskine), professeur à Oxford. — *The Elements of Jurisprudence*. Oxford, 1880. 2ᵉ édition, augmentée, 1882. — *De l'application de la loi*. R. D. I, t. XII, p. 565-581.

HOLTZENDORFF (Franz DE), professeur à Munich, criminaliste, *internationaliste*, publiciste; créateur, entre autres, de la *Rechtsencyclopædie* et du *Rechtslexicon*. On lui doit aussi une édition allemande, remaniée, du *Droit international privé* de M. Westlake (1884).

HOMMEL (Karl-Ferdinand), 1722-1781, professeur à Leipzig. La question 409 de sa *Rhapsodia quæstionum in foro quotidie obvenientium nec tamen legibus decisarum* (4ᵉ édition, Bareith, 1783-1787) concerne le conflit des lois.

HOSACK (John). — *Treaty on the conflict of laws of England and Scotland*. Londres, 1847.

HUBER (Ulric), 1636-1694, professeur à Franeker. — *De conflictu legum diversarum in diversis imperiis*, dans les *Prælectiones*, comme appendice au titre *De legibus*, au Digeste, I, 3. Dernière édition par M. Guthrie. V. SAVIGNY.

KELLER (Friedrich-Ludwig VON), 1799-1861, homme politique et magistrat à Zurich, professeur à Zurich, Halle, Berlin. Le § 12 de son *Cours de Pandectes*, publié après sa mort, est consacré au conflit des lois.

KENT (James), 1763-1847, avocat, professeur à Columbia-College, - New-York, chief-justice, chancelier. — *Commentaries upon American*

Law, 1826-1830. Une partie importante traite du droit international public et privé ; nouvelle édition par M. Abdy, Londres, 1878.

Kori (August-Siegmund), 1778-1850, professeur et conseiller d'appel à Iéna. — *Erœrterung praktischer Rechtsfragen aus dem gemeinen und sæchsischen Civilrechte* (par de Langenn et Kori). Dresde, 1829. 3ᵉ édition, 1836-1837.

Krug (August-Otto), 1805-1867, conseiller intime de justice saxon, criminaliste estimé. — *Das Internationalrecht der Deutschen. Uebersichtliche Zusammenstellung der zwischen verschiedenen deutschen Staaten getroffenen Vereinbarungen über die Leistung gegenseitiger Rechtshülfe.* Leipzig, 1851.

Labbé (J.-E.), professeur à la Faculté de droit de Paris. — Dissertations dans le *Journal du droit international privé*, le *Journal du Palais*, *Sircy*, etc.

Laurent (François), professeur à Gand. — V. ci-dessus, p. 18.

Lawrence (William Beach), 1800-1881, diplomate, avocat, professeur à New-York et à Boston, gouverneur de Rhode-Island. — *Commentaire sur Wheaton*, tome III (1873). Études dans la *Revue de droit international.* — V. ci-dessus, p. 15.

Lehr (Ernest), conseil de l'ambassade de France auprès de la Confédération Suisse. — Études dans le *Journal du droit international privé*, la *Revue de droit international* et d'autres recueils. *Éléments de droit privé allemand, russe, espagnol.*

Lemée (Fr.). — *Traité des statuts.* Paris, 1688.

Lieber (Franz), mort en 1872, professeur à New-York. — *On international copyright.* New-York, 1840.

Livermore (Samuel), mort en 1833, d'une famille de la Nouvelle-Orléans, qui a produit plusieurs jurisconsultes de mérite. Il a publié, entre autres, des *Dissertations on the questions which arise from the contrariety of the positive law of different States and Nations*, 1828. Livermore est le précurseur de Story.

Lomonaco (Giovanni), avocat et professeur à Naples. — Ci-dessus, p. 23.

Lorimer (James), professeur à Édimbourg. — Entre autres ouvrages : *Institutes of the Law of Nations, a Treatise of the jural relations of separate political communities*, Édimbourg et Londres, 1883-1884.

Lozzi (Carlo), président à la Cour d'appel de Bologne. — *Introduzione al Codice civile e al diritto internazionale privato.* 2ᵉ édition, Venise, 1881.

Lyon-Caen (Charles), professeur à la Faculté de droit de Paris.—

Études de droit international privé maritime (J. D. P., 1879), et nombreuses études dans divers recueils : *Revue de droit international, Annuaire de l'Institut de droit international, Journal des Sociétés, Annuaire de la Société de législation comparée*, etc.

MAILHER DE CHASSAT (A.), avocat, magistrat, auteur de traités estimés de *l'Interprétation des lois* (1822, 1845) et de *la Rétroactivité des lois* (1845). — *Traité des statuts (lois personnelles, lois réelles), d'après le droit ancien et le droit moderne, ou du droit international privé*... Paris, 1844 (1845).

MANCINI (Pascal-Stanislas), professeur à Turin et à Rome, ministre de la justice et des grâces, actuellement ministre des affaires étrangères du royaume d'Italie. — Entre autres : *Della nazionalità come fondamento del diritto delle genti*, 1851. — Ci-dessus, p. 23.

MARTITZ (Ferdinand DE), professeur à Tubingue. — *Das Recht der Staats-Angehœrigkeit im internationalen Verkehr, mit Rücksicht auf die deutsche Gesetzgebung*, 1875. (*Hirth's Annalen für das deutsche Reich.*)

MASCARDI (Alderan), de Sarzane, mort vers 1630. — *Conclusiones ad generalem statutorum interpretationem*. Francfort, 1609.

MASSÉ (Gabriel), 1807-1881, magistrat, en dernier lieu président de chambre à la Cour de cassation. — Ci-dessus, p. 21.

MEIER. — *De conflictu legum diversarum in diversis locis obtinendiam*. (Dissertation inaugurale.) Brême, 1810.

MERLIN (Philippe-Antoine, comte), dit MERLIN DE DOUAI, 1754-1838, avocat au parlement de Flandre, constituant, conventionnel, membre du Directoire, ministre de la justice en 1795, procureur général à la Cour de cassation de 1801 à 1815. — *Répertoire universel et raisonné de jurisprudence* (de Guyot), éditions de 1807 à 1830. *Recueil alphabétique de questions de droit*, 1810..., 1819-1820.

MEVIUS (David MOEWE, ou), 1609-1670, syndic de Stralsund, président du tribunal de Wismar. — *Decisiones*. Stralsund, 1664-1665. Dernière édition, par HOEPFNER, Francfort, 1791-1794. — *Commentarii in jus lubecense*. Leipzig, 1642-1643. Dernière édition, Ulm, 1744.

MILONE (Filippo). —*Intorno i principi e le regole del diritto privato internazionale*. Bologne, 1871 (Extrait de l'*Archivio giuridico*). R. D.I., t. IV, p. 696.

MITTERMAIER (Karl-Joseph-Anton), 1787-1867, professeur à Landshut, Bonn, Heidelberg; surtout criminaliste. — *Grundsætze des gemeinen deutschen Privatrechts*, 1824. Dernière édition, 1847. Étude dans *l'Archiv für civilistische Praxis, Ueber die Collision der Processgesetze*.

Muehlenbruch (Christian-Friedrich), 1785-1843, professeur à Rostock, Greifswald, Kœnigsberg, Halle, Gœttingen. — Son traité des Pandectes (*Doctrina Pandectarum*, Halle, 1823-1825, plusieurs fois réédité, en latin à Bruxelles en 1838, en allemand en dernier lieu en 1844) est classique; les §§ 72 et 73 traitent du conflit des lois.

Mynsinger (Joachim), 1517-1588, professeur à Fribourg, assesseur à la Cour de la chambre impériale, chancelier de Brunswick. — *Singularum observationum judicii imperialis cameræ centuriæ*, 1563-1584. Plusieurs éditions. — *Responsa*, Bâle, 1576, 1580.

Norsa (Cesare), avocat à Milan. — Études dans la *Revue de droit international* (jurisprudence italienne en matière de droit international privé) et dans d'autres recueils.

Odier (Pierre), 1803-1859, professeur à Genève. — *Dissertation sur l'application des lois étrangères qui règlent la capacité de contracter*, 1827. *Traité du contrat de mariage*, Paris, 1847.

OErsted (Anders Sandœe), 1778-1860, jurisconsulte, philosophe, fonctionnaire et homme politique danois. Il a exercé sur la législation de son pays une influence prépondérante, et son nom doit être mentionné ici, surtout à cause d'une étude sur l'application des lois étrangères qu'il a publiée dans le recueil intitulé *Eunomia* (1815).

Pardessus (Jean-Marie), 1772-1853, professeur à la Faculté de Paris, conseiller à la Cour de cassation. — *Traité sur l'effet des lois, actes et jugements étrangers devant les tribunaux français*. Dans le *Cours de droit commercial*, t. VII, 7.

Paul de Castro, professeur d'immense réputation à Sienne, Avignon, Bologne, Padoue, probablement aussi à Florence et à Pérouse; réformateur des statuts de Florence (1416), mort en 1441. — *Consilia*. Francfort, 1582.

Peck (Pierre), 1529-1589, professeur à Louvain, conseiller au Grand Conseil de Malines. — *De testamentis conjugum*, Louvain, 1564; plusieurs fois réédité.

Pfeiffer (Léopold), 1821-1881, professeur à Tubingue. — *Das Princip des internationalen Privatrechts*, Tubingue, 1851. L'auteur cherche à établir que les tribunaux doivent suivre exclusivement le droit territorial.

Phillimore (Sir Robert), président de la Cour des testaments, du divorce et de l'amirauté. — *Commentaries*. Ci-dessus, p. 17.

Pierantoni (Auguste), professeur à Rome, sénateur du royaume d'Italie, historien du droit international. — Ci-dessus, p. 17, 36.

Pimenta Bueno. — *Direito internacional privado*. Rio de Janeiro, 1863.

Pradier-Fodéré (Paul), doyen honoraire de la Faculté des sciences politiques et administratives de l'Université de Lima, actuellement conseiller à la Cour de Lyon. — V. Fiore, Grotius, Vattel.

Puchta (Georg-Friedrich), 1798-1846, professeur à Erlangen, Munich, Marbourg, Leipzig, Berlin. — *Pandekten*, § 13.

Puetter (Karl-Theodor), 1823-1873, professeur à Greifswald. — *Das praktische Europæische Fremdenrecht*. Leipzig, 1845.

Rau (Charles), 1803-1877, professeur à Strasbourg, conseiller à la Cour de cassation. V. Zachariæ.

Reddie (James), mort en 1852, avocat à Édimbourg, juge-président du *Town-Court* de Glasgow. — *Inquiries in International Law, public and private*, 2e édition, 1851.

Renault (Louis), professeur à la Faculté de Paris et à l'École libre des sciences politiques. — Dissertations, études, rapports et bulletins nombreux dans le *Journal du droit international privé*, la *Revue de droit international*, l'*Annuaire de l'Institut de droit international*, et dans divers autres recueils. M. Renault publie, en collaboration avec M. Lyon-Caen, un *Précis de droit commercial*, et il a pris, en 1883, la direction des *Archives diplomatiques*, recueil précieux qu'il a beaucoup amélioré.

Rocco (Niccolo), 1811-1877, magistrat, avocat et professeur à Naples ; auteur du meilleur ouvrage italien sur le conflit des lois. — Voyez p. 23.

Rodenburgh ou Rodenburg (Christian), 1618-1668, conseiller au Conseil souverain d'Utrecht.— *Tractatus de jure quod oritur ex statutorum vel consuetudinum diversitate*, préliminaires du *Tractatus de jure conjugum*, Utrecht, 1653, reproduits au tome II de Boullenois, 1766.

Rolin (Hippolyte), avocat à Gand, ancien ministre des travaux publics du royaume de Belgique. — V. p. 147.

Rolin-Jaequemyns (Gustave), ministre de l'intérieur du royaume de Belgique. — V. p. 26.

Rolin (Albéric), professeur à Gand, p. 16.

Rover (David). — *American Interstate Law*, Chicago, 1879.

Saliceto (Bartolomeo de), mort en 1412, professeur à Bologne, Padoue, Ferrare. — Son *Commentaire* sur le Code, fruit d'une trentaine d'années de travail, a joui d'une grande autorité. Éditions nombreuses. Pérouse, 1474..... Francfort, 1615.

SANDE (Jean VAN DEN SANDE, ordinairement *Johannes* A), né vers 1578, mort en 1638, professeur à Franeker, président de la Cour suprême (conseil) de Frise. — *Rerum in suprema Frisionum curia judicatarum libri*, ouvrage cité souvent comme *Decisiones Frisiæ*. Plusieurs éditions, depuis 1615. Les œuvres juridiques de Jean a Sande ont été publiées avec celles de son frère Frédéric, et avec des additions et notes de BURGERS, LAMBERT GOORIS, ARNOLD SCHOTANUS et autres. Anvers, 1674.

SAREDO, professeur à Pise. — *Saggio sulla storia del diritto internazionale privato*, Florence, 1873. C'est l'introduction de l'ouvrage suivant : *Trattato delle leggi, dei loro conflitti di tempo, di luogo, della lora interpretazione e applicazione*. T. I, Florence, 1871.

SAVIGNY (Friedrich-Karl VON), 1779-1861, professeur à Marbourg, à Landshut, et à Berlin depuis la fondation de cette Université (1810) jusqu'en 1842. De 1842 à 1848, M. de Savigny fut ministre d'État et chargé spécialement de la revision des lois prussiennes.—*System des heutigen Rœmischen Rechts*, 1840-1849. Le tome VIII (1849) contient les matières du droit international privé. Le *System* a été traduit en français par M. Guenoux (1851-1855), en anglais (avec notes) par M. William Guthrie (1869), sous le titre : *A Treatise on the conflict of Laws*. La 2e édition est de 1880 (Édimbourg); on en annonce une troisième (1884); un appendice contient les traités de Bartole, Dumoulin, Paul Voet et Huber. — On sait que Savigny, le premier des romanistes modernes, historien du droit romain au moyen âge, a encore publié un traité célèbre *de la Possession* (1803-1867) et un traité *des Obligations* qui a été traduit en français par MM. Gérardin et Jozon et par M. Hippert. — Ci-dessus, p. 13.

SCHÆFFNER (Wilhelm), né à Francfort-sur-le-Mein le 15 janvier 1815, étudiant à Bonn et à Heidelberg de 1832 à 1835, avocat à Francfort dès 1836, pendant quelques années *Rechts-Consulent*. M. Schæffner est connu, outre l'ouvrage spécial mentionné ci-dessus, p. 13, par son *Histoire du droit français*, ses *Recherches sur le droit romain en Allemagne*, sa traduction de l'*Histoire du droit anglais* de Crabbe, etc. Une traduction italienne du *Traité de droit international* est due à M. Tenore.

SCHMID (Reinhold), 1800-1873, professeur à Berne.— *Die Herrschaft der Gesetze nach ihren ræumlichen und zeitlichen Grenzen*. Iéna, 1863.

SEEGER (Joh.-Gottlieb). — *De vi legum et decretorum in territorio alieno*, 1777. (Præside Wolf.)

STOBBE (Otto) professeur à Leipzig. — On trouve, au tome Ier de son *Handbuch des deutschen Privatrechts*, ce qui concerne la condition des étrangers en Allemagne.

STOCKMANS (Pierre), né vers 1608, mort en 1671, professeur à Louvain ; conseiller de Brabant ; chargé de plusieurs missions et négociations importantes. — *Decisiones curiæ Brabantiæ*, 1670. Réédité dans les Œuvres complètes, 1700.

STORY (Joseph), 1779-1845, jurisconsulte et homme d'État américain, juge à la Cour suprême des États-Unis, professeur à l'université Harvard (Cambridge, Massachussetts). — Outre ses *Commentaries on the conflict of Laws*, dont il a été question ci-dessus, p. 15, et qui ont eu plusieurs éditions à Boston et Édimbourg, Story a aussi publié des commentaires très estimés sur la jurisprudence d'équité et sur la constitution des États-Unis.

STRUVE (Gustave DE), 1805-1870, révolutionnaire allemand, homme de parti plutôt que jurisconsulte. — *Ueber das positive Rechtsgesetz in seiner Beziehung auf ræumliche Verhæltnisse, oder über die Anwendung der Gesetze verschiedener Orte.* Carlsruhe, 1834.

STRYK (Samuel), 1640-1710, professeur à Francfort, Wittenberg, Halle, *ordinarius* de Halle, civiliste renommé. — *Dissertatio de jure principis extra territorium*, 1676.

TARTAGNO (Alessandro), dit D'IMOLA, professeur à Pavie, Bologne, Ferrare, Padoue, mort en 1477. — Ses *Consilia*, fort estimés, ont été édités plusieurs fois : Lyon, 1547, 1563 ; Francfort, 1610.

TEICHMANN (Albert), professeur à Bâle. — *Ueber Wandelbarkeit und Unwandelbarkeit des gesetzlichen ehelichen Güterrechts bei Wohnsitzwechsel.* Bâle, 1879. — *Étude sur l'affaire Bauffremont, envisagée au point de vue des législations française et allemande*, Bâle, 1876.

THOEL (Heinrich), 1807-1884, professeur à Gœttingue. — *Einleitung in das deutsche Privatrecht.* Gœttingue, 1851. Plusieurs fois réédité. §§ 71-85.

TITIUS (Gottlieb-Gerhard), 1661-1714, professeur à Leipzig, conseiller d'appel à Dresde. — *Juris privati romano-germanici libri XII.* Leipzig, 1709. I, 10 : *De conflictu statutorum eorumque in exteros valore.*

TITTMANN (Friedrich-Wilhelm). — *De competentia legum externarum et domesticarum in definiendis potissimum juribus conjugum.* Halle, 1822.

TORRES CAMPOS (Manuel), à Madrid, jurisconsulte, historien, bibliographe. — Ci-dessus, p. 19.

VAN DER MUELEN (Jean-André), seigneur de Nierop et Portengen,

1655-1702, élève de J. Voet; conseiller à la cour du Brabant hollandais, savant commentateur et arrêtiste.

Vattel (Emer de), 1714-1767, ministre de l'électeur de Saxe en Suisse, conseiller intime près la grande chancellerie de Dresde. — *Le Droit des gens*, 1758. Dernière édition, par M. Pradier-Fodéré, Paris, 1863.

Vesque de Puettlingen (Le baron Jean), 1803-1883, jurisconsulte et fonctionnaire autrichien. — *Die gesetzliche Behandlung der Auslænder in OEsterreich*, 1842. — *Handbuch des in OEsterreich-Ungarn geltenden internationalen Privatrechts*, 2ᵉ édition, Vienne, 1878. Voyez p. 15.

Voet (Jean), 1647-1714, professeur à Utrecht et à Leyde. — *De statutis*, deuxième partie du commentaire sur le titre *De constitutionibus principum*, au Digeste, I, 4. Le Commentaire au Digeste a eu nombre d'éditions depuis 1698 jusqu'à 1827-1831.

Voet (Paul), 1619-1677, professeur à Utrecht, père de Jean. — *De statutis eorumque concursu*. 1655 (selon Foppens), 1661, 1700, 1715; réédité en dernier lieu par M. Guthrie, comme appendice à Savigny. Section 4, 9-11.

Wæchter (Karl-Georg von), 1797-1880, professeur à Tubingue et à Leipzig, président de la Cour suprême de Lubeck, criminaliste excellent, et surtout civiliste. Ci-dessus, p. 11-13. — On trouve un aperçu très sommaire des principes du droit international privé au § 31 des *Pandectes*, publication posthume, 1880.

Wesel (Abraham van), 1633-1680, conseiller à la Cour de Vianen, avocat fiscal près le Conseil souverain d'Utrecht. — *Commentationes ad novellas constitutiones ultrajectinas*, 1666. *Tractatus de connubiali bonorum societate et de pactis dotalibus*. Amsterdam, 1674. — OEuvres complètes, 1729.

Westlake (John), avocat à Londres. Voyez p. 18, pour son ouvrage principal. En outre, M. Westlake a fourni de nombreux articles à la *Revue de droit international*, dont il est l'un des fondateurs et directeurs; entre autres, aux tomes XIII et XIV, *La Doctrine anglaise en matière de droit international privé* et au t. XII, *Introduction au droit international privé*.

Wharton (Francis), à Cambridge (Massachussetts), *internationaliste*, criminaliste et civiliste, auteur d'ouvrages importants, plusieurs fois réédités, entre autres : *Treatise on the Criminal Law of the United States; On the Law of Homicide; Precedents of Indictment and Pleas; Medical jurisprudence; — Treatise on the conflict of Laws; — Commentaries on Law.* — Voyez p. 16.

WHEATON (Henry), 1785-1848, jurisconsulte et diplomate américain, représentant des États-Unis à Copenhague, Londres et Berlin. Ses *Elements of international Law* ont paru à Londres en 1836. Les éditions se sont multipliées en plusieurs langues : français, italien, chinois — V. LAWRENCE, et ci-dessus, p. 15.

WINDSCHEID (Bernhard), professeur à Leipzig. — *Lehrbuch des Pandektenrechts*, §§ 34-35.

WITTE (Fédor), à Dorpat. — *Die Rechtsverhæltnisse der Auslænder n Russland. Dorpat*, 1847.

ZACHARIÆ DE LINGENTHAL (Karl-Salomo), 1769-1843, professeur à Wittenberg et, dès 1807, à Heidelberg. — Il a touché, dans ses nombreux écrits, à presque toutes les parties du droit et plus d'une fois au droit international public et privé. Le § 34 de son *Cours de droit civil français* traite du conflit des lois françaises et étrangères. On sait que cet ouvrage célèbre a été traduit en français par MM. Massé et Vergé et par MM. Aubry et Rau. La 4e édition de cette dernière traduction, enrichie de commentaires très développés, a paru en huit volumes de 1869 à 1878, sous le titre de *Cours de droit civil français, d'après la méthode de Zachariæ.* — La question I du *Liber quæstionum* de Zachariæ (Wittenberg, 1805) concerne aussi le droit international privé : *De vi legum in territorio alieno.*

III. — Table alphabétique.

(Les chiffres indiquent les pages.)

TABLE DES MATIÈRES

CHAPITRE PREMIER.

CONFLIT DES LOIS CIVILES OU DROIT CIVIL INTERNATIONAL.

SECTION Ire. — DE L'ÉTAT ET DE LA CAPACITÉ.

§ 8.

SECTION II. — DE LA FORME DES ACTES.

§ 9.

§ 20. — *Des formes de procéder.*

§ 21. — *De la preuve.*

§ 22. — *Des commissions rogatoires.*

§ 23. — *De l'exécution des jugements étrangers.*

CHAPITRE III.

CONFLIT DES LOIS COMMERCIALES.

§ 24. — *Des actes de commerce.*

§ 30. — *De la faillite et des sursis.*

TABLES.

FIN DE LA TABLE DES MATIÈRES.

Paris.— Imp. E. CAPIOMONT et V. RENAULT, rue des Poitevins, 6.